Security Investment

////////// 高职高专金融管理与实务专业系列规划教材

证券投资分析

第4版

郑宏韬 主 编
杨向荣 乌日娜 张晓杰 副主编
张伟芹 张存萍 谢婷婷 艾冬青 柳凤娇 参 编

電子工業出版社
Publishing House of Electronics Industry
北京 · BEIJING

图书在版编目（CIP）数据

证券投资分析 / 郑宏韬主编 . —4 版 . —北京：电子工业出版社，2020.12
ISBN 978-7-121-39953-4

Ⅰ . ①证… Ⅱ . ①郑… Ⅲ . ①证券投资—投资分析—高等职业教育—教材
Ⅳ . ① F830.91

中国版本图书馆 CIP 数据核字（2020）第 225622 号

责任编辑：刘　殊
印　　刷：北京虎彩文化传播有限公司
装　　订：北京虎彩文化传播有限公司
出版发行：电子工业出版社
　　　　　北京市海淀区万寿路 173 信箱　　邮编：100036
开　　本：787×1092　1/16　印张：17.5　字数：420 千字
版　　次：2000 年 1 月第 1 版
　　　　　2020 年 12 月第 4 版
印　　次：2025 年 2 月第 8 次印刷
定　　价：55.00 元

凡所购买电子工业出版社图书有缺损问题，请向购买书店调换。若书店售缺，请与本社发行部联系，联系及邮购电话：（010）88254888，88258888。
质量投诉请发邮件至 zlts@phei.com.cn，盗版侵权举报请发邮件至 dbqq@phei.com.cn。
本书咨询联系方式：（010）88254199，sjb@phei.com.cn。

前　言

近年来，中国证券市场前进的步伐前所未有地在加快，市场结构更加完善，交易品种更加丰富，交易制度更加科学，市场监管更加严谨，诸多的变化也对投资者在投资理念、投资分析理论认知、投资决策等方面提出了新的要求，鉴于此，编写团队对本书的第 3 版进行了修订。

首先，根据教学实践要求，对第 3 章部分数据进行了必要的更新；其次，对在教学实践中发现的概念界定不清的部分进行了明确，对陈旧的知识部分进行了删减，在第 2 章中用可转换债券替代了可转换证券概念；最后，根据教学进度的实际情况对部分章节进行了整合，将原第 6、7、8、14 章的内容重新拆分合并为两章。

修订后分工如下：第 1、6、9、12、13 章由郑宏韬完成，第 2 章由张伟芹完成，第 3 章由张存萍完成，第 4 章由谢婷婷完成，第 5 章由张晓杰完成，第 7 章由艾冬青完成，第 8 章由杨向荣完成，第 10 章由柳凤娇完成，第 11 章由乌日娜完成，全书由郑宏韬总纂和最后定稿。

在本书编写过程中，得到了多位金融专业人士的指导及出版社各位编辑的大力支持，在此一并表示感谢。因水平有限，难免存在疏漏和不足，恳请读者提出宝贵的意见和建议。

编　者

目 录

第 1 章　证券投资分析概述

1.1　证券投资分析的意义与步骤

1.1.1　证券投资的含义

随着信用经济的不断发展，现代经济社会领域中出现了大量的股票、债券、基金等有价证券，以及由这些有价证券派生出的如远期协议、互换、期货、期权等多种衍生产品。投资者可以将手中的闲散资金用于购买这些有价证券或衍生产品，作为回报，他们通常能够获得本金之外的股息、红利及资本利得等收入。投资者（法人或自然人）的这种行为和过程被称为证券投资。

证券投资是一个风险与收益共存的过程，因为无论投资者将资金投入何种证券，其最终的回报都来源于证券发行人取得资金后在投入商品生产或提供劳务过程中所取得的收益，而在这一过程中，证券的发行人将面对多种风险，风险越大，收益越多。为了做到风险最小化的同时收益最大化，人们对证券投资的过程进行了长期的总结，并形成了一整套相辅相成的合理规范。

通常，证券投资过程应该包括以下五个过程。

1. 确定合理的投资政策

投资政策的确定是以给予风险与收益同等重视为前提的，是风险与收益平衡的结果。投资者应该根据投资的预期目标、可投资财富的数量、自身的税收地位、可承受风险的程度等多方面的因素合理确定投资品种和投资数量。

2. 进行证券投资分析

证券投资分析是证券投资的基础和核心。证券投资分析过程中要对各种不同类型的金融资产的特征进行考察分析，为构造投资组合提供充分的依据。证券投资分析主要包括两个方面的内容：一是分析各种证券的价格形成机制、影响证券价格波动的各种因素及其作用机理；二是要对证券的价值进行评估，力求发现那些价格偏离其内在价值的证券，将价格低于价值的证券吸收进证券组合，尽量避免或剔除价格偏高的证券。

3. 组建证券投资组合

这一过程是投资成败的关键。证券投资组合的建立要做到正确选择个别证券、准确把握投资时机及多元化分散投资风险。证券的正确选择主要依据证券投资分析的结论，从微观层面把握所关注的个别证券的价格走势及波动情况。时机选择是指从宏观层面上分析经济政策和经济形势及其对不同品种证券价格走势的现实和潜在的影响。多元化则是指依据一定的现实条件和合理的投资比例，组建一个风险最小的资产组合。

4. 投资组合的修正

证券投资过程是一个动态过程，随着时间的推移，投资者会改变投资目标，证券的价格也会随着资本市场上众多影响因素的变化而频繁变化，这使当前持有的证券投资组合不再是最优组合，因此需要通过一些必要的操作卖掉现有组合中的一些证券并购买一些新的证券来对旧组合进行调整，以形成新的组合。这一过程本是对前三个过程的定期重温，而组合修正的目的就是降低交易成本、提高投资的边际收益。

5. 投资组合业绩评估

在证券投资的动态循环过程中，组合的业绩评估既是对前期投资表现的客观评价，也为构造下一步投资组合奠定了基础。组合业绩的评估主要是通过对组合收益和风险的定量评价及对比实现的。

1.1.2 证券投资分析的意义

证券投资分析是指人们通过各种专业性分析方法对影响证券价值或价格的各种信息进行综合分析，以判断证券价值或价格及其变动的行为。它是证券投资过程中不可或缺的一个重要环节。从证券投资过程可以看出，证券投资分析既是投资者在完成第一阶段的确定投资资金数量和寻找投资对象工作以后，对投资对象所做的进一步的、具体的考察和分析，同时是为投资者建立投资组合所做的必不可少的准备。

证券投资分析的意义主要体现在以下四个方面。

1. 可以有效地提高投资决策的科学性

不同的投资者在资金拥有量、风险的承受能力、收益要求等多方面存在差异。由于受到多种因素的影响，不同的证券在风险—收益特性方面同样存在不确定性，投资者可以通过证券的流通市场转让证券以达到转让风险的目的。因此，投资者应当正确认识每种证券在风险性、收益性、流动性、时间性等方面的特点，以便选择同自己的要求相匹配的投资对象，并制定相应的投资策略。进行证券投资分析正是使投资者正确认识证券风险性、收益性、流动性和时间性的有效途径，是投资者科学决策的基础。因此，进行证券投资分析有利于减少投资决策的盲目性，从而提高投资决策的科学性。

2. 有利于正确评估证券的投资价值

投资者之所以对证券进行投资，是因为证券具有一定的投资价值。证券的投资价值受多方面因素的影响，并随着这些因素的变化而发生相应的变化。所以，在决定投资某种证券前，投资者首先应该认真评估该证券的投资价值。证券投资分析正是对可能影响证券投资价值的各种因素进行综合分析，以判断这些因素及其变化可能对证券投资价值带来的影响，因此它有利于投资者正确评估证券的投资价值。

3．有利于降低投资者的投资风险

投资者从事证券投资是为了获得投资回报（预期收益），但这种回报是以承担相应风险为代价的。总体来说，预期收益水平和风险之间存在一种正相关关系。然而，每一证券都有自己的风险—收益特性，而这种特性又会随着各相关因素的变化而变化，因此，对于某些具体的证券而言，由于判断失误，投资者往往在承担较高风险的同时未必能获得较高的收益。理性投资者会通过证券投资分析考察不同证券的风险—收益特性及其变化，投资过程中加以区别对待，从而避免承担不必要的风险。从这个角度讲，证券投资分析有利于降低投资者的投资风险。

4．科学的证券投资分析是投资者成功投资的关键

证券投资的目的是证券投资净效用（收益带来的正效用减去风险带来的负效用）的最大化。因此，在风险既定的条件下投资收益率最大化和在收益率既定的条件下风险最小化是证券投资的两大具体目标。证券投资的成功与否，往往要看这两个目标的实现程度。但是，影响证券投资目标实现程度的因素很多，其作用机制也十分复杂，所以只有通过全面、系统和科学的专业分析，才能客观地把握这些因素及其作用机制，并做出比较准确的预测。证券投资分析正是采用专业分析方法和分析手段对影响证券回报率和风险的诸因素进行客观、全面和系统的分析，揭示这种影响的作用机制及某些规律，用于指导投资决策，从而保证在降低投资风险的同时获取较高的投资收益。

1.1.3　证券投资分析的步骤

作为证券投资过程的一个重要环节，证券投资分析结论的正确程度实际上取决于三个方面：一是分析人员占有信息量的大小及分析时所使用的信息资料的真实程度；二是所采用的分析方法和分析手段的合理性和科学性；三是分析过程的合理性与科学性。证券分析过程涉及进行证券分析的步骤安排及在每个阶段所要进行的主要工作等。合理、科学地确定证券投资分析的各个步骤并安排每个阶段的各项工作，对提高证券分析的效率、形成相对正确的分析结论都有十分重要的意义。

一般来说，比较合理的证券分析应该由以下四个步骤构成。

1．资料的收集与整理

① 信息资料的收集。主要是通过订阅各种书报资料和研究出版物、参加各类会议、进行

计算机联网查询、跟踪交易所实时行情、购买和阅读各种电子出版物，以及实地访查等方式，获取有关证券投资方面的信息资料。

② 信息资料的分类。根据不同的分类标准对所收集的证券投资信息资料进行分类归档，编制分类目录，便于查阅。

③ 信息资料的保存和使用管理。大部分信息资料都不是用完一次就不再使用了，而是要重复使用的，有时一份资料需要使用很长时间或被好几个分析人员使用。这样，就必须做好信息资料的保存和使用管理工作，确保信息资料能发挥比较高的效益。

2. 案头研究

证券投资信息资料的收集与整理是进行证券投资分析的起点，在占有了证券投资方面的信息资料后，证券分析人员要做的关键工作就是进行案头研究。首先，根据自己的研究主题和分析方向，确定所需的信息资料。其次，利用证券投资分析的专门方法和手段，对占有的资料进行细致的分析。证券投资分析所采用的分析方法和分析手段是科学研究的结晶和长期实践经验的集结，它们所揭示的是影响证券价格变化的一些带有规律性的东西。利用这些专门的分析方法和分析手段，可以发现各种经济指标、行业指标、公司指标及市场指标对证券市场价格走势的影响方向和影响力度。案头研究就是找出这些指标与证券价格走势之间的关系。最后，做出分析结论，也就是得出有关指标与证券价格之间相关关系的正式结论。

3. 实地考察

实地考察是指分析人员就自己的研究分析主题到实际工作部门或公司、企业等单位进行实地的调查。证券投资分析过程中的实地考察主要出于两个目的：一是就信息资料的真实性进行调查核实；二是就某些阶段性分析结论的公正性和客观性进行调查核实。实地考察的方式主要有以下三种。

① 亲自到有关部门和企业与有关人员进行面对面的交谈。

② 通过电话、电传、传真等方式进行查询核实。

③ 通过发调查问卷的方式进行调查核实。随着计算机和通信技术的发展，目前已经出现了通过计算机网络进行查询核实的调查方式。

4. 撰写分析报告

证券投资分析的最后一个步骤是撰写分析报告，也就是将分析人员的分析结论通过书面的形式反映出来。分析报告的种类很多，主要有关于上市公司、投资基金等投资工具投资价值的分析报告，关于投资风险的分析报告，关于某个项目经济效益的分析报告，关于某项产品的市场覆盖程度的分析报告，关于某个行业发展前景的分析报告，关于国家政策、法规对行业、企业及产品影响的分析报告等。无论哪种分析报告，它一般都应该包括以下几个方面的内容：研究分析的主题，所使用的数据来源和数据种类，采用的分析方法和分析手段，形成分析结论的理由，所得出的分析结论及建议，分析结论和建议的适用期限，报告提供者或撰写者，分析报告形成的日期。

1.2　证券投资分析的主要方法

1.2.1　证券市场效率理论与证券投资分析

1．有效市场假说

在 20 世纪，美国芝加哥大学财务学家尤金·法玛提出了著名的有效市场假说理论。有效市场假说理论认为，在一个充满信息交流和信息竞争的社会里，一个特定的信息能够在股票市场上迅速被投资者知晓。随后，股票市场的竞争将驱使股票价格充分且及时地反映该组信息，从而使投资者根据该组信息所进行的交易不存在非正常报酬，而只能赚取风险调整的平均市场报酬率。只要证券的市场价格充分及时地反映了全部有价值的信息，且市场价格代表着证券的真实价值，这样的市场就被称为有效市场。

有效市场假说表明，在有效的市场中，投资者所获得的只能是与其承担的风险相匹配的那部分正常收益，而不会有高出风险补偿的超额收益，因而“公平原则”得以充分体现，同时资源配置更为合理和有效。由此可见，不断提高市场效率无疑有利于证券市场持续健康发展。

但是，有效市场形成有两个重要前提：一是投资者必须具有对信息进行加工、分析，并据此正确判断证券价格变动的能力；二是所有影响证券价格的信息都是自由流动的。因此，要不断提高证券市场效率、促进证券市场持续健康发展，一方面应不断加强对投资者的教育，提高他们的分析决策能力；另一方面还应不断完善信息披露制度，疏导信息的流动。

“有效市场假说”包含以下几个要点。

① 在市场上的每个人都是理性的经纪人，金融市场上每只股票所代表的各家公司都处于这些理性人的严格监视之下，他们每天都在进行基本分析，以公司未来的获利性来评价公司的股票价格，把未来价值折算成今天的现值，并谨慎地在风险与收益之间进行权衡取舍。

② 股票的价格反映了这些理性人的供求平衡，即想买的人的数量正好等于想卖的人的数量，也就是说，认为股价被高估的人数与认为股价被低估的人数正好相等。假如有人发现两者不等，即存在套利的可能性，他们立即会用买进或卖出股票的办法使股价迅速变动，直到使两者相等为止。

③ 股票的价格也能充分反映该资产所有可获得的信息，即信息有效。当信息变动时，股票的价格就一定会随之变动。一个利好消息或利空消息刚刚传出时，股票的价格就开始异动；当这个消息达到路人皆知的程度时，股票的价格也已经上涨或下跌到适当的价位了。

2. 有效市场的分类

有效市场假说称股价已经反映了所有可获得的信息，这实际上表明的是完全有效或最强型有效市场的特征。现实资本市场上可获得信息的完备程度有高有低，与此相对应，市场的有效性也有强弱之分。根据可获得信息的类别不同，法玛教授论证了不同的信息对证券价格的影响程度不同，证券市场效率的高低程度也因信息种类的不同而存在差异。为此，将有效市场细分为三类，即弱型（weak form）有效市场、半强型（semi-strong form）有效市场和强型（strong form）有效市场。这三类有效证券市场的共同特征是，证券的价格反映一定的信息，区别在于不同的市场反映的信息范围不同。我们将所有的信息划分为三个层次，其关系如图 1-1 所示。

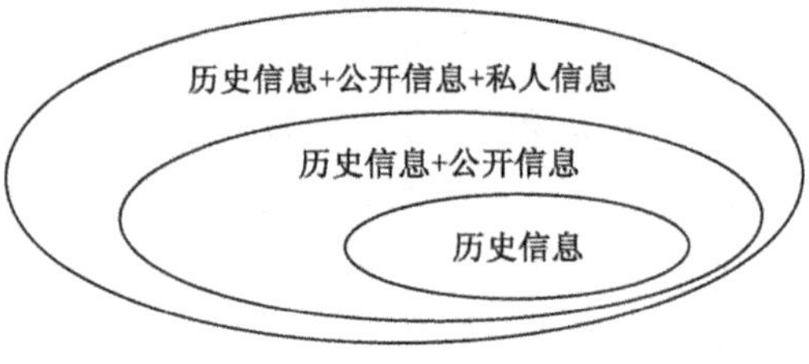

图 1-1　信息的层次划分

① 弱型有效市场。当现在的价格凝聚了所有历史记录中的信息、充分反映价格历史序列数据中所包含的一切信息时，这种市场即弱型有效市场。因为诸如历史股价、成交量、短期收益等历史信息可以被公开地、无成本地获得，如果这些信息可以传达有关未来的可靠信号，那么所有投资者早就知道利用这些信号了，最终的结果是因为信号的广泛可知性而使它们失去价值，发现规律也就等于消灭了规律。相反，如果有关证券历史资料对证券的价格变动仍有影响，则这个市场尚未达到弱型有效。

在弱型有效市场中，投资者不可能通过对股票历史信息（包括历史资料、价格和交易量等）的分析而获得超额利润，因为股票价格已经根据这些信息做了相应的调整，投资者只能获得与所承担风险相对应的正常收益。股票价格变动与其历史行为方式是相互独立的，股价变动的历史时间序列数据呈现随机游动形态，技术分析（technical analysis）不具备现实意义。

② 半强型有效市场。如果现在的价格不仅反映了历史信息，而且反映了所有与公司证券有关的公开信息，这种情况下的市场即半强型有效市场。由于任何一个投资者都有办法从公开适用的渠道中得到这些信息，投资者就会预测到这些信息已经体现在股价上了。如果有关股票的公开信息对其价格的变动仍有影响，则说明证券价格形成过程中，投资者对公开发表的资料

尚未做出及时充分的挖掘和利用，这样的市场尚未达到半强型有效。

在半强型有效市场中，对一家公司的资产负债表、损益表、股息变动、股票拆细、政府公告及其他任何可公开获得的信息进行分析均不可能获得超额利润，基本分析（fundamental analysis）将失去作用。

③ 强型有效市场。若市场价格充分反映了有关公司的一切可得信息，从而使任何获得内幕消息的人（包括公司董事会成员、管理人员、中介机构有关人士、监管机构有关人士）也不能凭此而获得超额利润时，这样的市场即强型有效市场。在强型有效市场中，市场价格不仅完全反映了一切历史信息和一切可公开获得的信息，也充分反映了一切内幕信息，这是最有效的股票市场。

3. 有效市场假说的意义

① 理论意义。提高证券市场的有效性，其根本问题就是解决证券价格形成过程中的信息披露、信息传输、信息解读及信息反馈等各个环节所出现的问题，其中最关键的一个问题是建立上市公司强制性信息披露制度。从这个角度看，公开信息披露制度是建立有效资本市场的基础，也是资本市场的有效性得以不断提高的起点。

② 实践意义。如果市场未达到弱型下的有效，则当前的价格未完全反映历史价格信息，那么未来的价格变化将进一步对过去的价格信息做出反应。在这种情况下，人们可以利用技术分析和图表从过去的价格信息中分析出未来价格的某种变化倾向，从而在交易中获利。如果市场是弱型有效的，则过去的历史价格信息已完全反映在当前的价格中，未来的价格变化将与当前及历史价格无关，这时使用技术分析和图表来分析当前及历史价格以对未来做出预测将是徒劳。因此，在弱型有效市场中，技术分析将失效。

如果市场未达到半强型有效，公开信息未被当前价格完全反映出来，分析公开资料寻找价格将能增加收益。但如果市场是半强型有效的，那么仅仅以公开资料为基础的分析将不能提供任何帮助，因为针对当前已公开的资料信息，目前的价格是合适的，未来的价格变化与当前已知的公开信息毫无关系，其变化纯粹依赖于明天新的公开信息。所以在这样的一个市场中，已公布的基本面信息无助于分析家挑选价格被高估或低估的证券，基于公开资料的基础分析毫无用处。

如果市场是强型有效的，人们获取内部资料并按照它行动，这时任何新信息（包括公开的和内部的）将迅速在市场中得到反映。所以在这种市场中，任何企图寻找内部资料信息来打击市场的做法都是不明智的。对于证券组合理论来说，其组合构建的条件之一即假设证券市场是充分有效的，所有市场参与者都能同等地得到充分的投资信息，同时不考虑交易费用。但对于证券组合的管理来说，如果市场是强型有效的，组合管理者会选择消极保守型的态度，只求获得市场平均的收益率水平，因为区别将来某段时期有利和无利的投资不可能以现阶段已知的这些投资的任何特征为依据，进而进行组合调整。因此在这样一个市场中，管理者一般模拟某一种主要的市场指数进行投资。而在市场仅达到弱式有效状态时，组织管理者则是积极进取的，他们会在选择资产和买卖时机上下功夫，努力寻找价格偏离价值的资产。

1.2.2 证券投资的基本分析方法

1. 基本分析的内涵

基本分析又称基本面分析，是指证券投资分析人员根据经济学、金融学、财务管理学及投资学的基本原理，通过对决定证券投资价值及价格的基本要素（如宏观经济指标、经济政策走势、行业发展状况、产品市场状况、公司销售和财务状况等）的分析，评估证券的投资价值，判断证券的合理价位，提出相应的投资建议的一种分析方法。

基本分析的理论基础在于：首先，任何一种投资对象都有一个可以称为“内在价值”的固定基准，并且这种内在价值可以通过对该种投资对象的现状和未来前景的分析而获得；其次，市场价格和内在价值之间的差距最终会被市场所纠正，因此市场价格低于（或高于）内在价值的时候，投资者就可以通过买入（或卖出）操作等待市场纠正两者差距所带来的差价收益。

2. 基本分析的内容

① 宏观经济分析。宏观经济分析主要探讨各经济指标和经济政策对证券价格的影响。经济指标分为先行性指标、同步性指标和滞后性指标三类。先行性指标可以对将来的经济状况提供预示性的信息，如利率水平、货币供给、消费者预期、主要生产资料价格、企业投资规模等。同步性指标的变化基本上与总体经济活动的转变同步，如个人收入、企业工资支出、GDP、社会商品销售额等。滞后性指标的变化一般滞后于国民经济的变化，如失业率、库存量、银行未收回贷款规模等。

经济政策则主要包括货币政策、财政政策、信贷政策、债务政策、税收政策、利率与汇率政策、产业政策、收入分配政策等。

② 行业分析和区域分析。行业分析和区域分析是介于宏观经济分析与公司分析之间的中观层次的分析。行业经济分析主要分析行业所属的不同市场类型、所处的不同生命周期及行业的业绩对证券价格的影响；区域分析主要分析区域经济因素对证券价格的影响。一方面，行业的发展状况对该行业上市公司的影响是巨大的，从某种意义上说，投资某个上市公司，实际上就是以某个行业为投资对象；另一方面，上市公司在一定程度上又受区域经济的影响，尤其在我国，各地区的经济发展极不平衡，从而造成了我国证券市场所特有的“板块效应”。

③ 公司分析。公司分析是基本分析的重点，无论什么样的分析报告，最终都要落实在某家公司证券价格的走势上。如果没有对发行证券的公司状况进行全面的分析，就不可能准确地

预测其证券的价格走势。公司分析侧重于对公司的竞争能力、赢利能力、经营管理能力、发展潜力、财务状况、经营业绩及潜在风险等进行分析，借此评估和预测证券的投资价值、价格及其未来变化的趋势。

1.2.3　证券投资的技术分析方法

1．技术分析的内涵

技术分析是指仅从证券的市场行为来分析证券价格未来变化趋势的方法。证券的市场行为有多种表现形式，其中证券的市场价格、成交量、价和量的变化，以及完成这些变化所经历的时间是市场行为最基本的表现形式。

技术分析的理论基础建立在三个假设之上。这三个假设是市场的行为，包含一切信息、价格沿趋势波动和历史会重复。

技术分析理论的内容就是市场行为的内容。粗略地划分，可以将技术分析理论分为 K 线理论、切线理论、形态理论、技术指标理论、波浪理论、循环周期理论等几类。

2．技术分析的作用

① 比较客观、真实地反映市场多空双方的力量。影响股价变动的政治、经济、社会及上市公司的经营状况等各种因素，它们最终都会比较客观、真实地反映在股票价格和成交量的变动上，通过技术分析就能了解这些因素对市场多空双方力量的影响及随之而动的股价走势变化，进而研究判断和预测股价的未来走势。

② 比较全面地反映股价过去和现在的波动情况。技术分析通过图表描绘股价过去运行的轨迹，寻找具有典型意义的行为模式，因而不仅能够反映股价过去和现在的走势，还能预测股价的未来走势，有效地掌握买卖股票的时机。

1.2.4　基本分析与技术分析的区别

1．分析的内容不同

基本分析是通过分析影响股价变动的政治、经济、社会等因素来研究股票的价值，衡量股价的高低；技术分析是运用统计学和逻辑学的方法，通过图表和技术指标等来分析股价的运行轨迹，寻找具有典型意义的行为模式，从而探索未来股价的变动趋势。

2．立足点不同

基本分析立足于未来，利用宏观经济和上市公司的发展情况等来分析股价的变动趋势；技术分析则着眼于过去，用历史数据和变化规律预测股价的趋势。

3. 目的不同

基本分析的目的是判断现行股价的高低，并对公司未来赢利、股息及各种风险等进行预测；技术分析的目的主要是预测股价的中短期变动，并确定买卖股票的时机。

4. 解决的问题不同

基本分析主要是解决投资对象问题，即解决投资何种股票的问题；技术分析主要是解决投资时机问题，即解决何时买卖股票的问题。

5. 着重点不同

基本分析着重分析股市的长期变动趋势；技术分析着重分析股市的中短期变动趋势。

1.2.5 证券组合分析法

1. 证券组合分析法的含义

证券组合分析法是根据投资者对收益率和风险的共同偏好及投资者的个人偏好，确定投资者的最优证券组合并进行组合管理的方法。

证券组合分析法有两类：一类为传统的证券组合分析法，另一类为现代证券组合分析法。两类分析方法的共同目的是通过多元化证券组合有效降低非系统性风险，但是两者的理论基础不同。传统的证券组合分析法依靠经验，用非定量分析的方法构建和调整证券组合中各证券的比例关系；现代证券组合分析法是一种数量化的组合管理方法，它是运用定量化的方法求解证券组合中各证券的最佳比例关系，以实现投资收益与风险的最佳平衡。现代证券组合分析法认为，证券或证券组合的收益由它的期望收益率表示，风险则由其期望收益率的方差来衡量；证券收益率服从正态分布；理性投资者具有在期望收益率既定的条件下选择风险最小的证券和在风险既定的条件下选择期望收益率最高的证券两个共同特征。现代证券组合分析法的理论基础主要有哈里·马科维茨的均值方差模型、威廉·夏普的资本资产定价模型（Capital Asset Pricing Model，CAPM）及斯蒂夫·罗斯的套利定价理论（Arbitrage Pricing Theory，APT）等。

2. 现代组合分析法的内容

① 哈里·马科维茨的均值方差模型。该理论是证券组合分析的主要理论基础，它在一系列严格假设的基础上，以证券或证券组合的期望收益率来表示其收益，以期望收益率的方差来衡量其风险，通过建立一个二次规划模型求解有效证券组合，并根据投资者的无差异曲线确定投资者最满意的证券组合。

② 资本资产定价模型。哈里·马科维茨均值方差模型面临的最大问题是其计算量太大，同时不能对风险进行有效的分类和管理，这严重地阻碍了马科维茨方法在实际中的应用。在马

科维茨均值方差模型的基础上，威廉·夏普等人提出了一种新的风险计量指标，即证券的 β 系数，用于衡量证券投资的系统风险。这种指标建立了证券投资的期望收益率与系统风险的关系，即资本市场线和证券市场线，同时提出了单因素模型和多因素模型，极大地简化了马科维茨均值方差模型的计算。这就是资本资产定价模型。

③ 套利定价理论。资本资产定价模型在金融领域盛行十多年。然而，该模型的致命弱点是无法用经验、事实来检验。于是，史蒂夫·罗斯又在多因素模型的基础上提出了套利定价理论。这一理论认为，只要任何一个投资者不能通过套利获得收益，那么期望收益率一定与因素风险相联系。这一理论需要较少的假定，史蒂夫·罗斯等认为它至少在原则上是可以进行检验的。

3. 证券组合分析法的优缺点及适用范围

证券组合分析法的优点主要是在投资分析中对风险进行了分类和定量化描述，建立了收益与风险之间的关系，从理论上证明了证券组合可以有效降低非系统风险的基本思想，并运用定量化的方法求解证券组合中各证券的最佳比例关系，克服了传统证券组合法在确定各证券投资比例时的盲目性，以实现投资收益与风险的最佳平衡。

证券组合分析法的缺点主要在于确定各证券的最佳比例关系时，计算比较复杂；模型对证券市场的假设条件过于严格，与实际市场之间存在较大的差距；在计算投资比例时，需要大量的预测数据，同时模型未考虑难以定量化的因素，因此模型得出的结论仅是投资决策的一个参考。

根据证券组合分析法的优缺点，此种分析法主要适用于大规模的投资组合管理及相对成熟的证券市场和预测精确度要求较高的领域，特别是在科学化和数字化投资理念占据主导地位的今天，数量化方法更合乎时代发展的趋势。

复习与实训

一、名词解释

1. 弱型有效市场　2. 半强型有效市场　3. 强型有效市场

二、简述题

1. 证券投资的基本过程。
2. 证券投资的基本意义。
3. 证券投资分析的步骤。
4. 证券投资的基本分析方法。

5. 证券投资的技术分析方法。

6. 组合投资分析方法的基本含义及基本内容。

三、分析题

1. 有效市场假说的核心内涵及其对证券投资分析的根本意义。

2. 证券投资分析的基本方法与技术分析方法的区别。

3. 证券组合分析方法的优缺点比较。

第2章　证券投资价值分析

2.1　债券的投资价值分析

2.1.1　债券投资价值的影响因素

1．影响债券价值投资的内部因素

① 债券期限的长短。一般来说，在其他条件不变的情况下，债券的期限越长，意味着其市场价格变动的可能性越大，从而风险也就越大，因此投资者要求的收益率补偿也就越高。

② 票面利率。当市场利率提高时，票面利率较低的债券价格下降较快；当市场利率下降时，票面利率较低的债券的增值潜力也很大。因此，票面利率越低的债券，其价格的波动性越大。反之，票面利率越高的债券，其价格的波动性越小。

③ 提前赎回条款。提前赎回条款是指可赎回债券的发行人拥有的一种选择权。这种规定在财务上对发行人有利，因为发行人可以在市场利率降低时发行较低利率的债券，取代原先发行的利率较高的债券，从而降低资金成本。对于投资者来说，提前赎回是不利的，因为如果利率降低，公司可以溢价买回债券，而债券持有者拿回本金后再去投资就只能按较低的利率获得报酬；如果利率上升，公司可以不执行赎回规定，债券投资者得不到利率上升带来的好处，这时选择把债券出售出去，就只能以相对较低的价格出售，其收益就会受损。这种风险要从价格上得到补偿，因此，具有较高提前赎回可能性的债券应具有较高的票面利率，其内在价值相对较低。

④ 税收待遇。债券的利息纳税与否直接影响投资者的实际收益率，因此税收待遇是影响债券市场价格和收益率的一个重要因素。一般来说，免税债券的到期收益率比类似的应纳税债券的到期收益率低，其内在价值较高。此外，税收还以其他方式影响债券的价格和收益率。例如，任何一种以折扣方式出售的低利率附息债券提供的收益有两种形式，即息票利息和资本收益。在有的国家，这两种收入都被当作普通收入进行征税，但对于资本收益的征税可以等到债券出售或到期时再进行。这种推迟表明大额折价债券具有一定的税收利益。在其他条件相同的情况下，低利付息债券的税前收益率必然低于高利付息债券，那么低利付息债券的内在价值也就高于高利付息债券。

⑤ 流动性。流动性是指债券在不遭受损失或遭受较小损失的前提下可随时变现的容易程度，它反映了债券规避由市场价格波动而导致的实际价格损失的能力。流动性较弱的债券较难按市价卖出，持有者会因此而面临遭受损失（包括承受较高的交易成本和资本损失）的风险。这种风险必须在债券的价格中得到补偿，因此，流动性好的债券比流动性差的债券具有更高的内在价值。

⑥ 违约风险。违约风险是指债券发行人按期履行合约规定的义务，足额支付利息和本金的可靠性程度。通常情况下，除政府债券以外，一般债券都有信用风险，只是风险大小不同而已。信用等级越低的债券，投资者要求的风险补偿越高，债券的内在价值就越低。

2．影响债券价值投资的外部因素

① 基础利率。基础利率一般是指无风险证券利率，是债券定价过程中必须考虑的一个重要因素。投资人投资于债券要承担一定的风险，其收益率必然高于无风险证券的利率。一般来说，短期政府债券的风险最小，可以看作无风险证券，其收益率可被用作基础利率。另外，因为银行的信用度很高，而且银行利率应用广泛，因此基础利率也可参照银行存款利率来确定。

② 市场利率。市场利率是指市场上所有金融资产的平均报酬率，它对债券利率具有替代作用，是投资于债券的机会成本，与债券价格成反比。如果市场利率上升，意味着投资于债券的机会成本上升，债券的收益率水平也上升，从而使债券的内在价值降低；反之，债券的内在价值增加。市场利率风险与债券的期限相关，债券的期限越长，其价格的利率敏感度越大。

③ 其他因素。影响债券价值投资的其他因素包括通货膨胀水平和外汇汇率风险等。通货膨胀的存在可能会使投资者从债券投资中实现的收益不足以抵补由于通货膨胀而造成的购买力损失。当投资者投资于某种外币债券时，汇率的变化会使投资者的未来本币收入受到贬值损失。这些损失也都必须在债券的定价中得到体现，以增加债券的到期收益率，降低债券的内在价值。

2.1.2 债券的基本价值评估

收入的资本化定价方法认为，资产的内在价值等于投资者投入的资产可获得的预期现金收入的现在价值。运用到债券上，债券的内在价值即等于来自债券的预期货币收入按某个利率贴现的现值。在确定债券的内在价值时，需要估计预期货币收入和投资者要求的适当收益率（也称“必要收益率”）。债券的预期货币收入不外乎两个来源：息票利息和票面额。债券的必要收益率一般是比照具有相同风险程度和偿还期限的债券的收益率得出的。

1．一次还本付息债券的估价公式

如果按单利计息、单利贴现，其内在价值决定公式为：

$$P=\frac{M(1+in)}{1+rn}$$

如果按单利计息、复利贴现，其内在价值决定公式为：

$$P=\frac{M(1+in)}{(1+r)^n}$$

如果按复利计息、复利贴现，其内在价值决定公式为：

$$P=\frac{M(1+i)^n}{(1+r)^n}$$

式中，P 为债券的内在价值；M 为票面价值；i 为每期利率；n 为剩余时期数；r 为必要收益率。

贴现债券也是一次还本付息债券，它以低于票面价格发行，到期按面值偿还本金，所以可把面值视为贴现债券到期的本息之和。参照上述一次还本付息债券的估价公式，可计算出贴现债券的内在价值。

2. 付息债券的估价公式

如果按单利计息，其内在价值决定公式为：

$$P=\sum_{t=1}^{n}\frac{C}{1+rt}+\frac{M}{1+nr}$$

如果按复利计息，其内在价值决定公式为：

$$\begin{aligned}P&=\frac{C}{1+r}+\frac{C}{(1+r)^2}+\cdots+\frac{C}{(1+r)^n}+\frac{M}{(1+r)^n}\\&=\sum_{t=1}^{n}\frac{C}{(1+r)^t}+\frac{M}{(1+r)^n}\end{aligned}$$

式中，P 为债券的内在价值；C 为每年支付的利息；M 为票面价值；n 为所余年数；r 为必要收益率；t 为第 t 次。

2.1.3　债券收益率的计算

1. 内部到期收益率

在投资学中，债券的内部到期收益率被定义为把未来的投资收益折算成现值，使之成为购买价格或初始投资额的贴现率。到期收益率的计算公式为：

$$P=\frac{C}{1+Y}+\frac{C}{(1+Y)^2}+\cdots+\frac{C}{(1+Y)^n}+\frac{F}{(1+Y)^n}$$

式中，P 为债券价格；C 为每年利息收益；F 为到期价值；n 为时期数；Y 为到期收益率。

2. 持有期收益率的计算

在投资学中，持有期收益率被定义为从买入债券到卖出债券期间所获得的年平均收益（包括当期发生的利息收益和资本利得）与买入债券实际价格的比率。持有期收益率度量的是持有债券期间的收益占购买价格的百分比，反映每单位投资能够获得的全部收益。其计算公式为：

$$Y = \frac{C + (P_1 - P_0) \div N}{P_0} \times 100\%$$

式中，Y 为持有期收益率；C 为每年利息收益；P_1 为债券卖出价格；P_0 为债券买入价格；N 为持有年限。

3．债券定价模型的应用

根据债券定价模型确定债券内在价值以后，可以通过计算债券内在价值与市场价格之间的差距，寻找被高估或低估的债券，从而为投资者进行正确的投资决策提供帮助。

① 净现值法。净现值（Net Present Value，NPV）等于内在价值与市场价格（成本）之差，即：

$$\text{NPV}=V-P$$

式中，P 表示购买债券的成本（市场价格）；V 为内在价值。如果 NPV>0，意味着内在价值大于投资成本，这种债券被低估，应购买债券；如果 NPV<0，意味着内在价值小于投资成本，这种债券被高估，应卖出债券。

② 内部收益率法。内部收益率是指投资净现值等于零的贴现率。如果用 R 代表内部收益率，则可得：

$$\text{NPV} = V - P = \sum_{t=1}^{n} \frac{A}{1+R^t} + \frac{M}{1+R^n} - P = 0$$

由上式可求出内部收益率 R。把 R 与具有同等风险水平下的必要收益率（用 r 表示）相比较，如果 $R > r$，则该债券被低估，可购买债券；如果 $R < r$，则债券被高估，应卖出债券。

2.2 股票的投资价值分析

2.2.1 股票投资价值的影响因素

1．影响股票投资价值的内部因素

① 公司资产净值。公司资产净值也叫净资产，是指公司现有的实际资产，是总资产与总负债的差。资产净值是全体股东的权益，是决定股票价格的重要基准。股票作为投资的凭证，其每一股代表一定数量的净值，理论上应与股价保持一定比例，即净值增加，股价上涨；净值减少，股价下跌。

② 公司赢利水平。一般来说，公司赢利越大，可分配股息也越多，公司股票会受到众多

投资者的认同，股票的市场价格会上涨；公司赢利减少，可分配股息相应减少，股票价格会下降。公司赢利的增加只为股息派发提供可能，并非赢利增加股息就一定增加。值得注意的是，投资者会提前对赢利做出预期，所以股价的变化通常要先于赢利的变化，股价的变动幅度也要大于赢利的变化幅度。

③ 公司的股息政策。通常，股息回报高，投资者会大量买入持有，股价会上涨；股息回报低，投资者会选择卖出，导致股价下跌。为了在扩大再生产和回报股东等方面合理分配赢利，公司都有一定的股息政策，不同的股息政策对各期股息收入具有不同的影响，进而影响股票价格。

④ 公司股票分割。股票分割也称拆股、拆细或拆分，是指将一股股票均等地拆成若干股。股票分割一般在年度决算月份进行，它通常会刺激股价上升。股票分割后，投资者保持的股份和以前一样，得到的股息也相同，但是投资者持有的股票数增加了，这给投资者带来了日后可以多分股息和获得更高收益的希望。因此，股票分割往往比增加股息派发对股价上涨的刺激作用更大。

⑤ 公司的增资和减资。公司增资对不同公司股价的影响不尽相同。如果公司因业务发展需要增加资本额而发行新股，在没有产生相应效益之前，每股净资产会下降，因而会促成股价下跌。但是，对那些业绩优良、财务结构健全、具有发展潜力的公司而言，增资意味着公司经营实力增加，会给股东带来更多回报，股价不仅不会下跌，可能还会上涨。公司减资很可能是因为公司经营不善、亏损严重或需要重新整顿，所以股价一般会大幅下降。

⑥ 公司资产重组。公司资产重组会引起公司价值的巨大变动，其股价一般会随之产生剧烈波动，但股价变动的具体方向和幅度要看资产重组是否对公司有利、重组后是否会改善公司的经营状况。

2. 影响股票投资价值的外部因素

① 宏观经济因素。宏观经济走向包括经济增长、经济周期、通货变动及国际经济市场的变化等因素。国家的货币政策、财政政策、收入分配政策和对证券市场的监管政策等都会对股票的投资价值产生影响。

② 行业因素。行业的发展状况和趋势对于该行业上市公司的影响是巨大的，因而行业的发展状况和趋势、国家的产业政策、相关行业的发展等都会对该行业上市公司的股票投资价值产生影响。

另外，行业在其发展过程中要经历初创期、成长期、成熟期、衰退期四个阶段，这被称为行业的生命周期。处在不同阶段的行业有不同的表现。

③ 投资者心理预期。证券市场上投资者对股票走势的心理预期会对股票价格走势产生重要的影响。如果投资者对股市前景预期悲观，他们可能会不断抛售手中的股票，致使股

价大跌；而如果投资者对某种股票的行市前景持乐观态度，他们就会持续买进，这将推动股价上涨。当投资者对行情预期存在分歧时，买方和卖方力量势均力敌，股价就会形成盘整格局。

④ 其他因素。政治因素、自然灾害等不可抗拒因素也会影响股价的变动。

2.2.2 市盈率与市净率在股票估价中的应用

1. 市盈率估价法

市盈率又称“价格收益比”或“本益比”，是每股价格与每股收益之间的比率。其计算公式为：

$$市盈率=\frac{每股价格}{每股收益}$$

从公式可以看出，股票价格可以由股票的市盈率和每股收益的乘积得出。因此，如果能分别估计出股票的市盈率和每股收益，我们就可以估计出股票价格。这种评价股票价格的方法就是“市盈率估价法”。

2. 市净率估价法

市净率又称“净资产倍率”，是每股市场价格与每股净资产之间的比率。其计算公式为：

$$市净率=\frac{每股市场价格}{每股净资产}$$

上述公式中的每股净资产又称“账面价值”，指每股股票所含的实际资产价值。它既是支撑股票市场价格的物质基础，也代表公司解散时股东可分得的权益，通常被认为是股票价格下跌的底线。每股净资产的数额越大，表明公司内部积累越雄厚，抵御外来因素影响的能力越强。市净率反映的是相对净资产，即股票当前市场价格处于较高水平还是较低水平。市净率越大，说明股价处于较高水平；反之，市净率越小，说明股价处于较低水平。

市净率与市盈率相比，前者通常用于考察股票的内在价值，多为长期投资者所重视；后者通常用于考察股票的供求状况，更为短期投资者所关注。

2.2.3 贴现现金流模型

1. 贴现现金流模型的一般公式

贴现现金流模型是运用收入的资本化定价方法来决定普通股票内在价值的方法。按照收入的资本化定价方法，任何资产的内在价值都是由拥有资产的投资者在未来时期所接受的现金流决定的。也就是说，一种资产的内在价值等于预期现金流的贴现值。对股票而言，预期现金流即预期未来支付的股息。因此，贴现现金流模型的一般公式如下：

$$V=\frac{D_1}{1+k}+\frac{D_2}{(1+k)^2}+\cdots+\frac{D_\infty}{(1+k)^\infty}=\sum_{t=1}^{\infty}\frac{D_t}{(1+k)^t}$$

式中，V 为股票在期初的内在价值；D_t 为时期 t 未以现金形式表示的每股股息；k 为一定风险程度下现金流的合适的贴现率（也称必要收益率）。

根据上式，可以引出净现值的概念。净现值等于内在价值与成本之差，即：

$$\text{NPV}=V-P=\sum_{t=1}^{\infty}\frac{D_t}{(1+k)^t}-P$$

式中，P 为最初时购买股票的成本。

如果 NPV>0，意味着所有预期的现金流入的现值之和大于投资成本，即这种股票价格被低估，因此购买这种股票可行；如果 NPV<0，意味着所有预期的现金流入的现值之和小于投资成本，即这种股票价格被高估，因此不可购买这种股票。

2. 内部收益率

内部收益率就是使投资净现值等于零的贴现率。如果用 k^* 代表内部收益率，根据内部收益率的定义可得：

$$\text{NPV}=V-P=\sum_{t=1}^{\infty}\frac{D_t}{(1+k)^t}-P=0$$

所以

$$P=\sum_{t=1}^{\infty}\frac{D_t}{(1+k)^t}$$

由此可见，内部收益率实际上是使未来股息流贴现值恰好等于股票市场价格的贴现率。

由上式可以解出内部收益率 k^* 与具有同等风险水平股票的必要收益率 k。如果 $k^*>k$，则可以考虑购买这种股票；如果 $k^*<k$，则不应该购买该股票。

运用贴现现金流模型决定普通股票内在价值存在一个困难，即投资者必须预测所有未来时期支付的股息。由于普通股票没有一个固定的生命周期，因此通常要给无穷多个时期的股息流加上一些假定，以便计算股票的内在价值。

这些假定是在始终围绕股息增长率 g_t 的基础上提出的，不同股息增长率的假定会派生出不同类型的贴现现金流模型。一般假定相邻两个时期的股息 D_{t-1} 和 D_t 之间满足如下关系：

$$D_t=D_{t-1}(1+g_t)$$

$$g_t=\frac{D_t-D_{t-1}}{D_{t-1}}$$

2.3 基金的投资价值分析

2.3.1 开放式基金的价格决定

1. 申购价格

开放式基金由于负有在中途购回基金份额的义务，所以一般不进入证券交易市场流通买卖，而是主要在场外进行。投资者购入开放式基金份额时，除了支付资产净值，还要支付一定的销售附加费用。也就是说，开放式基金的申购价格包括资产净值和弥补发行成本的销售费用，当然在投资者大量购买时，附加费可给予一定的优惠。开放式基金的申购价格、资产净值和附加费之间的关系可用下式表示：

$$申购价格=\frac{资产净值}{1+附加费}$$

2. 赎回价格

开放式基金承诺可以在任何时候根据投资者的个人意愿赎回其基金份额。对于赎回时不收取任何费用的开放式基金来说，其赎回价格等于资产净值。

对于赎回时收取费用的开放式基金，其费用是按照基金投资年数不同而设立不同的赎回费率收取，持有基金份额时间越长，费率越低，当然也有一些基金收取统一费率。在这种情况下，开放式基金的赎回价格与资产净值和附加费的关系为：

$$赎回价格=\frac{资产净值}{1+附加费}$$

可见，开放式基金的价格仅与资产净值密切相关，只要资产净值估算准确，基金的申购和赎回就没有任何问题。

2.3.2 封闭式基金的价格决定

封闭式基金类似于股票，发行期满后一般都申请上市交易。股票价值的分析方法也可类推到封闭式基金中。影响封闭式基金交易价格的因素主要有基金资产净值、市场供求关系、宏观经济状况、证券市场状况、基金管理者的管理水平及政府有关基金的政策六个方面。其中，确定基金价格最根本的依据也是每基金单位资产净值及其变动情况。

封闭式基金价值的分析也可以采用收入的资本化定价方法。这里的关键是确定各期预期货币收入和合适的贴现率。各期预期的货币收入取决于基金的收益和基金的费用。

基金的收益主要包括利息收入、股息和红利收入、资本利得等，基金的费用包括管理费、保管费、准备费等。

2.3.3 ETF 和 LOF 的价值分析

ETF（Exchange Traded Fund）通常被称为“交易所交易基金”，LOF（Listed Open-ended Funds）通常被称为“上市型开放式基金”，两者都是指可以在交易所上市交易的开放式基金。

理论上讲，ETF 或 LOF 的市场价格应与基金的内在价值，即基金单位资产净值保持一致。但在现实市场中，由于受诸如交易费用和供求关系等多种因素的影响，ETF 或 LOF 的市场价格一般呈现在基金单位资产净值附近小幅波动的趋势。

从 ETF 或 LOF 可在二级市场交易的角度分析，ETF 或 LOF 潜在的投资价值还表现在以下七个主要方面。

① ETF 或 LOF 具有交易成本相对低廉的交易集道。ETF 或 LOF 可以在二级市场进行交易，其交易成本较一级市场相对低廉。

② ETF 或 LOF 具有手续相对简便的交易渠道。通过二级市场交易渠道，投资者可以像交易封闭式基金那样方便地完成 ETF 或 LOF 的交易。

③ ETF 或 LOF 具有成交价格相对透明的交易渠道。普通开放式基金每天只能申购或赎回一次，申购和赎回价格为当日收盘基金单位净值加一定的交易费用，投资者在进行申购或赎回委托时并不知道其申购或赎回的价格。而在交易所进行 ETF 或 LOF 的交易时，投资者像交易封闭式基金那样，以已知的实时价格成交。

④ ETF 或 LOF 具有交易效率相对较高的交易渠道。ETF 或 LOF 的二级市场交易方式的效率一般高于一级市场柜台式服务系统的效率。此外，就我国的市场而言，沪市的上证 50ETF 跨一、二级市场交易方式可以实现 T+0 交易；深市的 LOF 跨一、二级市场交易方式可以实现 T+1 交易；普通开放式基金申购成功后，投资者自 T+2 日起有权赎回基金份额。

⑤ 与普通开放式基金相比，ETF 或 LOF 具有更高的流动性。ETF 或 LOF 同时存在一级市场和二级市场，而二级市场交易的低成本性、便利性与透明性等优势有利于吸引更广泛的投资者参与交易，从而增加了 ETF 或 LOF 的流动性。

⑥ 与普通开放式基金相比，ETF 或 LOF 为投资者提供了潜在的跨市场套利机会。ETF 或 LOF 可以同时在一级市场和二级市场交易，从理论上讲，虽然两个市场的价格都应与基金净值保持一致，但由于两个市场在价格决定机制、交易成本及资金回转期限等方面存在一定的差异，两个市场的价格也会存在一定的差异，这就使投资者跨市场套利成为可能。

⑦ 与普通封闭式基金相比，ETF 或 LOF 折 / 溢价幅度相对较小。对 ETF 或 LOF 而言，由于套利机制的存在，当折 / 溢价幅度超过一定程度时，就会引发投资者的套利行为，从而使

交易价格向净值回归，所以 ETF 或 LOF 的折 / 溢价水平会远低于单纯的封闭式基金。

2.4 其他投资工具的投资价值分析

2.4.1 金融期货的价值分析

金融期货合约是指约定在未来时间以事先协定的价格买卖某种金融工具的双边合约。合约中对有关交易的标的物、合约规模、交割时向和标价方法等都有标准化的条款规定。金融期货的标的物包括各种金融工具，如股票、外汇、利率等。

1．金融期货的理论价格

由于期货合约是介于现在和将来之间的一种合约，因此期货价格反映的是市场对现货价格未来的预期。在一个理性的、无摩擦的均衡市场上，期货价格与现货价格具有稳定的关系，即期货价格相当于交易者持有现货金融工具至到期日所必须支付的净成本。所谓净成本，是指因持有现货金融工具所取得的收益与购买金融工具而付出的融资成本之间的差额，也称为持有成本。这一差额有可能为正值，也有可能为负值。持有成本的正负取决于现货金融工具的收益率和融资利率的对比关系，而在现货金融工具的收益率、现货金融工具的价格及融资利率都一定的条件下，持有成本的绝对值还受持有者持有现货金融工具的时间长短的影响。所以，在现货金融工具价格一定时，金融期货的理论价格决定于现货金融工具的收益率、融资利率及持有现货金融工具的时间。理论上，期货价格可能高于、等于、低于相应的现货金融工具。我们用单利公式表述期货的理论价格。

设 t 为现在时刻，T 为期货合约的到期日，F_t 为期货的当前价格，S_t 为现货的当前价格，则期货的理论价格为：

$$F_t = S_t \times (1 + R)$$

式中，R 为从 t 到 T 时刻持有现货的成本和时间价值。

2．影响金融期货价格的主要因素

从期货的理论价格公式可以看出，影响期货价格的主要因素是持有现货的成本和时间价值。由于持有现货的成本和时间价值是无法预先确定的，如影响现货金融工具价格的各种因素、市场上的供求关系、利率的变化等都会对持有成本和时间价值产生影响，因此，期货合约的理论价格实际上还是一个估计值。在期货市场上，金融期货的市场价格与其理论价格不完全一致，期货市场价格总是围绕理论价格而波动。期货市场价格的变动与现货价格的变动之间也并不总是一致，影响期货价格的因素比影响现货价格的因素要多得多，主要有市场利率、预期通货膨胀、财政政策、货币政策、现货金融工具的供求关系、期货合约的有效期、保证金要求、期货合约的流动性等。

2.4.2 金融期权的价值分析

金融期权是指其持有者能在规定的期限内按交易双方商定的价格购买或出售一定数量的某种金融工具的权利。具体地说，其购买者在向出售者支付一定费用后，就获得了能在规定期限内以某一特定价格向出售者买进或卖出一定数量的某种金融工具的权利。

金融期权是一种权利的交易。在期权交易中，期权的买方为获得期权合约所赋予的权利而向期权的卖方支付的费用就是期权的价格。期权价格受多种因素影响，从理论上说，它由两个部分组成，即内在价值和时间价值。

1. 内在价值

金融期权的内在价值也称“履约价值”，是期权合约本身所具有的价值，也就是期权的买方立即执行该期权所能获得的收益。一种期权有无内在价值及内在价值的大小取决于该期权的协定价格与其标的物市场价格之间的关系。协定价格是指期权的买卖双方在期权成交时约定的、在期权合约被执行时交易双方实际买卖标的物的价格。根据协定价格与标的物市场价格的关系，可将期权分为实值期权、虚值期权和平价期权三种类型。

对看涨期权而言，若市场价格高于协定价格，期权的买方执行期权将有利可图，此时的期权为实值期权；若市场价格低于协定价格，期权的买方将放弃执行期权，此时的期权为虚值期权。对看跌期权而言，市场价格低于协定价格的期权为实值期权；市场价格高于协定价格的期权为虚值期权。若市场价格等于协定价格，则看涨期权和看跌期权均为平价期权。从理论上说，实值期权的内在价值为正值，虚值期权的内在价值为负值，平价期权的内在价值为零。但实际上，无论是看涨期权还是看跌期权，也无论期权标的物的市场价格处于什么水平，期权的内在价值都必然大于零或等于零，而不可能为负值。这是因为期权合约只赋予买方执行期权与否的选择权，而没有规定相应的义务。当期权的内在价值为负值时，买方可以选择放弃执行期权。

无论看涨期权还是看跌期权，实值期权的内在价值就是市场价格和协定价格差额的绝对值与期权合约交易单位的乘积，虚值期权和平价期权的内在价值均为零。

2. 时间价值

金融期权的时间价值也称“外在价值”，是指期权的买方购买期权而实际支付的价格超过该期权内在价值的那部分价值。在现实的期权交易中，各种期权通常以高于内在价值的价格买卖，即使平价期权或虚值期权，它们也会以大于零的价格成交。期权的买方之所以愿意支付额外的费用，是因为他希望随着时间的推移和标的物市场价格的变动，该期权的内在价值得以增加，使虚值期权或平价期权变为实值期权，或使实值期权的内在价值进一步提高。期权的时间价值不易直接计算，一般以期权的实际价格减去内在价值的方法求得。

3．影响期权价格的主要因素

期权价格由内在价值和时间价值构成，因而影响内在价值和时间价值的因素就是影响期权价格的因素。

① 协定价格与市场价格。协定价格与市场价格是影响期权价格最主要的因素。这两种价格的关系不仅决定了期权有无内在价值及内在价值的大小，而且决定了有无时间价值和时间价值的大小。一般而言，协定价格与市场价格之间的差距越大，时间价值越小；反之，则时间价值越大。这是因为时间价值是市场参与者因预期标的物市场价格变动引起其内在价值变动而愿意付出的代价。当一种期权处于极度实值或极度虚值时，市场价格变动的空间就已经很小了。只有在协定价格与市场价格非常接近或为平价期权时，市场价格的变动才有可能增加期权的内在价值，从而使时间价值随之增大。

② 权利期间。权利期间是指期权剩余的有效时间，即期权成交日至期权到期日的时间。在其他条件不变的情况下，权利期间越长，期权价格越高；反之，期权价格越低。其原因主要是，权利期间越长，期权的时间价值越大；随着权利期间缩短，时间价值也逐渐减少；在期权的到期日，权利期间为零，时间价值也为零。通常，权利期间与时间价值存在同方向但非线性的关系。

③ 利率。尤其短期利率的变动会影响期权的价格。利率变动对期权价格的影响是复杂的。一方面，利率变化会引起期权标的物的市场价格变化，从而引起期权内在价值的变化；另一方面，利率变化会使期权价格的机会成本发生变化。此外，利率变化还会引起对期权交易的供求关系变化，因而从不同角度对期权价格产生影响。

④ 标的物价格的波动性。通常，标的物价格的波动性越大，期权价格越高；波动性越小，期权价格越低。这是因为标的物价格波动性越大，则在期权到期时，标的物市场价格涨至协定价格之上或跌至协定价格之下的可能性越大，因此期权的时间价值乃至期权价格都将随标的物价格波动的增大而提高、随标的物价格波动的减小而降低。

⑤ 标的资产的收益。标的资产的收益将影响标的资产的价格。在协定价格一定时，标的资产的价格又必然影响期权的内在价值，从而影响期权的价格。由于标的资产分红付息等因素将使标的资产的价格下降，而协定价格并不进行相应调整，因此，在期权有效期内，标的资产产生收益将使看涨期权价格下降，使看跌期权价格上升。

2.4.3 可转换证债券的价值分析

可转换证券是指可以在一定时期内按一定比例或价格转换成一定数量的另一种证券（简称

标的证券）的特殊公司证券。可转换证券一般是公司发行的一种允许投资者将其转换为公司普通股的债券或优先股。可转换为公司普通股的债券称为可转换债券，可转换为公司普通股的优先股称为可转换优先股，它们实际上是公司普通股的一种看涨期权。

1．可转换证券的价值

可转换证券的价值一般有投资价值、转换价值和理论价值三种。

① 投资价值。投资价值是指当它作为不具有转股选择权时的一种证券的价值。其价值的计算方法与普通证券价值的计算方法相同，首先应估计与它具有同等资信和类似投资特点的不可转换证券的必要收益率，然后利用这个必要收益率折算出它未来现金流的现值（可参考债券或优先股的定价）。

② 转换价值。转换价值是指实施转换时得到的标的股票的市场价值。它等于标的股票每股市场价格与转换比例的乘积，用公式表示为：

$$\mathrm{CV}=P_s\times \mathrm{CR}$$

式中，CV 为转换价值；P_s 为普通股每股市场价格；CR 为转换比率。

③ 理论价值。理论价值也称内在价值，指将可转换证券转股前的利息收入和转股时的转换价值按适当的必要收益率折算的现值。以可转换债券为例，记 A 为每年的债息收入，且一年支付一次利息；t 表示期限，债券的剩余期限为 n 年；CV 为转换价值；r 表示必要收益率。若按复利计算，可转换证券的理论价值的决定公式为：

$$V=\sum_{t=1}^{n}\frac{A}{(1+r)^t}+\frac{\mathrm{CV}}{(1+r)^n}=A\frac{1-(1+r)^{-n}}{r}+\frac{\mathrm{CV}}{(1+r)^n}$$

2．可转换证券的市场价格

可转换证券的市场价格不应低于它的投资价值和转换价值。因为如果可转换证券市场价格在投资价值之下，则该证券价格被低估，买压使其价格上升到其理论价值之上；如果可转换证券市场价格在转换价值之下，则购买该证券并立即转换为股票就有利可图，从而使该证券价格上涨到转换价值之上。为了更好地描述可转换证券的市场价格，我们引入转换平价、转换升水和转换贴水等概念。

① 转换平价。转换平价是指可转换证券持有人在转换期限内依据可转换证券的市场价格和转换比例，把证券转换成公司普通股票时的每股股票价格。转换平价相当于一个盈亏平衡点，因为一旦实际股票市场价格上升到转换平价水平，任何进一步的股票价格上升肯定会使可转换证券的价值增加。转换平价一般不做任何调整，除非发生了特定情形，如发售新股、配股、送股、派息、股份的拆细与合并，以及公司兼并、收购等。

② 转换升水。转换升水是指可转换证券的市场价格超过了转换价值的那部分价值。每股

的转换升水等于转换平价与普通股票当期市场价格（也称基准股价）的差额。一般来说，投资者在购买可转换证券时都要支付一笔转换升水，因为可转换证券具有期权的性质，转换升水等同于所付期权的费用。

③ 转换贴水。转换贴水是指可转换证券的市场价值低于其转换价值的那部分价值，即基准股价与转换平价的差额。转换贴水的出现与可转换证券发行的溢价程度相关。

复习与实训

一、名词解释

1．净现值　2．市盈率　3．市净率　4．金融期货合约
5．金融期权　6．内部到期收益率　7．开放式基金　8．封闭式基金
9．可转换债券

二、简述题

1．债券投资价值的主要影响因素。
2．股票投资价值的主要影响因素。
3．开放式基金及封闭式基金的价格决定因素。
4．ETF 和 LOF 价值决定因素。
5．影响金融期货价格的主要因素。
6．金融期权的内在价值与时间价值。
7．影响期权价格的主要因素。
8．可转换证券的价值类别及投资价值的确定。

三、分析题

1．内部到期收益率与持有期收益率的区别。
2．净现值法与内部收益率法的区别与联系。
3．市盈率估价法与市净率估价法的区别。
4．贴现现金流模型的基本原理。
5．金融期货与金融期权的区别。

第 3 章　宏观经济分析

3.1　宏观经济分析概述

3.1.1　宏观经济分析的主要内容

1．宏观经济分析的意义

证券投资的宏观分析是进行证券基本分析的基础。证券投资的宏观基本因素分析涉及社会、政治、经济和文化等多个方面，宏观经济的任何变化都会在证券市场上有所反映，所以把证券市场，特别是股票市场称为经济运行的“晴雨表”，表明证券市场是宏观经济的先行指标。因此，对宏观经济运行和宏观经济政策进行分析，可以对证券市场价格走势做出基本判断。

宏观经济分析可以通过一系列经济指标的计算、分析和对比来进行。

经济指标是反映经济活动结果的一系列数据和比例关系。经济指标包括先行指标、同步指标和滞后指标三类。先行指标可以对将来的经济状况提供预示性的信息主要有货币供应量、股票价格指数等。通过同步指标算出的国民经济转折点大致与总的经济活动的转变时间同时发生。同步指标主要包括失业率、国民生产总值等。滞后指标反映出的国民经济的转折点一般要比实际经济活动晚半年。滞后指标主要有银行短期商业贷款利率、工商业未还贷款等。

2．宏观分析的方法

宏观经济分析的主要方法有总量分析法和结构分析法，其具体内容如表 3-1 所示。在实际生活中，应把两种方法结合起来加以应用。

不同的分析方法有其不同的特点与性能，但是都具有一个共同之处，即它们一般都是通过比较对照来分析问题和说明问题的。正是通过对各种指标的比较或不同时期同一指标的对照才反映出数量的多少、质量的优劣、效率的高低、消耗的大小、发展速度的快慢等，才能为鉴别、判断提供确凿有据的信息。因此，进行宏观分析必须重视充分发挥比较法的作用。

表 3-1　宏观经济分析方法

项目	总量分析法	结构分析法
分析内容	对宏观经济运行总量指标的影响因素及其变动规律进行分析，进而说明整个经济状态和全貌的一种分析方法	对经济系统中各组成部分及其对比关系的变动规律进行分析的一种方法

续 表

项目	总量分析法	结构分析法
经济指标	包括个量总和和平均量或比例量	国民生产总值中不同结构中的指标
分析指标	国民生产总值、总投资额、总消费额和物价水平	产业结构分析、消费和投资结构分析、影响经济增长的因素分析
侧重点	侧重于总量指标速度的考察，是对经济运行动态过程的分析	侧重于对一定时期内经济系统中的各组成部分变动规律的研究，是对经济现象相对静止状态的分析

3．宏观分析资料的收集与处理方法

（1）熟悉指标。宏观分析的首要步骤是熟悉反映宏观经济运行状况的各项指标，如国民生产总值、国民收入、通货膨胀率、货币供应量等。各类指标主要包括以下几种。

① 总量指标。总量指标指统计资料汇总后得到的总和指标，反映了某种宏观经济现象在一定时间、地点和条件下的规模和水平，是进行宏观分析和研究经济运行客观规律的重要依据。

② 相对指标。相对指标是社会经济现象中两个有关指标之比，它表明了各种经济现象间的数量对比关系。相对指标能对社会经济现象间的数量对比关系做出明确的说明。例如，通过将股票指数报告期某行业龙头股票指数与基期该行业龙头股票指数进行对比，可以表明股票市场某一行业的结构、发展速度和相对强度，为深入分析提供了依据。

③ 平均指标。平均指标是指说明同质总体内某一数量标志在一定历史条件下一般水平的综合指标，如人均国民生产总值反映了总体的一般水平。常用的平均指标有算术平均数、加权平均数、几何平均数等，其中最为常用的是算术平均数与几何平均数。

（2）收集资料。宏观分析所需的有效资料一般包括政府的重点经济政策与措施、一般生产统计资料、金融物价统计资料、贸易统计资料、每年国民收入统计与景气动向、突发性非经济因素等。这些资料的来源主要有以下几个。

① 从电视、广播、报纸、杂志中了解世界经济动态与国内经济大事。

② 政府部门与经济管理部门，省、自治区、直辖市公布的各种经济政策、计划、统计资料和经济报告，各种统计年鉴，如《中国统计年鉴》《中国经济年鉴》《经济白皮书》等。

③ 各主管公司、行业管理部门收集和编制的统计资料。

④ 部门与企业内部的原始记录。

⑤ 各预测、信息和咨询机构公布的数据资料。

⑥ 国家和省市领导人报告或讲话中的统计数字和信息等。

对数据资料的质量要求不仅在于数量要多，还要求具有准确性、系统性、时间性和适用性。

（3）预测未来的经济形势。经济预测之所以能够进行，是因为经济现象具有客观规律，

这种规律性是可以认识并且在一定程度上是可以控制的。经济预测利用了经济运行的两个基本原理，即经济现象的发展变化是连续的和各种经济现象是相互联系的。根据这两个基本原理，对未来经济形势的预测主要从以下几个方面进行。

① 当前经济运行中出现的一些问题。这些问题的存在可能会影响经济的正常运行，那么，它们将对未来经济形势产生何种作用，这种作用是正向的还是反向的，作用程度有多大，针对这些问题政府会采取什么措施，所有这些都会对投资者制定未来投资战略产生重大影响。

② 经济发展提出了什么样的要求。经济发展的不同阶段会对能源、交通、农业、工业等提出不同的要求，政府为此而采取的相应措施也会发生变化。这就使投资者必须及时预测可能发生的变化，并相应调整自己的投资战略。

③ 由于政治需要或其他一些因素导致的变化。在许多情况下，政治或其他一些因素会对经济发展起到决定性的作用。

国际政治形势的变化、国内政治体制的改革、战争、自然灾害等都可能使经济发展的方向与速度发生很大的改变。这就要求人们对这些问题有一个较为清醒的认识，对可能出现的情况做好应对的准备。

3.1.2 宏观经济分析的主要指标

1. 国内生产总值

国内生产总值（Gross Domestic Product，GDP）是指一定时期内（一般按年统计）在一国领土范围内所产生的产品和劳务的价值总和，是一国宏观经济成就的根本反映。一国的国内生产总值是指在一国的领土范围内，本国居民和外国居民在一定时期内所生产的、以市场价格表示的产品和劳务的总和。国内生产总值的增长速度一般用来衡量经济增长率，即经济增长速度。它是反映一定时期经济发展水平变化程度的动态指标，也是反映一个国家经济是否具有活力的基本指标。值得注意的是，通过国内生产总值指标只能对国民经济发展水平做出一个大致的判断，要深入掌握经济运行的内在规律，还必须对经济运行的变动特点进行分析，也就是要侧重于对经济运行的质量进行分析。

2. 通货膨胀

通货膨胀是指在纸币流通条件下，由于货币供应量过多，使有支付能力的货币购买力大于商品可供量，从而引起的货币贬值现象。它是商品和劳务价格水平持续明显上涨的过程，这意味着：第一，价格水平的上升必须是明显的，微小上升不能被视为通货膨胀；第二，通货膨胀不是指一次性或短期的价格总水平的上升，而是一个持续的过程；第三，通货膨胀不是指个别商品价格的上涨，而是指价格总水平的上涨。

衡量通货膨胀常用零售物价指数、批发物价指数、国民生产总值物价平减指数三个指标。其中，零售物价指数反映消费者为购买消费品而付出的价格的变动情况；批发物价指数反映一国商品批发价格上升或下降的幅度；国民生产总值物价平减指数是按当年不变价格计算的国民生产总值与按基年不变价格计算的国民生产总值的比率。使用不同指标计算的通货膨胀的程度是不同的。一般来说，在衡量通货膨胀时，零售物价指数使用得最多、最普遍。通货膨胀从程度上来说有温和的、严重的和恶性的三种。温和的通货膨胀是指年通胀率低于 10%，严重的通货膨胀是指两位数的通胀，恶性的通货膨胀则是指三位数以上的通胀。不同的程度通货膨胀对经济产生的影响是不同的。投资者进行投资时必须对通货膨胀产生的可能性及其程度有一个大致的预测。

3．利率

利率是指借贷期内所形成的利息额与本金的比率，是债务人支付给债权人的使用资金的代价，也是债权人出让资金使用权所获得的报酬。除了与整体经济密切相关，利率还影响人们的储蓄、投资和消费行为，同时利率结构也影响居民金融资产的选择，影响投资者持有证券的结构。

4．汇率

汇率是外汇市场上一国货币与他国货币相互交换的比率。国际金融市场上的外汇汇率是由一国货币所代表的实际社会购买力平价和自由市场对外汇的供求关系所决定的。总的来说，降低汇率会扩大国内总需求，提高汇率会缩减国内总需求。一国的汇率会因该国的国际收支状况、通货膨胀水平、利率水平、经济增长率的变化而波动，汇率的变动对一国的国内经济、对外经济及国际经济联系都产生重大影响。

5．财政收支

财政收支包括财政收入和财政支出两个方面。财政收入是国家为了保证实现政府职能的需要，通过税收等渠道集中的公共性资金收入；财政支出则是为满足政府执行职能需要而使用的财政资金。在财政收支平衡的条件下，财政支出的总量并不能扩大和缩小总需求，但财政支出的结构会改变消费需求和投资需求的结构。在总量不变的条件下，两者是此多彼少的关系，即扩大了投资，消费就会减少；扩大了消费，投资就必然减少。所以，在进行需求结构调整时，适当调整财政的支出结构就能产生很明显的效应。

6．国际收支

国际收支是一国居民在一定时期内与非居民在政治、经济、军事、文化及其他往来中所产生的全部交易的系统记录。国际收支包括经常项目和资本项目。经常项目主要反映我国的贸易和劳务往来状况，包括贸易收支、劳务收支和单方面转移，是最具综合性的对外贸易指标；资本项目则集中反映我国同国外资金往来的情况，反映我国利用外资和偿还本金的执行情况。全面了解国际收支状况有利于从宏观上对一个国家的开放规模和开放程度进行规划、预测和控制。开放规模与开放程度又对证券市场产生直接的影响。

7. 固定资产投资规模

固定资产投资规模是指一定时期内在国民经济各部门、各行业固定资产再生产中投入资金的数量。投资规模是否适度是影响经济稳定与增长的一个决定因素。投资规模过小，则不利于为经济的进一步发展奠定物质技术基础；投资规模安排得过大，超过一定时期内人力、物力和财力的可能时，又会造成国民经济比例的失调，导致经济大起大落，直接影响证券市场的稳定。

8. 货币供应量

货币供应量是指某个时点上全社会承担流通和支付手段的货币存量。目前，根据我国实际情况，中国人民银行将我国货币供应量指标分为以下四个层次。M0：流通中的现金。M1：M0+ 企业活期存款 + 机关团体部队存款 + 农村存款 + 个人持有的信用卡类存款。M2：M1+ 城乡居民储蓄存款 + 企业存款中具有定期性质的存款 + 外币存款 + 信托类存款。M3：M2+ 金融债券 + 商业票据 + 大额可转让存单等。其中，M1 是我们通常所说的狭义货币量，其流动性较强；M2 是广义货币量，M2 与 M1 的差额是准货币，流动性较弱；M3 是考虑到金融创新的现状而设立的，暂未测算。

货币供应量的层次划分是按流动性标准划分的。对中央银行而言，这种划分方法有利于为中央银行的宏观金融决策提供一个清晰的货币供应结构图，有助于掌握不同的货币运行态势，并采取不同的措施进行调控；同时有助于中央银行分析整个经济的动态变化。通过对各层次货币供应量变动的观察，中央银行可以掌握经济活动变化的状况，并分析预测其变化的趋势。据此，为控制货币供应量和其他宏观金融变数，中央银行就会应用所掌握的各种货币政策工具，并作用于货币政策中介指标，然后再通过货币政策中介指标达到其政策目标。

3.2 宏观经济分析与证券市场

3.2.1 证券市场与宏观经济运行之间的关系

1. 宏观经济运行对证券市场的影响

证券市场与宏观经济的关系表现在两个方面：一是证券市场是宏观经济的先行指标，二是宏观经济的走向决定了证券市场的长期趋势。宏观经济因素是影响证券市场长期走势的唯一因素，其他因素可以影响或改变证券市场的中短期走势，但不能改变其长期的走势。宏观经济对证券市场的影响是通过企业经济效益、居民收入水平、投资者对证券价格的预期和资金成本等途径实现的。宏观经济对证券市场影响的途径如图 3-1 所示。

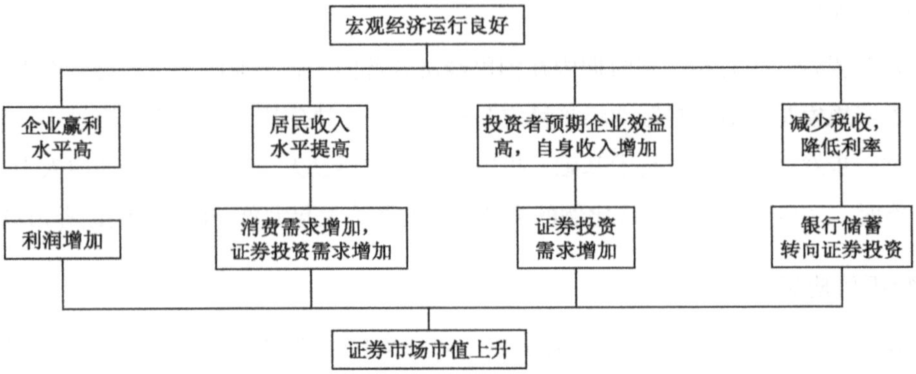

图 3-1 宏观经济对证券市场影响的途径

① 在企业经济效益方面，无论长期效益还是短期效益，宏观经济环境都会影响企业的经营。企业的经济效益会随宏观经济运行周期、宏观经济、利率水平和物价水平等宏观经济因素的变动而变动。如果政府采取强有力的宏观调控政策刺激经济发展，宏观经济运行趋于良好态势，企业和居民的投资需求和消费需求高涨，企业总体赢利水平提高，证券市场价格自然会上涨；反之，证券市场价格会下跌。

② 在经济周期处于上升阶段或在提高居民收入政策的作用下，居民收入水平提高，这必然会在一定程度上拉动消费需求，从而增加相关企业的经济效益。同时，居民收入水平的提高也会直接促进证券市场的投资需求，影响证券价格的变动。

③ 投资者对证券市场价格的预期，也就是投资者的信心，这是宏观经济影响证券市场走势的重要途径。当宏观经济趋好时，投资者预期企业效益和自身的收入水平上升，证券市场自然人气旺盛，从而推动市场平均价格走高；反之，则会令投资者对证券市场的信心下降，使证券价格走低。

④ 当国家经济政策发生变化，如采取调整利率水平、市场化信贷政策、征收利息税等政策，居民和企业的资金持有成本将随之变化，从而影响证券市场价格的走势。

2．经济变动与证券市场波动的关系

① 国内生产总值长期变动与证券市场的关系。国内生产总值的变动与证券市场的走势紧密相关。在上市公司行业结构与该国产业结构基本一致的情况下，股票平均价格变动与国内生产总值变化趋势相吻合。当 GDP 持续低落时，上市公司利润持续回落，国民收入和个人收入不断降低，人们对经济形势形成悲观的预期，投资积极性下降，从而促使证券价格下跌；反之，证券价格上升。

如果 GDP 出现由负增长减缓向正增长转变的趋势，证券市场的走势也将由下跌转为上升；如果 GDP 由低速增长转为高速增长，证券价格也会快速上涨。需要指出的是，证券市场一般会提前对 GDP 的变动做出反应，因此，实际对 GDP 变动进行预测时必须着眼于未来，这是一个基本的原则。GDP 变动与证券市场的关系如图 3-2 所示。

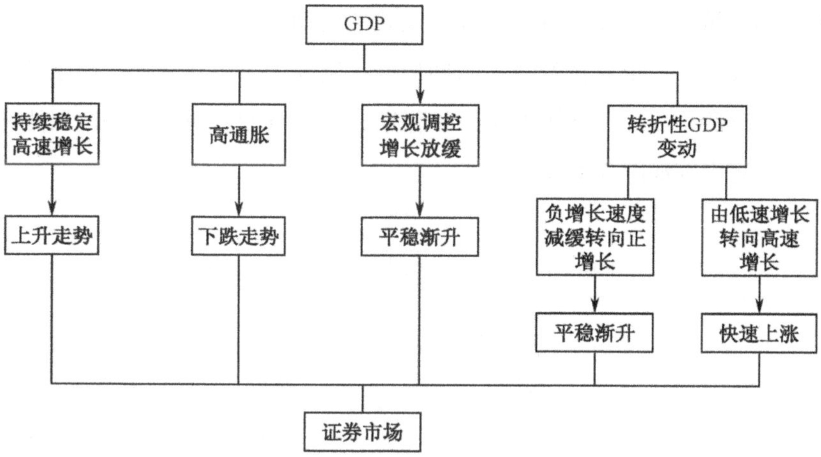

图 3-2　GDP 变动与证券市场的关系

2000—2019 年，我国证券市场指数趋势与 GDP 趋势基本一致，总体呈上涨趋势。但在部分年份里，股价指数与 GDP 走势也出现了多次背离的现象。因此，必须将 GDP 与经济形势结合起来进行考察，不能简单地以为 GDP 增长了，证券市场就伴之以上升的走势，实际上有时往往相反，关键是看 GDP 的变动是否导致各种经济因素的恶化。

② 通货膨胀变动与证券市场的关系。一般来说，温和的通货膨胀对股价的影响较小；严重的通货膨胀会使企业经营严重受挫，引起股价和债券价格下跌。如果通货膨胀在一定可容忍的范围内持续，而经济处于扩张阶段，产量和就业都持续增长，那么股价也将持续上升。严重的通货膨胀可能从两个方面影响证券价格：其一，资金流出证券市场，引起股价和债券价格下跌；其二，经济扭曲并失去效率，企业筹集不到必需的生产资金，同时原材料、劳务成本等价格飞涨，使企业经营严重受挫，赢利水平下降，甚至使企业倒闭。

政府往往不会容忍通货膨胀长期存在，它必然会使用某些宏观经济政策工具抑制通货膨胀，这些政策必然对经济运行造成影响。通货膨胀时期，并不是所有价格和工资都按同一比率变动，而是相对价格发生变化。这种相对价格变化引起财富和收入的再分配，因而某些公司可能从中获利，而另一些公司可能蒙受损失。通货膨胀不仅产生经济影响，还可能产生社会影响，并影响投资者的心理和预期，从而对股价产生影响。通货膨胀使各种商品价格具有更大的不确定性，也使企业未来经营状况具有更大的不确定性，这样就增加了证券投资的风险。长期严重的通货膨胀必然使经济环境和社会环境恶化，股价也将受大环境影响而下跌。

通货紧缩带来的经济负增长使股票、债券及房地产等资产价格大幅下降，使银行资产状况严重恶化。而经济危机与金融萧条的出现反过来又大大影响了投资者对证券市场走势的信心。

③ 经济周期变动与证券市场的关系。经济总是处在周期性运动之中，股价伴随经济周期的运动而相应地波动，但股价的波动超前于经济运动，股价波动是永恒的。证券市场反映了人们对于经济形势的预期，而这种预期又必然反映到投资者的投资行为中，从而影响证券市场的价格。

经济周期是指经济形势由高峰到低谷周而复始的运动，是沿着经济发展的总体趋势所经历的有规律的扩张和收缩。一个完整的经济周期包括：复苏—繁荣—衰退—萧条四个阶段。其中经济的复苏和繁荣阶段构成了经济周期中的扩张期，而经济的衰退和萧条阶段则构成了经济周期中的收缩期，经济周期如图 3-3 所示。

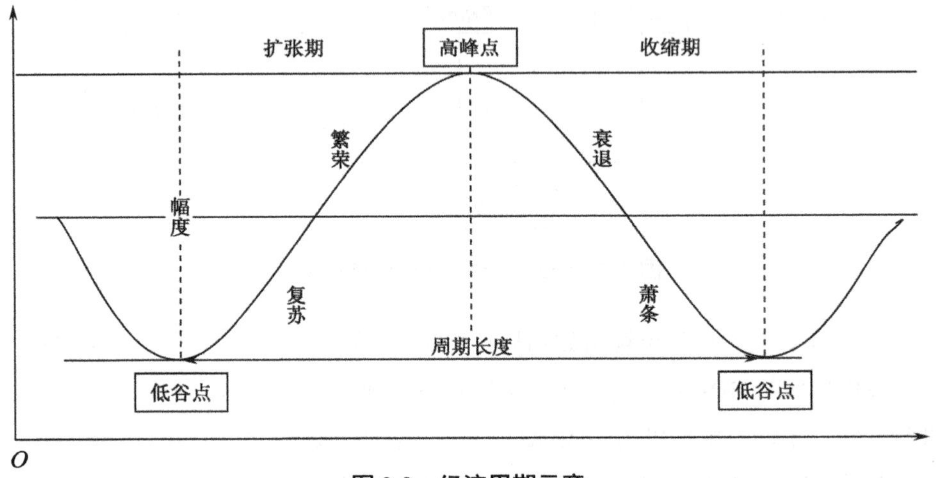

图 3-3　经济周期示意

经济周期与股价变动有着极其紧密的联系。股票价格变动的周期一方面与经济的周期波动相一致，通常表现为股价先行于经济波动，又比经济波动的幅度大；另一方面，它与现实经济变动相脱离，表现为股价变动与金融因素密切相关，即金融因素的变动导致股票价格的变动，结果使股票价格的变动周期比经济周期频繁。这是因为股市股价的涨落包含投资者对经济走势变动的预期和投资者的心理反应等因素。经济周期与股价的关系如图 3-4 所示。

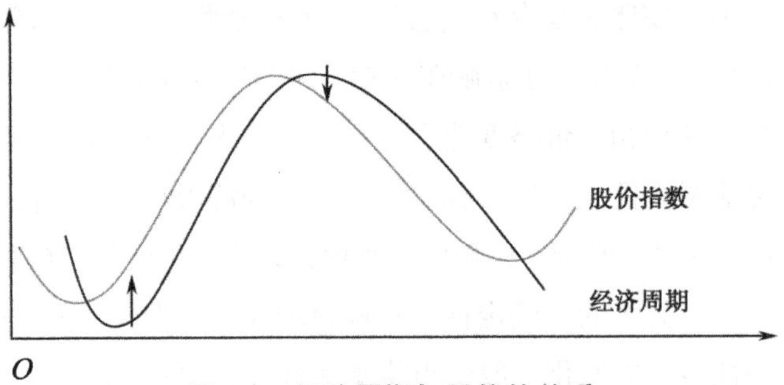

图 3-4　经济周期与股价的关系

研究发现，美国、日本等几个主要国家股价指数与经济发展周期之间存在相对稳定的关联性。道·琼斯股价指数与美国经济增长的关联性很大。从我国的实证分析来看，由于我国市场经济发展较晚，明显的经济周期性特征尚不明显，但股市大的趋势与经济波动的关联性还是较大的。

通常情况下，经济周期与股价指数的变动不是同步的，而是股价指数先于经济周期。经济总是处于周期性运动之中，股价伴随着经济周期的运动而相应地波动，股价的波动总是超前于经济运动，股价的波动是永恒的。因此，投资者应该收集有关宏观经济资料和政策信息，随时注意经济发展动向；正确把握当前经济发展处于经济周期的哪个阶段，对未来做出正确判断；把握经济周期，认清经济形势，不要受股价波动的迷惑而追逐小利或回避小失，以免错过投资机会。根据经济周期进行股票投资的策略选择是，复苏期持有股票，繁荣期中后期卖出股票，衰退期持有现金，萧条期末期买进股票。

3.2.2 宏观经济政策与证券市场的关系

1. 财政政策对证券市场的影响

财政政策的手段有扩张性财政政策和紧缩性财政政策两种。扩张性财政政策是指通过财政分配活动增加和刺激社会总需求，增加国债，使支出大于收入，并出现财政赤字。紧缩性财政政策是指通过财政分配活动减少和抑制社会总需求。财政政策手段的选择是由财政政策的性质及其目标所决定的。财政政策的阶级性质和具体目标不同，其所采取的手段也不同。

概括地说，实现财政政策对证券市场的影响就是实行扩张性的财政政策，增加财政支出，减少财政收入；增加政府购买、财政补贴，转移支付，减少税收，降低税率，扩大减免税范围；增加社会总需求和总供给，刺激经济发展，使公司业绩上升，经营风险下降，居民收入增加，从而使证券市场价格上涨。反之，实行紧缩性财政政策就会减少财政支出，增加财政收入，导致社会总需求和总供给减少，使过热的经济发展受到抑制，从而使公司利润下滑，居民收入减少，导致证券市场价格下跌。扩张性财政政策对证券市场价格的影响如图 3-5 所示。

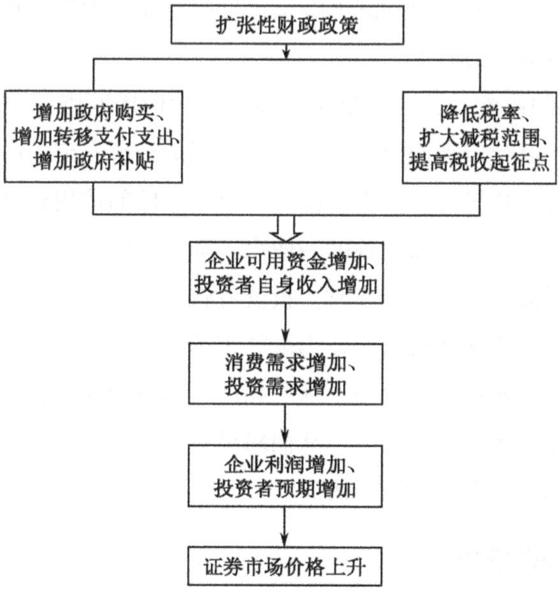

图 3-5 扩张性财政政策对证券市场价格的影响

具体地说，实行扩张性财政政策对证券市场的影响主要表现在以下几个方面。

① 财政支出对证券市场的影响。扩大财政支出和加大财政赤字可以扩大社会总需求，从而刺激投资，扩大就业。政府通过购买和公共支出增加商品和劳务需求，激励企业增加投入，提高产出水平，于是企业利润增加，经营风险降低，这将使股票价格和债券价格上升。同时，居民在经济复苏中增加了收入，持有货币增加，这种良好的趋势增加了投资者的信心，证券市场人气旺盛，证券市场趋于活跃，证券价格自然上涨。特别是与政府购买和支出相关的企业，如从事基础设施建设的企业，它们将最先、最直接地从财政政策中获益，相关企业的股票价格和债券价格率先上涨。但过度使用此项政策而使财政收支出现巨额赤字时，虽然进一步扩大了需求，但增加了经济的不稳定因素，使通货膨胀加剧，物价上涨，还可能使投资者对经济的预期不乐观，反而造成股价下跌。

② 税收对证券市场的影响。国家通过调节税收总量和结构可以调节证券投资和实际投资规模，调节社会投资总需求膨胀或补偿有效投资需求的不足。运用税收杠杆可对证券投资者的行为进行调节。对证券投资者的投资所得规定不同的税种和税率，这将直接影响投资者税后的实际收入水平，从而起到鼓励与支持的作用。一般而言，税征得越少，企业用于发展生产和发放股金的盈余越多，投资者用于购买股票的资金越多，因而低税率会对股票投资产生积极影响。

相反，高税率或适当地增加税额则缩小了企业和个人的投资和消费水平，从而阻碍生产发展和经济增长。其政策效应表现在，提高税率和缩小免税范围可以减少企业和居民的收入，抵制经济主体的投资需求，从而减少社会供给，进而减少人们的收入，并同时减少投资主体的投资需求和消费需求。对证券市场的影响表现在，减少收入直接引起证券市场价格下跌，减少投资需求和消费支出又会抑制社会总需求的增长。总需求的减少反过来抑制投资需求，从而使企业缩小生产规模，减少企业利润；而利润下降又将抑制企业扩大生产规模的积极性，进一步降低利润总额，从而抑制股票价格上涨。

③ 国债对证券市场的影响。国债既是国家按照有偿信用原则筹集财政资金的一种形式，也是实现政府财政政策、进行宏观调控的重要工具。国债对证券市场的影响表现在，国债本身是构成证券市场上金融资产总量的一个重要部分，由于国债的信用程度高、风险水平低，国债的发行量较大时会使证券市场风险和收益的一般水平降低。国债税率的升降变动严重影响其他证券的发行和价格。当国债利率水平提高时，投资者就会把资金投放到既安全收益又高的国债上。因此，国债和股票是竞争性金融资产，当证券市场一定或增长有限时，过多的国债发行会影响股票的发行和交易量，导致股票价格下跌。相反，减少国债发行（或回购部分短期国债）或国债发行规模缩减会使市场供给量减少，从而对证券市场原有的供求平衡产生影响，导致更多的资金转向股票，推动证券市场价格上扬。

2．货币政策对证券市场的影响

货币政策是中央银行为实现特定的经济目标而采用的各种控制和调节货币供应量及利率，

进而影响宏观经济的方针和措施的总和。货币政策主要是通过调控货币供应总量保持社会总供给与总需求的平衡；通过调控利率和货币总量控制通货膨胀，保持物价总水平的稳定；调节国民收入中消费与储蓄的比例；引导储蓄向投资的转化并实现资源的合理配置。其主要内容包括货币政策目标和货币政策工具。

货币政策的目标是稳定物价、充分就业、经济增长和国际收支平衡。稳定物价是指一般物价水平在短期内没有显著的或急剧的波动；充分就业通常是指有能力并自愿参加工作的人都能在较合理的条件下随时找到工作；经济增长通常是指一国国民生产总值的增长，经济增长的程度表示了一国的生产能力和经济实力；国际收支平衡是指一国对他国的全部货币收入和货币支出相抵，略有顺差和逆差。

货币政策工具主要包括存款准备金政策、再贴现政策和公开市场业务。存款准备金政策指在国家法律所赋予的权利范围内，通过规定或调整商业银行交存中央银行的存款准备金率，控制商业银行的信用创造能力，间接地调节社会货币供应量；再贴现政策是指中央银行通过制定或调整再贴现率来干预和影响市场利率及货币市场的供应和需求，从而调节市场货币供应量的一种手段；公开市场业务是指中央银行在公开市场上买进卖出有价证券的业务。公开市场业务并不是在所有国家都能开展，它只能在具有完善的金融市场和以政府债券为主的大量有价证券买卖的经济发达国家中开展。

货币政策的运作包括紧缩的货币政策和扩张的货币政策。紧缩的货币政策是指减少货币供应量、提高利率、加强信贷控制等。紧缩的货币政策既减少了社会总需求，也减少对证券的需求，使证券价格下降。扩张的货币政策是指降低法定存款准备金率、降低再贴现率、增加货币供应量、放松信贷控制等。扩张的货币政策既增加了社会总需求，也增加了对证券的需求，有利于证券价格上升。

中央银行实施货币政策调控的主要经济目标是稳定物价和保持经济增长，但这并不是它控制的直接目标。也就是说，货币政策调控在促进经济目标实现的同时，还会引起股票价格的变化。这种关系主要是通过中介目标市场利率的水平来实现的。下面以实现扩张性的货币政策为例，分析货币政策对证券市场的影响。

① 法定存款准备金率与证券市场的关系。法定存款准备金率是指中央银行规定的金融机构为满足客户提取存款和资金清算需要而准备的在中央银行的存款占其存款总额的比例。当经济萧条时，若中央银行降低法定存款准备率，则商业银行可用的资金增加、贷款能力扩大，货币乘数变大，市场货币流通量便会相应增加。所以，在通货紧缩时，中央银行可降低法定准备金率。反之，则提高法定存款金率。由于存款准备金比率对商业银行的影响和控制是最强有力的，具有强制性，直接影响银行系统内的资金量，因而它对经济的影响也相对其他货币政策手段更直接有效。但若调节过度，对经济的危害作用也会随之扩大。降低准备金率与股价指数上升关系如图 3-6 所示。

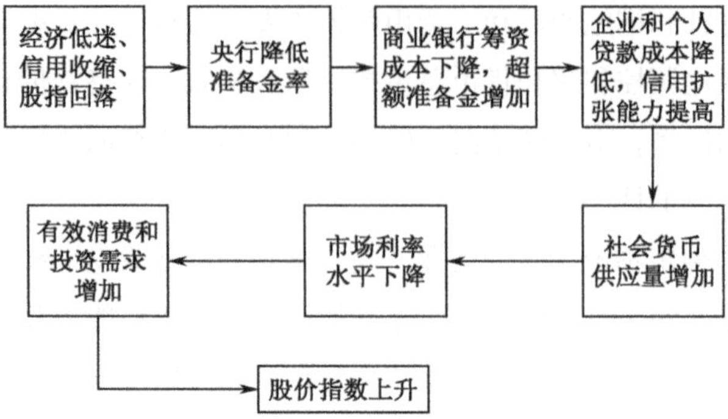

图 3-6　降低准备金率与股价指数上升关系

② 公开市场业务与证券市场的关系。公开市场业务即中央银行通过在公开市场上买卖政府有价证券，以扩大或收缩货币供应量的行为。如果经济萧条，信用收缩，反映在证券市场中则为股指连续大幅下跌，中央银行则会采取扩大性货币政策调控，刺激过于疲软的经济增长。此时，便可在国债市场或其他有价证券市场购回国债或其他有价证券，投资货币，增加社会货币流通量，使商业银行扩张信贷规模，从而达到刺激投资和消费的目的，并使物价回落。对股市的作用则是使股票价格由下跌转向回升。公开市场操作与股价指数关系如图 3-7 所示。

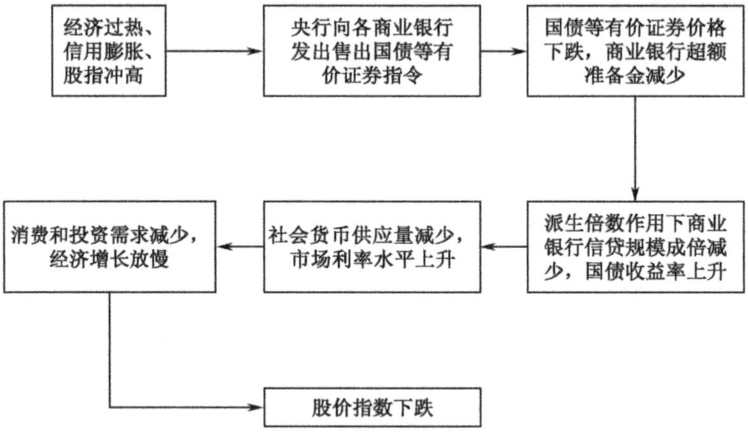

图 3-7　公开市场操作与股价指数关系

上述过程的中间环节是国债价格变动引起市场利率水平的反向波动，进而促使股价指数做出与国债价格相同方向的波动。但能否有效地实施公开市场操作，这要取决于各商业银行是否积极配合，否则会事倍功半。特别是在公开市场业务频繁作用时，股市投资者应当密切关注国债价格的波动趋势，因为国债市场价格往往是利率波动趋势的反映。利率水平波动同样会影响股票价格的变化。

③ 再贴现率与证券市场的关系。再贴现工具是指中央银行通过调整再贴现率，影响商业银行的信贷规模扩张或紧缩，从而引起社会货币供应量变化的政策调节手段。再贴现工具一般

包括再贴现率的确定和再贴现资格的确定，主要着眼于短期政策效应。中央银行根据市场资金供求状况调整再贴现率，以影响商业银行借入资金成本，进而影响商业银行对社会的信用量，从而减少货币供给总量。在传导机制上，若商业银行需要以较高的代价才能获得中央银行的贷款，则它会提高对企业的再贴现率，或者对企业或居民提高贷款利率，其结果就是使信用量收缩，市场货币供应量减少。反之，则市场货币供应量增加。再贴现工具最大的特征是“宣传效应”，它一经调整，便会向社会发出中央银行将推行何种货币政策的信号。另外，它还能直接决定市场利率水平，进而影响证券市场股票价格。再贴现率与股票价格关系如图 3-8 所示。

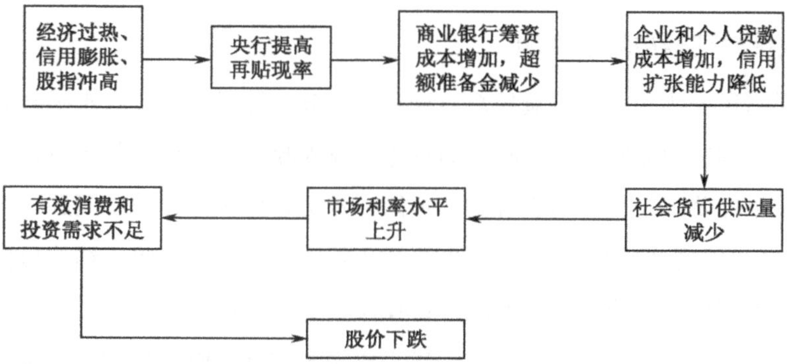

图 3-8 再贴现率与股票价格关系

在现实经济生活中，当中央银行宣布提高或降低再贴现率时，股价指数在央行宣布前后就会起到立竿见影的效果，而在短时间内，货币供应量并没有发生较大的变动。这表明，短期内再贴现率政策对股票价格变动的影响具有明显的宣传和示范效应。

④ 利率对证券市场的影响。利率是计算股票内在投资价值的重要依据之一。中央银行调整基准利率的高低会对证券价格产生影响，具体表现在以下三个方面：第一，利率的调整最先影响存款人和贷款人的利益分配。提高利率后，存款人可以从多得的利息中直接受益，提高了将手持货币转化为存款的积极性，从而使流动中的货币量得到收缩；而贷款人考虑到资金成本，必然压缩对贷款的需求，其结果也是使流通中的货币量收缩。降低利率产生的结果则完全相反。在这个意义上，利率调整对证券市场的影响就是影响市场资金流入量的大小。第二，利率的调整会通过影响上市公司业绩而影响证券市场。在利率下调的情况下，企业贷款成本下降，利润相应提高。预期收益的提高是股票价格上升的促进因素。另外，由于利率下降使一些储蓄转化为现实的商品购买力，这样就会提高社会商品销售总额，使商业企业利润上升，使工业产品积压减轻、资金周转加速、效益提高。这也是促使股票价格上升的因素。利率上调，情况则完全相反。第三，在利率调整中，存款利率与贷款利率的调整幅度也会对证券市场中金融板块股票产生直接影响。如果贷款利率下调的幅度没有存款利率下调的幅度大，那么商业银行和其他金融机构就会从中得到因调整而加入的存贷利差，有利于改善银行和其他金融机构的经营环境，其股价自然上升。但如果在利率下调的过程中，存款利率的下调幅度没有贷款利率下调的幅度

大，则会对金融股构成直接的利空。

利率对证券市场价格的影响一般比较明显，利率的变动会迅速反映到证券市场上。要把握股票价格的走势，首先要全面掌握利率的变化趋势。特别强调的是，利率政策本身也是中央银行货币政策的一个组成内容，但利率的变动也受其他货币政策的影响，如货币供应量的增加、中央银行贴现率降低、中央银行所要求的银行存款准备金率下降，这就表明中央银行在放松银根，利率将呈下降趋势；反之，则表示利率总的趋势在上升。一般情况下，上述利率与股价运动呈反向变化，但不能将此绝对化，股价和利率并不是呈绝对的负相关关系。

3．收入政策对证券市场的影响

收入政策是指国家为实现宏观调控总目标和总任务，针对居民收入水平高低或收入差距大小而在分配方面所制定的原则和方针政策的总称。收入政策目标包括收入总量目标和收入结构目标。收入总量目标着眼于近期的宏观经济平衡，着重处理积累和消费问题、人们近期生活水平改善和国家长远经济发展的关系，以及失业和通货膨胀的问题。收入结构目标着眼于处理各种收入的比例，以解决公共消费、私人消费和收入差距等问题。

收入总量调控政策主要通过财政机制和货币机制来实施。财政机制通过预算控制、税收控制、补贴调控和国债调控等手段贯彻收入政策。货币机制通过调控货币供应量、货币流通量、信贷方向和数量、利息率等贯彻收入政策。因而，收入总量调控政策通过财政政策和货币政策的传导对证券市场产生影响。

目前，百姓收入包括金融资产和实物资产。金融资产涉及股息、利息、分红等收入，也就是财产性收入。报告中的这个新说法意味着老百姓的收入不仅来自工资，国家还将创造条件增加百姓的多元化收入。自改革开放以来，中国经济得到快速发展，老百姓也积累了越来越多的财富。百姓投资理财热情高涨，而资本市场是涉及投资金融领域最直接、最广泛的场所，能够为投资者提供创造财富的机会。

总之，随着社会主义市场经济体制的建立和完善，我国收入分配格局发生了根本性的变化，从而导致了我国居民金融资产大幅度增加。这些资产必然要寻找出路，如储蓄、投资，而大多数投资会进入证券市场。居民金融资产的增大和社会总积累趋向于社会分配的状况将导致储蓄的增加，同时增加证券市场需求，促进证券市场规模的扩大和价格水平的逐步提高。

3.2.3 国际金融市场环境对证券市场的影响分析

目前，我国证券市场是相对独立的，国际金融市场对我国证券市场的直接冲击较小，但由于经济全球化的发展，我国经济与世界经济的联系日趋紧密。因此，国际金融市场的剧烈动荡会通过各种途径影响我国的证券市场。

1．国际金融市场动荡通过人民币汇率预期影响证券市场

汇率对证券市场的影响是多方面的。一般而言，一国的经济越开放，证券市场的国际化程度越高，当国际金融动荡越激烈时，证券市场受汇率的影响越大。汇率上升，本币贬值，本国产品竞争力增强，出口型企业收益增加，因此企业的股票和债券价格将上涨；相反，进口型企业成本增加，利润下降，股票和债券价格下降。同时，汇率上升、本币贬值将导致资本流出本国，资本的流失将使本国证券市场需求减少，从而使证券价格下跌。

另外，汇率上升时，本币表示的进口商品价格提高，进而带动国内物价水平上涨，引起通货膨胀。为维持汇率稳定，政府可能运用外汇储备，抛售外汇，从而将减少货币的供应量，使证券市场的价格下跌，直到汇率回落并恢复均衡。相反的效应可能使证券价格回升。如果政府利用债市与汇市联动操作达到既控制汇率的长势，又不减少货币供应量的目的，即抛售外汇的同时回购国债，这将使国债市场价格上涨。国际金融市场对证券市场的影响如图 3-9 所示。

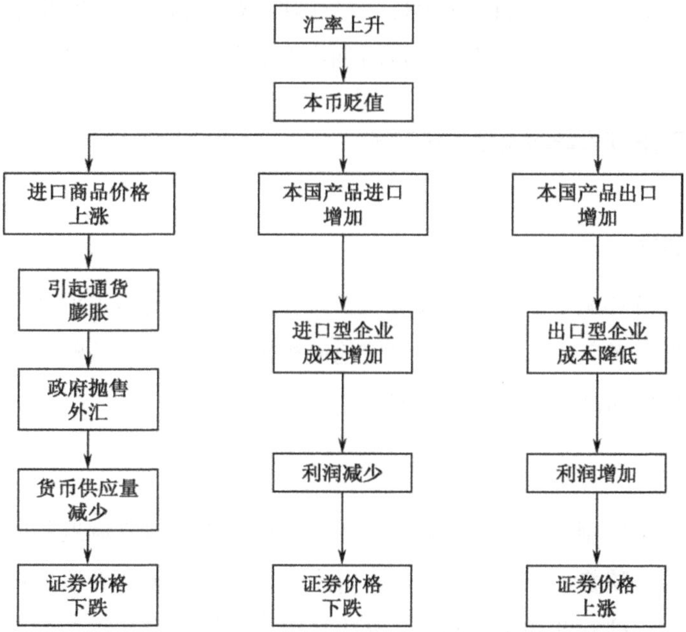

图 3-9　国际金融市场对证券市场的影响

2．国际金融市场动荡从宏观面和政策面间接影响证券市场的发展

改革开放以来，我国国民经济的对外依存度大大提高。国际金融市场动荡导致我国出口贸易增长减缓；利用外资数量下降导致我国经济增长率下降、失业率上升；宏观经济环境的恶化导致上市公司业绩下降和投资者信心下降，最终使证券市场价格下跌。其中，国际金融动荡影

响外向型上市公司和外贸行业上市公司业绩，影响其在证券市场上的表现。目前，国际金融动荡对 B 股市场冲击较大。

3.3 股票市场的供求关系

股票市场的需求由股市资金面状况来体现，它取决于宏观经济环境、制度因素和居民金融资产结构的调整等多种复杂因素；而股市规模的扩容体现了股市供给，股市供给同样取决于宏观经济环境、制度因素和上市公司质量等因素。把握了股市需求与供给也就把握了股市基本面的框架。

从长期来看，股票的价格是由其内在价值决定的，但就中短期来看，股价是由供求关系决定的。发达国家的成熟股票市场的供求关系是由资本收益率引导的供求关系，也就是说，资本收益率水平对股价具有决定性的影响。而我国股票市场是一个新兴的市场，其股价在很大程度上由股票的供求关系决定，即由一定时期内股票的总量和资金总量的对比力量所决定。

3.3.1 影响股票市场供给的决定因素

1. 宏观经济环境

在良好的宏观经济环境下，企业因投资而扩张，从而使融资需求增加，此时企业会申请公开发行股票，同时投资者良好的预期也会促使他们积极参与新股的认购。这样，上市公司的数量就会增加，股票市场的供给随之相应增加。

2. 制度因素

影响股票市场供给的制度因素主要有发行上市制度、市场设立制度和股权流通制度三大因素。从发行制度上看，随着证券市场的发展，《中华人民共和国证券法》规定，股票发行实行核准制并配之以发行审核制度和保荐制度。从市场设立制度来看，市场的增加或减少会影响市场股票的供给，新增市场会增加整个市场股票的供给；反之则减少整个市场股票的供给。目前，我国股票交易所有沪交所和深交所，一般企业只能在其中选择一个上市。股票的供给受市场的容量和上市速度等因素的制约。如果增设创业板，建立多层次、多样化的股票交易市场体系，这必然会带来更多新的上市公司，上市公司数量即股票市场的供给将增加。从股权流通制度来看，证券市场发展过程中留下了国家股和法人股不能流通的问题，随着 2005 年股权分置改革的开始实施，市场的流通股供给不断增加。

3. 上市公司质量

上市公司的质量影响股票市场的前景、投资者的收益及投资热情、个股价格及大盘指数变动，这些因素直接或间接地影响股票市场的供给。质量高的上市公司易于为股票市场所接受，因而有利于股票供给的增加；反之，质量低的上市公司，其股票很难被市场所接受，这对股票的供给增加不利。上市公司的质量和业绩情况也将直接影响公司本身的再筹资功能和筹资规模，从而影响股票的供给。因此，上市公司的质量与经济效益状况是影响股票市场供给的最直接、最根本的因素。

3.3.2 影响股票市场需求的决定因素

股票市场需求即股票市场资金量的供给，是指能够进入股票市场购买股票的资金总量。股票市场的需求受以下因素的影响。

1. 宏观经济环境

当宏观经济运行良好时，银根松动，整个社会的资金供给呈现比较充裕的局面。同时，作为微观主体的上市公司业绩的预期会得到相应的改善，这将吸引投资者进一步进入股票市场，从而增加对股票的需求，增加股票市场资金的供给量；反之则减少股票市场资金的供给量。

2. 政策因素

政策因素有市场准入、利率变动状况、证券公司的增资扩股及融资渠道的拓宽、银证合作状况等。为了防范股票市场的风险，对进入股票市场的投资主体有着严格的规定，但随着我国股票市场的不断完善，进入股票市场的投资主体越来越多，这为股票市场投资提供了新的增量资金，扩大了股票市场的资金和股票市场的资金供应量。利率作为资金的价格对投资者选择投资工具具有很大的影响。提高利率会抑制投资者的投资意愿，减少投资者进入股票市场的资金量；反之则增加投资者进入股票市场的资金量。作为一种高风险的行业，证券行业具有资金密集型的特点。为了进一步提升证券公司的抗风险能力和竞争力，政府大力扶持有条件的证券公司增加资源、共享扩股，使证券公司的实力明显增强。证券公司实力的增强有助于增加股票市场资金的供应量。此外，加强证券公司与银行业务合作，鼓励金融机构开展中间业务，鼓励商业银行、证券公司和保险公司进行业务创新和相互代理，从而拓展银行和证券在目前分业体制下的合作范围，这将扩大投资者队伍，增加股票市场的资金供应量。

3. 居民金融资产结构的调整

居民的金融资产主要由银行存款、证券投资、基金、股票、债券及信托资产构成。随着人们生活水平的不断提高和金融投资意识的不断加强，他们会将银行的储蓄逐步转化为股票投资和基金投资，股票与基金投资占个人金融资产的比例会不断提高，而且这种变化趋势是长期的。随着我国经济持续稳定的发展，可以预计，在居民金融资产结构的调整过程中，股票与基金投资的比例将不断提高，进而给股票市场带来大量的增量资金，使我国股票市场的资金供应量增加。

复习与实训

一、名词解释

1. 国内生产总值　2. 通货膨胀　3. 货币政策　4. 财政政策　5. 经济周期

二、简述题

1. 宏观经济分析的意义与方法。
2. 宏观分析资料的来源。
3. 宏观经济分析的主要指标及其含义。
4. 股票市场的供求决定因素。

三、分析题

1. 宏观经济运行与证券市场波动间的互动关系。
2. 宏观经济政策对证券市场的调整与限制。
3. 国际金融市场对证券市场的影响。

第 4 章　行业分析

4.1　行业分析概述

4.1.1　行业分析的定义

所谓行业，是这样的一个企业群体，这个企业群体的成员由于其产品（包括有形的与无形的）在很大程度上的可相互替代性而处于一种彼此紧密联系的状态，并且由于产品可替代性的差异而与其他企业群体相区别。

行业分析主要是界定行业本身所处的发展阶段和其在国民经济中的地位，同时对不同的行业进行横向比较，为最终确定投资对象提供准确的行业背景。

行业分析的主要任务包括：解释行业本身所处的发展阶段及其在国民经济中的地位，分析影响行业发展的各种因素及判断对行业影响的力度，预测并引导行业的未来发展趋势，判断行业投资价值，揭示行业投资风险，从而为政府部门、投资者及其他机构提供决策依据或投资依据。

4.1.2　行业分析的意义

行业分析是连接宏观经济分析和上市公司分析的桥梁，是基本分析的重要环节。

宏观经济分析主要分析了社会经济的总体状况，但没有对社会经济的各组成部分进行具体分析。社会经济的发展水平和增长速度反映了各组成部分的平均水平和速度，但各部门的发展并非都和总体水平保持一致。在宏观经济运行态势良好、速度增长、效益提高的情况下，有些部门的增长与国民生产总值、国内生产总值增长同步，有些部门高于或者低于国民生产总值、国内生产总值的增长。因此，宏观经济分析为证券投资提供了背景条件，但没有为投资者解决如何投资的问题，要对具体投资对象加以选择，还需要进行行业分析和公司分析。

行业分析是对上市公司进行分析的前提。行业有自己特定的生命周期。处在生命周期不同发展阶段的行业，其投资价值也不一样；而在国民经济中其有不同地位的行业，其投资价值也不一样。所以，上市公司的投资价值可能会因为所处行业的不同而产生差异。另外，同一行业内的上市公司也会千差万别。

4.1.3　行业的分类

1．道・琼斯分类法

道・琼斯分类法是在 19 世纪末为选取在纽约证券交易所上市的有代表性的股票而对各公司

进行的分类，它是证券指数统计中最常用的分类法之一。道 · 琼斯分类法将大多数股票分为工业、运输业和公用事业三类，然后选取有代表性的股票。虽然入选的股票并不包括该类产业中的全部股票，但所选择的这些股票足以表明产业的一种趋势。在道 · 琼斯指数中，工业类股票取自工业部门的 30 家公司，如包括了采掘业、制造业和商业。运输业包括了航空、铁路、汽车运输和航运业。作为计算道 · 琼斯股价指数的股票类别，公用事业这类产业直到 1929 年才被确认添加进来。公用事业的增长率一般是稳定的，它主要包括电话公司、煤气公司、电力公司等。

2．标准行业分类法

为了便于汇总各国的统计资料，进行各国之间的对比，联合国经济和社会事务统计局曾制定了一个《全部经济活动国际标准行业分类》（简称《国际标准行业分类》），并建议各国予以采用。这个分类把国民经济划分为 10 个门类：① 农业、畜牧狩猎业、林业和渔业；② 采矿业及土、石采掘业；③ 制造业；④ 电、煤气和水；⑤ 建筑业；⑥ 批发和零售业、饮食和旅馆业；⑦ 运输、仓储和邮电通信业；⑧ 金融、保险、房地产和工商服务业；⑨ 政府、社会和个人服务业；⑩ 其他。

每个门类再被划分大类、中类、小类。例如，制造业部门分为食品、饮料工业和烟草制造业等 9 个大类；食品、饮料和烟草制造业又分为食品业、饮料工业和烟草加工业 3 个中类；食品业中再分为屠宰、肉类加工和保藏业，水果、蔬菜罐头制作和保藏业等 11 个小类。对各个类目都进行编码。各个门类用 1 个数字代表，如制造业为 3；各个大类用 2 个数字代表，如食品、饮料和烟草制造业为 31；各个中类用 3 个数字代表，如食品业为 311 ～ 312（因食品业有 11 个小类，第三位数不够用，所以占了 2 个代码）；各个小类用 4 个数字代表，如屠宰、肉类加工和保藏业为 3111。根据上述编码原则，在表示某小类的四位数代码中，第一位数字表示该小类所属的部门，前两位数字表示所属大类，前三位数字表示所属中类，全部四个数字就表示某小类本身。

3．我国国民经济行业的分类

为适应社会主义市场经济的发展，正确反映国民经济内部的结构和发展状况，并为国家宏观管理、各级政府部门和行业协会的经济管理及进行科研、教学、新闻宣传、信息咨询服务等提供统一的行业分类和编码，GB/T 4754—2002《国民经济行业分类与代码》国家标准对我国国民经济行业分类进行了详细的划分。

新行业分类采用了线分类法，它将社会经济活动划分为门类、大类、中类和小类四级。与此相对应，编码主要采用层次编码法。门类在体系中与大类的联系并不紧密，它的编码与大、中、小类的编码方法相互独立。具体地说，门类采用了英文字母顺序编码法，即用 A、B、C……顺次表示门类；大、中、小类依据等级制和完全十进制，形成三层四位数字码的产业类别标识系统。但大类在参与层次编码的同时采用了数字顺序编码法，即代码前两位表示大类，从 01 开始依据分类体系的排列次序按升序给大类赋码；代码的前三位和前四位分别表示中类和小类，每层代码从 1 开始编，按升序排列，最多编到 9。例如，74 表示大类“商业服务业”，743 表示中类“咨询与调查”，7431 表示小类“会计、审计及税务服务”。大的门类分别用从 A 到 T 的字母表示，共 20 类。

A．农、林、牧、渔业。

B．采矿业。

C．制造业。

D．电力、燃气及水的生产和供应业。

E．建筑业。

F．交通运输、仓储和邮政业。

G．信息传输、计算机服务和软件业。

H．批发和零售业。

I．住宿和餐饮业。

J．金融业。

K．房地产业。

L．租赁和商务服务业。

M．科学研究、技术服务和地质勘查业。

N．水利、环境和公共设施管理业。

O．居民服务和其他服务业。

P．教育业。

Q．卫生、社会保障和社会福利业。

R．文化、体育和娱乐业。

S．公共管理和社会组织。

T．国际组织。

4．我国证券市场的行业划分

① 上证指数分类法。上海证券市场为编制新的沪市成分指数，将全部上市公司分为五类，即工业、商业、地产业、公用事业和综合类，并分别计算和公布各分类股价指数。

② 深证指数分类法。深圳证券市场也将在深市上市的全部公司分成六类，即工业、商业、金融业、地产业、公用事业和综合类，同时计算和公布各分类股价指数。需要注意的是，我国的两个证券交易所为编制股价指数而对产业进行的分类显然是不完全的，这与我国证券市场的发展状况有关。我国上市公司数量少，不能涵盖所有行业，如农业方面的上市公司就较为少见。但为了编制股价指数，从目前的情况看，这些分类是恰当的。

行业划分的方法多种多样。除上述的划分方法外，还有其他划分方法。例如，按资源集约度划分，可把行业分为资本集约型行业、劳动集约型行业和技术集约型行业等。

4.2 行业分析的主要内容

4.2.1 行业的经济结构分析

行业的经济结构随该行业中企业的数量、产品的性质、价格的制定和其他一些因素的变化而变化。由于经济结构的不同，行业基本上可以划分为完全竞争、垄断竞争、寡头垄断和完全垄断四种市场类型。

1．完全竞争型

完全竞争型是指许多企业生产同质产品的市场情形。其特点有以下几个。

① 生产者众多，各种生产资料可以完全流动。

② 产品不论是有形或无形，都是同质的、无差别的。

③ 没有一个企业能够影响产品的价格。

④ 企业永远是价格的接受者而不是价格的制定者。

⑤ 企业的赢利基本上由市场对产品的需求来决定。

⑥ 生产者和消费者对市场情况非常了解，并可自由进入或退出这个市场。

从上述特点可以看出，完全竞争是一个理论性上的假设，其根本特点在于企业的产品无差异，所有的企业都无法控制产品的市场价格。在现实经济中，完全竞争的市场类型是少见的，初级产品的市场类型与完全竞争较为相似。

2．垄断竞争型

垄断竞争型是指许多生产者生产同种但不同质的产品的市场情形。其特点有以下几个。

① 生产者众多，各种生产资料可以流动。

② 生产的产品同种但不同质，即产品之间存在差异。产品的差异性是指各种产品之间存在实际或想象上的差异，这是垄断竞争与完全竞争的主要区别。

③ 由于产品差异性的存在，生产者可以树立自己产品的信誉，从而对其产品的价格具有一定的控制能力。

在国民经济各产业中，制成品的市场类型一般都属于这种类型。

3．寡头垄断型

寡头垄断型是指相对少量的生产者在某种产品的生产中占据很大市场份额的情形。

在寡头垄断的市场上，由于这些少数生产者的生产产量非常大，因此他们对市场的价格和交易具有一定的垄断能力。同时，由于只有少量的生产者生产同一种产品，因而每个生产者的价格政策和经营方式及其变化都会对其他生产者产生重要影响。

在这个市场上，通常存在一个起领导作用的企业，其他企业随该企业定价，并随该企业经营方式的变化而相应地进行某些调整。资本密集型、技术密集型产品，如钢铁、汽车等，以及少数储量集中的矿产品，如石油等，它们的市场多属于这种类型。因为生产这些产品所必需的巨额投资、复杂的技术或产品储量的分布限制了新企业对这个市场的侵入。

4．完全垄断型

完全垄断型是指独家企业生产某种特质产品的情形。特质产品是指那些没有或缺少相近的替代品的产品。完全垄断可分为两种类型：一是政府完全垄断，如铁路、邮电等部门；二是私人完全垄断，如根据政府授予的特许专营或根据专利生产的独家经营，以及由于资本雄厚、技术先进而建立的排他性的私人垄断经营。

完全垄断市场类型的特点如下。

① 由于市场被独家企业所控制，产品又没有或缺少合适的替代品，因此垄断者能够根据市场的供需情况制定理想的价格和产量，并可以在高价少销和低价多销之间进行选择，以获取最大的利润。

② 垄断者在制定产品的价格与生产数量方面的自由性是有限度的，即要受到反垄断法和政府管制的约束。在现实生活中，公用事业（如发电厂、煤气公司、自来水公司和邮电通信等）和某些资本、技术高度密集型或稀有金属矿藏的开采等行业都属于这种完全垄断的市场类型。

4.2.2　经济周期与行业分析

各行业变动时，往往呈现出明显的、可测的增长或衰退的格局。这些变动与国民经济总体的周期变动是有关系的，但关系密切的程度又不一样。据此，可以将行业分为以下几类。

1．增长型行业

增长型行业的运动状态与经济活动总水平的周期及其振幅无关。相对于经济周期的变动来说，这些行业收入增长的速率并未出现同步影响，因为它们主要依靠技术的进步、新产品推出及更优质的服务，从而使其经常呈现出增长形态。

在过去的几十年内，计算机和复印机行业表现出了这种形态。投资者对高增长的行业十分感兴趣，这主要是因为这些行业对经济周期性波动来说提供了一种财富“套期保值”的手段。然而，这种行业增长的形态却使投资者难以把握精确的购买时机，因为这些行业的股票价格不会随着经济周期的变化而变化。

2. 周期型行业

周期型行业的运动状态直接与经济周期相关。当经济处于上升时期，这些行业会紧随其而扩张；当经济衰退时，这些行业也相应衰落。产生这种现象的原因是，当经济上升时，社会对这些行业相关产品的购买相应增加。消费品业、耐用品制造业及其他需求收入弹性较高的行业就属于典型的周期型行业。

3. 防御型行业

还有一些行业被称为防御型行业。这些行业运动形态的存在是因为其产业的产品需求相对稳定，并不受经济周期处于衰退阶段的影响。正是由于这个原因，对其投资便属于收入投资，而非资本利得投资。有时，当经济衰退时，防御型行业或许会有实际增长。食品业和公用事业属于防御型行业，因为需求的收入弹性较小，所以这些行业的收入相对稳定。

4.2.3 行业生命周期分析

通常,每个产业都要经历一个由成长到衰退的发展演变过程。这个过程便称为产业的生命周期。

1. 初创阶段

在初创阶段，新行业刚刚诞生或初建不久，因而只有为数不多的创业公司投资于这个新兴的产业。由于初创阶段产业的创立投资和产品的研究、开发费用较高，而产品市场需求狭小(因为大众对其尚缺乏了解)，销售收入较低，因此这些创业公司可能不但没有赢利，反而普遍亏损。同时，较高的产品成本和价格与较小的市场需求还使这些创业公司面临很大的投资风险。

另外，在初创阶段，企业还可能因财务困难而引发破产，因此这类企业更适合投机者而非投资者。在初创阶段后期，随着行业生产技术的提高、生产成本的降低和市场需求的扩大，新行业便逐步由高风险、低收益的初创期转向高风险、高收益的成长期。

2. 成长阶段

在成长阶段，拥有一定市场营销和财务力量的企业逐渐主导市场，这些企业往往是较大的企业，其资本结构比较稳定，因而它们开始定期支付股利并扩大经营。

在成长阶段，新行业的产品经过广泛宣传和消费者的试用，逐渐以其自身的特点赢得了大众的欢迎或偏好，市场需求开始上升，新行业也随之繁荣起来。与市场需求变化相适应，供给方面相应地出现了一系列的变化。由于市场前景良好，投资于新行业的厂商大量增加，产品也逐步从单一、低质和高价向多样、优质和低价方向发展，因而新行业出现了生产厂商和产品相互竞争的局面。这种状况会持续数年或数十年。由于这一原因，这一阶段有时被称为投资机会时期。这种状况的继续将导致生产厂商随着市场竞争的不断发展和产品产量的不断增加而相应增加，市场的需求日趋饱和。生产厂商不能单纯地依靠扩大生产量来提高市场份额，以增加收入，而必须依靠追加生产、提高生产技术、降低成本，以及研制和开发新产品的方法来争取竞争优势、战胜竞争对手和维持企业生存。但这种方法只有资本和技术力量雄厚、经营管理有方的企业才能做到，那些财力与技术较弱、经营不善或新加入的企业（因产品的成本较高或不符合市场的需要）则往往被淘汰或被兼并。因而，企业这一时期的利润虽然增长很快，但所面临的竞争风险也非常大，破产率与被兼并率相当高。在成长阶段的后期，由于行业中生产厂商与产品竞争优胜劣汰规律的作用，市场上生产厂商的数量大幅度下降，之后便开始稳定下来。由于市场需求基本饱和，产品的销售增长率减慢，迅速赚取利润的机会减少，整个行业开始进入稳定期。

在成长阶段，虽然行业仍在增长，但此时的增长具有可测性。由于受不确定因素的影响较少，行业的波动也较小，投资者蒙受经营失败而导致投资损失的可能性大大降低，他们分享行业增长带来的收益的可能性大大提高。

3．成熟阶段

行业的成熟阶段是一个相对较长的时期。在这一时期，在竞争中生存下来的少数大厂商垄断了整个行业的市场，每个厂商都占有一定比例的市场份额。由于彼此势均力敌，市场份额比例发生变化的概率较小。厂商与产品之间的竞争手段逐渐从价格手段转向各种非价格手段，如提高质量、改善性能和加强售后维修服务等。由于一定程度的垄断，行业的利润达到了很高的水平，而风险因市场比例比较稳定、新企业难以进入而较低，其原因是市场已被原有大企业按比例分割，产品的价格比较低。因而，新企业往往由于创业投资无法很快得到补偿或产品的销路不畅而导致资金周转困难，最终倒闭或转产。在行业成熟阶段，行业增长速度降到一个更加适度的水平。在某些情况下，整个行业的增长可能会完全停止，其产出甚至下降。由于其资本增长的丧失，致使行业的发展很难较好地保持与国民生产总值同步增长，当国民生产总值减少时，行业甚至会蒙受更大的损失。但是，由于技术创新的原因，某些行业或许会有新的增长。

4．衰退阶段

衰退阶段出现在较长的稳定阶段之后。由于新产品和大量替代品的出现，原行业的市场需求开始逐渐减少，产品的销售量也开始下降，某些厂商开始向其他更有利可图的行业转移资金，致使原行业出现了厂商数目减少、利润下降的萧条景象。至此，整个行业便进入了生命周期的最后阶段。在衰退阶段，厂商的数目逐步减少，市场逐渐萎缩，利润率停滞或不断下降。当正常利润无法维持或现有投资折旧完毕后，整个行业便逐渐解体。

了解行业所处的生命周期阶段、分析行业的发展趋势及了解行业的投资价值和投资风险，这对于投资者具有重要的意义。例如，对于收益型的投资者，可以建议其优先选择处于成熟期的行业，因为这些行业基础稳定，赢利丰厚，市场风险相对较小；对于偏好风险和想获取高收益的投资者，可以建议其选择成长初期阶段的行业，因为这时的行业成长性高，利润增长快，可以为投资者带来较高的回报。

4.2.4 行业未来可预期的发展前景分析

根据行业未来可预测的发展前景将行业分为朝阳行业和夕阳行业两大类。

朝阳行业是指未来发展前景看好的行业，如目前的信息行业。夕阳行业是指未来发展前景不乐观的行业，如目前的钢铁业、纺织业。朝阳行业和夕阳行业的划分具有一定的相对性。一个国家或地区的夕阳行业在另一个国家或地区则可能是朝阳行业，如化工行业在发达国家已是夕阳行业，而在我国则被认为是朝阳行业。朝阳行业和夕阳行业之间也可以相互转化，即朝阳行业在其发展的支撑力量逐渐丧失时就会成为夕阳行业，如纺织业曾经是工业革命的急先锋，但如今已风光不再；而夕阳行业也常有再度辉煌的机会，如钢铁业于20世纪70年代在日本得到了复兴。

4.2.5 行业所采用技术的先进程度分析

行业根据其采用技术的先进程度可分为新兴行业和传统行业。

新兴行业是指采用新兴技术进行生产，且产品技术含量高的行业，如电子业。传统行业是指采用传统技术进行生产，且产品技术含量低的行业，如资源型行业。由于技术的不断更新和发展，新兴行业和传统行业之间的区分是相对的。目前，它们之间的区别以第三次技术革命为标志。以微电子技术、基因工程技术、海洋工程技术、太空技术等为技术基础的行业称为新兴行业；而以机械、电力等为技术基础的行业称为传统行业。新兴行业和传统行业内部也可做进一步的分类。一般来说，新兴行业多为朝阳行业，传统行业多为夕阳行业。

4.2.6 行业的要素集约度分析

根据资源集约度可以把行业划分为资本密集型、技术密集型和劳动密集型行业。但它们之间并没有严格的界限，有些行业同时兼有资本密集和技术密集的特点，如汽车行业。一般情况下，资本密集型行业容易产生垄断，技术密集型行业容易激发竞争，劳动密集型行业容易受到技术革命的冲击。

4.3 影响行业分析的因素

4.3.1 技术进步

在众多技术因素中，最重要的也是首先需要考虑的是产品的稳定性。通过产品稳定性分析，检验产品的性质及技术复杂性，这样有助于判断产品的未来需求是保持不变还是可能出现大幅度变化，而历史资料只能说明行业过去的产品需求。例如，仅以一时风行的产品为基础的行业会很快被淘汰；产品性质较稳定的产业，如钢铁工业和化学工业，其产品需求则有着较长期的稳定性。然而，由于价格构成的变动及产品需求的减少，这些产品需求较稳定的行业在不同年份的获利能力仍有波动。

技术进步对行业的影响是巨大的。例如，电灯的出现极大地削减了社会对煤气灯的需求，蒸汽动力行业则被电力行业逐渐取代。显而易见，投资于衰落的行业是一种错误的选择。投资者还必须不断地考察一个行业产品生产线的前途，分析其被优良产品或消费需求替代的趋势。

行业追求技术进步也是时代的要求。目前人类社会所处的时代正是科学技术日新月异的时代，不仅新兴学科不断涌现，而且理论科学向实用技术的转化过程也被大大缩短，速度大大加快。战后工业发展的一个显著特点是，新技术在不断地推出新行业的同时，也在不断地淘汰旧行业。例如，在较短的时间里，喷气式飞机代替了螺旋桨飞机；大规模集成电路计算机代替了一般的电子计算机；通信卫星代替了海底电缆等。这些新产品在定型和大批量生产后，市场价格大幅度下降，从而很快被消费者所使用。上述这些特点使新兴行业能够很快地超过并代替旧行业，或者严重地威胁原有行业的生存。因此，充分了解各种行业技术发展的状况和趋势，这对投资者来说是至关重要的。

4.3.2　政府政策

1．政府影响的行业范围

政府的管理措施可以影响行业的经营范围、增长速度、价格政策、利润率和其他许多方面。政府实施管理的主要行业有公用事业，如煤气、电力、供水、排污、邮电通信、广播电视等；运输部门，如铁路、公路、航空、航运和管道运输等；金融部门，如银行及保险公司、商品与证券交易市场、经纪商、交易商等非银行金融机构。

政府实施管理的主要行业都是直接服务于公共利益或与公共利益密切相关的行业。公用事业是社会的基础设施，投资大、建设周期长、收效慢，允许众多厂商投巨资竞相建设是不经济的，因此政府往往通过授予某些厂商在指定地区独家经营某项公用事业特许权的方法对它们进行管理。被授权的厂商也就因此成为这些行业的合法垄断者，但这些合法的垄断者和一般的垄断者不同，他们不能任意规定不合理的价格，其定价要受到政府的调节和管制。政府一般只允许这些厂商获得合理的利润率，而且政府的价格管理并不保证这些企业一定能够赢利，成本的增加、管理的不善和需求的变化同样会使这些企业发生亏损。

交通运输行业与大众生活和经济发展有着密切的联系。此行业服务的范围广（国内外运输），涉及的问题多（各地不同的法律、税收和安全规则等），因而有必要由政府统一管理。

金融部门，尤其银行部门既是国民经济的枢纽，也是政府干预经济的主要渠道之一。其稳定关系到整个经济的繁荣和发展，因而是政府重点管理的对象。

在美国，政府相继制定了《谢尔曼反垄断法》（1890 年）、《克雷顿反垄断法》（1914 年）和《罗宾逊·帕特曼法》（1936年）等法律，对行业的经营活动进行管理。《谢尔曼反垄断法》主要是保护贸易与商业免受非法限制与垄断的影响；《克雷顿反垄断法》禁止可能导致行业竞争大大减弱或行业限制的一家公司持有其他公司股票的行为；《罗宾逊·帕特曼法》则规定某些类型的价格歧视是非法的，应当取缔。政府的行政管理部门在执行其职能时也将考虑反垄断的问题，如美国联邦储备局在审查银行合并或银行持有公司股份申请时通常要考虑反垄断的情况。此外，政府作为国家商品市场上的最大买主，其对军火工业和许多民用工业也起着重要的作用。

2. 政府产业政策

产业政策是规范社会成员对待产业的行为，是促进行业发展的政策法律体系。政府根据社会经济发展的需要制定的产业政策对于产业的发展和衰退具有至关重要的作用。政府可通过补贴、优惠税、保护性关税和保护某一行业的附加法规等措施来促进某些行业的发展，也可以对某些行业实施限制性规定，加重该行业的负担，限制该行业的发展。日本、西欧等多国都曾制定过加速行业发展的法规政策，如日本的《电子产业振兴法》等；1998年4月，美国商务部发表题为《新兴的数字经济》报告，宣布美国电子商务为免税区，这些政策培育了网络经济在美国的强劲增长。

产业政策可以包括产业结构政策、产业组织政策、产业布局政策和产业技术政策等。产业结构政策是选择行业发展重点的优先顺序的政策措施，其目的是促使行业之间的关系更加协调，社会资源配置更加合理。产业组织政策是调整市场结构和规范市场行为的政策，以反对垄断、促进竞争、规范大型企业集团、扶持中小企业发展为主要核心。产业布局政策则是促使不同地区（包括城乡）之间行业分布合理化的政策。产业技术政策是促进产业技术进步的政策。

实施政策的措施可以包括政府直接投资、制定差别税率、实行折旧和成本控制等。某些时候，政府可能会直接干预企业行为，如美国政府历史上屡次以违反反垄断法状告一些大公司。另外要说明的是，政府的决策和协调动机可以是经济的，也可以是非经济的。比如，博彩业虽然在经济上是有利可图的，但除香港和澳门两个特别行政区之外，政策的限制使它们不能形成一个正式的产业。

3. 政府对行业的促进干预和限制干预

政府对行业的促进作用可通过补贴、优惠税、限制外国竞争的关税、保护某一行业的附加法规等措施来实现。因为这些措施有利于降低该行业的成本，刺激和扩大其投资规模。例如，美国纺织业就受到进口关税这一法律的极大保护。

同时，考虑到生态、安全、企业规模和价格因素，政府会对某些行业实施限制性规定，这会加重该行业的负担。某些法律已经对某些行业的短期业绩产生了明显的副作用。在美国，铁路和天然气便能证明政府的干预是怎样影响私人利润形成的。

总的来说，政府的干预极大地支持了某些行业发展的稳定性，否则情况会变得十分混乱。例如，航空业有其自己的正常航线，因而不会出现所有的航班仅在可能获利的城市之间飞行；

公用事业的规模保证了某地域只能有一家电力公司，从而避免了潜在的混乱，不至于有四五家电力公司在同一条街上竖起自己的电线杆。

4.3.3 行业的组织创新

行业的组织创新是推动行业形成和产业升级的重要力量。如果某个行业内的企业安于现状，没有创新意识，这必将降低产业平均利润，最终使产业日渐衰退。如果产业组织创新活跃，新技术和新产品不断涌现，则该产业能获得超额利润，产业的增长潜力就很大。即使对于某些已经处于衰退期的行业，新技术的运用和新产品或新用途的开发往往使行业起死回生，并迎来新一轮的增长。

行业组织创新包括持续的产品创新、营销创新和过程创新。产品创新可以开拓新的市场和扩大原有市场，从而促进行业增长，加强产品的歧异化。快速推出产品的过程及随之而来的高市场营销成本可以创造新的行业壁垒，使行业形成新的竞争格局。

营销创新和产品创新一样重要，新的营销方式和营销渠道不但能帮助企业找到新的顾客群体或减轻产品的价格敏感性，而且可以提高产品的歧异化。另外，高效率的营销创新还可以降低产品的成本。营销创新还能改变买卖双方的力量对比，影响固定成本和可变成本的平衡，从而影响竞争的激烈性。

生产过程或生产工艺的创新能提高生产效率，改变固定成本的比例，降低成本，增加产品的竞争力，提高规模经济性，丰富国内外产品销售的市场经验。

4.3.4 社会习惯的改变

随着人们生活水平和受教育水平的提高，人们的消费心理、消费习惯、文明程度和社会责任感会逐渐改变，从而引起某些商品的需求变化，并进一步影响行业的兴衰。在基本温饱解决之后，人们更注意生活的质量，不受污染的天然食品和纺织品备受人们青睐；对健康的投资从注重保健品转向健身器材；物质生活提高后注重智力投资和精神生活的丰富，旅游等成了新的消费热点；快节奏的现代生活使人们更偏好便捷的交通和通信工具；高度工业化和生活现代化又使人们认识到保护生存环境免受污染的重要，发达国家的工业部门每年要花费几十亿美元的经费来研制和生产与环境保护有关的各种设备，以便使工业排放的废渣、废水和废气能够符合规定的标准。所有这些社会观念、社会习惯和社会趋势的变化都会对企业的经营活动、生产成本和利润收益等产生一定的影响，足以使一些不再适应社会需要的行业衰退而又激发新兴行业的发展。

4.3.5 经济全球化

经济全球化是影响行业兴衰的另一重要因素。所谓经济全球化，是指商品、服务、生产要素与信息等资源，通过国际分工，在世界市场范围内配置，以提高资源使用效率，从而使各国经济的相互依赖程度日益加深的趋势。它是全球生产力发展的结果，其推动力是追求利润和取得竞争优势。20世纪90年代以来，经济全球化的趋势大大加强。导致经济全球化的直接原因是国际直接投资与贸易环境出现了新变化。

经济全球化对各国产业发展的重大影响主要表现在三个方面。首先，经济全球化导致产业发生全球性转移。发达国家将传统的劳动密集型（如纺织服装、消费类电子产品）甚至低端技术的资本密集型行业（如中低档汽车制造）向发展中国家快速转移，使这些低端制造技术的行业延长其生命周期并取得一定的发展。其次，选择性发展将是未来各国形成优势行业的重要途径。因为受技术水平和资源替代的限制，一个国家不可能在所有领域都取得领先优势。战略性产业发展思路成为许多国家的战略，如日本的机器人行业、印度的计算机软件行业等。最后，产业全球化导致的国际竞争和国际投资因素将使行业结构发生很大变化。比如，近年来，美国汽车工业受到日本和西欧的挑战，这种国际竞争不仅打破了美国国内原先的市场格局，而且影响美国汽车行业生命周期的发展。

4.3.6 相关行业变动因素的影响

相关行业的变动因素对股票价格也会产生一定的影响。

① 如果相关行业的产品是该行业生产的投入品，那么相关行业产品价格上升，该行业的生产成本就会提高、利润就会下降，从而使股价出现下降趋势；反之股价下降，如钢材价格上涨可能会使生产汽车的公司的股票价格下跌。

② 如果相关行业的产品是该行业产品的替代品，若相关行业产品价格上涨，对该行业产品的市场需求就会提高，从而使市场销售量增加，公司赢利也因此提高，股价上升；反之情况也一样，如茶叶价格上升可能对经营咖啡制品公司的股票价格产生利好影响。

③ 如果相关行业的产品与该行业生产的产品是互补关系，那么相关行业产品价格上升，对该行业内部的公司股票价格将产生利淡反应。例如，1973年石油危机爆发后，美国消费者开始偏爱小汽车，结果对美国汽车制造业造成相当大的打击，其股价大幅度下跌。

4.4 行业投资的选择方法

4.4.1 选择的目的

一般来说，在投资决策过程中，投资者应选择增长型的行业和在行业生命周期中处于成长期与稳定期的行业，所以要仔细研究欲投资公司所处的行业生命周期及行业特征。

增长型行业的特点是增长速度快于整个国民经济的增长率，投资者可享受快速增长带来的较高股价和股息。投资者也不应排斥增长速度与国民经济同步的行业，这些行业一般发展比较稳定，投资回报虽不及增长型行业，但投资风险也相应较小。

对处于生命周期不同阶段的行业选择上，投资者应选择处于成长期和稳定期的行业，这些行业有较大的发展潜力，基础逐渐稳定，赢利逐年增加，股息红利相应提高，有望得到丰厚而稳定的收益。投资者一般应避免初创期的行业，因为这些行业的发展前景尚难预料，投资风险较大。同样，投资者也不应选择处于衰退期的行业。

行业的生命周期如图 4-1 所示。通过图 4-1，我们对行业投资的选择做以下具体分析。

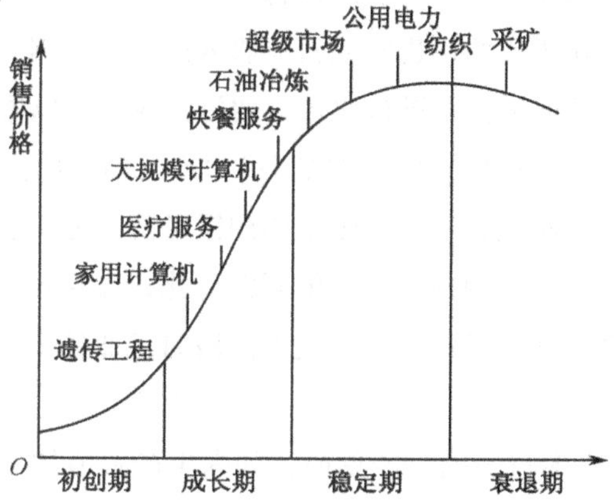

图 4-1　行业的生命周期

① 遗传工程行业处于行业生命周期的初创阶段。由此可知，如果打算对该行业进行投资，那么只有为数不多的几家企业可供选择；投资于该行业的风险较大，但可能会获得很高的收益。掌握以上信息后，通过未来风险和未来收益的权衡比较来决定是否投资于该行业。

② 家用计算机行业处于成长阶段的初期，医疗服务行业处于成长阶段的中期，大规模计算机和快餐服务行业处于成长阶段的后期。由此可知，家用计算机行业将以很快的速度增长，但企业所面临的竞争风险也将不断增长；医疗服务、大规模计算机和快餐服务行业在增长速度上低于家用计算机行业，但竞争风险相对较小。因此，投资者必须通过收益和风险分析来决定投资于哪种行业。

③ 石油冶炼、超级市场和公用电力等行业已进入成熟期。这些行业将继续增长，但速度要比前面各阶段的行业慢。成熟期的行业通常是赢利，而且投资的风险相对较小，当然，赢利一般不会太大。

④ 纺织和采矿业已进入衰退期。由此可知，对这些行业投资获得的收益将较少，而且从长期看，这种投资也是不安全的。

需要说明的是，对处于不同发展水平的不同国家的经济及处于不同发展阶段的同一国家的经济而言，同一行业可能处于生命周期的不同阶段。

4.4.2 选择方法

如何在众多的行业中做出选择呢？我们通常可以用两种方法进行选择：一是将行业的增长情况与国民经济的增长进行比较，从中发现增长速度快于国民经济的行业；二是利用行业历年的销售额、赢利额等历史资料分析该行业过去的增长情况，并预测该行业的未来发展趋势。

1．行业增长比较分析

分析某行业是否属于增长型行业，可利用该行业的历年统计资料与国民经济综合指标进行对比。具体做法是取得某行业历年的销售额或营业收入的可靠数据并计算出年变动率，与国民生产总值增长率、国内生产总值增长率进行比较。通过比较，可以做出以下判断。

① 确定该行业是否属于周期性行业。如果国民生产总值或国内生产总值连续几年逐年上升，说明国民经济正处于繁荣阶段；反之，则说明国民经济正处于衰退阶段。观察同一时期该行业销售额是否与国民生产总值或国内生产总值同向变化，如果在国民经济繁荣阶段行业的销售额也逐年同步增长，或者是在国民经济处于衰退阶段时行业的销售额也同步下降，说明这一行业很可能是周期性行业。

② 比较该行业的年增长率与国民生产总值、国内生产总值的年增长率。如果在大多数年份中该行业的年增长率都高于国民经济综合指标的年增长率，说明这一行业是增长型行业；如果行业年增长率与国民生产总值或国内生产总值的年增长率持平甚至相对较低，则说明这一行业与国民经济增长保持同步或增长过缓。

③ 计算各观察年份该行业销售额在国民生产总值中所占的比重。如果这一比重逐年上升，说明该行业增长比国民经济平均水平快；反之则较慢。

通过以上分析，基本上可以发现和判断增长型行业，但要注意的是，观察数不可过少，如果过少可能会引起判断失误。表 4-1 中列出了某行业销售额与国民生产总值的对比情况，供分析比较时参考。

表 4-1　某行业销售额与国民生产总值比较

年次	某行业		国民生产总值		某行业销售额占国民生产总值百分比（%）
	销售额（亿元）	年增长率（%）	销售额（亿元）	年增长率（%）	
1	81.2	–	1050	–	7.73
2	87.8	8.13	1120	6.67	7.84
3	96.4	8.56	1200	7.14	8.03

续 表

年次	某 行 业		国民生产总值		某行业销售额占国民生产总值百分比（%）
	销售额（亿元）	年增长率（%）	销售额（亿元）	年增长率（%）	
4	105	8.92	1290	7.50	8.14
5	114.8	9.33	1390	7.75	8.26
6	126.5	10.19	1500	7.91	8.43
7	141.2	10.40	1620	8.00	8.72
8	158	11.90	1760	8.64	8.98

2．行业未来增长率的预测

利用行业历年销售额与国民生产总值、国内生产总值的周期资料进行对比，只是说明了过去的情况，投资者还需要了解和分析行业未来的增长变化，因此还需要对行业未来的发展趋势做出预测。预测的方法有多种，使用较多的主要有以下两种方法。一种方法是将行业历年销售额与国民生产总值标在坐标图上，用最小二乘法找出两者的关系曲线并绘在坐标图上，这一关系曲线即行业增长的趋势线。根据国民生产总值的计划指标或预计值可以预测行业的未来销售额。另一种是利用行业历年的增长率计算历史的平均增长率和标准差，预计未来增长率。这一方法要使用行业在过去 10 年或 10 年以上的历史数据，这样预计的结果才较有说服力。如果某一行业与居民基本生活资料相关，也可利用历史资料计算人均消费及人均消费增长率，再利用人口增长预测资料预计行业的未来增长。

4.4.3 行业投资决策

通过以上的行业分析，投资者可以选择处于成长期或稳定期、竞争实力雄厚、有较大发展潜力的行业作为投资对象。同时，即期的价格或收益比率也在某种程度上可以反映投资者出于对未来总收入考虑所产生的信心和期望。

例如，某行业也许显示出的未来增长和潜力很大，但该行业证券的价格相对太高，以至于不能充分证明这些证券是可以购买的。相反，一些具有适度收入的某些行业的证券，如果其价格很低，并且估计其未来收入的变动很小，那么这些证券就是值得购买的。

还必须通过对某一行业的考察，投资者才能判断市场是否高估或低估了其证券和该行业的增长能力。在许多时候，市场中的投资者与投机者之间的相互作用足以影响证券的价格，使证券价格过高或过低，以致偏离其真实价值。

大多数市场运动的变化都源于投资者对某一企业或行业真实价值的感觉，而并非产生于影响某行业未来收入基本因素的变化。

很多时候，股票的价格会随着某一行业的发展而相应上升。例如，某一种新型发动机的引入使许多与该行业有关的证券价格上升，因为投资者和投机家都断定，新型发动机的出现会使这些行业处于潜在增长的边缘。然而，当投资者获悉这种发动机具有耐久性，并且极易应用于现有制造生产体系的确切资料之后，这些行业的证券市场价格便会恢复到更为合理的水平，从而确认了这一产品引入的长期影响。

商业性投资公司定期公布生产行业范围的分析或调查资料，以及具有投资观点和建议的补充资料，对于个别投资者来说，进行慎重投资决策时，这些信息是十分有益的。就调查报告而言，首先，它包含了对某一行业未来的展望，并描述了其规模和经济重要性，从而概括出一个行业经营模式、现期困难及发展的可能性，以及它对行业在未来若干年中业绩的影响。最后，这些调查报告还论及行业的作为与属类、活动的广度和获利的程度，以及行业未来最有可能的增长潜力。

对个别投资者来说，行业评价和意见的资料是极有价值的。因为个别投资者往往不能够对大量必要的资料做出准确的计算，而这些投资机构拥有许多金融分析人员，他们熟悉各个行业，并且可以提供以行业和经济分析为基础的报告。

要确定某一行业证券的投资价值，投资者就必须辨别现实价格所反映的未来收入的机会有多大和所反映的投机需求程度有多大。投资者还应该考虑其他一些因素，如消费者的偏好和收入分配的变化、某产品或许有国外竞争者的介入等。只有系统地评估这些因素，投资者才能做出正确的行业分析，从而最终做出明智的行业投资决策。

复习与实训

一、名词解释

1．完全竞争　2．垄断竞争　3．寡头垄断　4．完全垄断　5．增长型行业
6．周期型行业　7．防御型行业

二、简述题

1．行业分析的意义与行业分类方法。
2．行业分析的基本方法。
3．基于经济周期角度的行业分类。

三、分析题

1．四种行业类型的特点与相互区别。

2．行业周期不同阶段的特点。

3．影响行业分析的常见因素。

4．行业投资的选择方法，并尝试运用相关方法对某一具体行业进行投资选择评述。

第 5 章　公司分析

5.1　公司分析概述

对于投资者而言，在进行宏观经济和行业分析之后，选择具体的投资对象就显得尤为迫切。证券投资的对象选择实际上是选择一个（或几个）公司所发行的证券，而公司的经营状况和管理水平直接影响证券的市场表现和投资收益。因此，只有通过分析潜在投资对象的背景资料、业务资料和财务资料，从整体上多角度地了解公司，这样才能恰当地确定公司证券的合理定价，进而通过比较市场价位与合理定价的差异进行投资决策。

根据《中华人民共和国公司法》（以下简称《公司法》）相关条款的规定，公司是指依照法定条件和程序设立的、从事商品生产经营或提供服务的、以营利为目的的企业法人。根据公司股票是否上市流通的划分标准，公司可分为上市公司和非上市公司。

上市公司有广义和狭义两种理解。广义的上市公司不仅包括所发行的股票在证券交易所上市交易的股份有限公司，还包括在全国证券交易自动报价系统（简称 STAQ 系统）挂牌买卖的股份有限公司。狭义的上市公司仅指其所发行的股票在证券交易所上市交易的股份有限公司。我国现行《公司法》规定，我国的上市公司是指其所发行的股票经国务院或国务院授权的证券管理部门批准，在证券交易所上市交易的股份有限公司。本章主要讨论狭义的上市公司的状况。

公司分析大致可以分为基本素质分析和财务分析两大部分。

5.2　公司基本素质分析

公司在本行业中的竞争地位是公司基本素质分析的首要内容。因为市场经济的规律是优胜劣汰，只有确定了竞争优势并且不断保持这种优势地位的公司才能长期存在并发展壮大。这样的公司才是投资者寻求的投资目标。

5.2.1　行业地位分析

公司的行业地位决定了其赢利能力高于还是低于行业平均水平，同时决定了其行业的竞争地位。衡量公司行业竞争地位的主要指标是市场占有率和行业综合排序。行业综合排序包括公司的技术水平、产品研发能力、资本与规模效益等。

1. 市场占有率

产品的市场占有率是个动态概念，不仅要分析当前的市场占有率，还要分析以前各年的市场占有率，了解市场占有率的变化趋势，并预测以后的市场占有率，进而判断公司的行业地位及竞争优势。

市场占有率是公司利润的源泉，是公司生存和发展的基础。如果公司产品在市场上供不应求，产品的市场占有率就高，则公司利润增加，公司股价不断上涨；若产品积压，市场占有率不高，则会导致公司股价下跌。总之，公司的产品销售量占该类产品整个市场销售总量的比例高，表示公司的经营能力和竞争力较强。

2. 公司的技术水平

决定公司竞争地位的首要因素在于公司的技术水平。对公司技术水平高低的评价包括评价技术的硬件部分和软件部分两类。硬件部分包括机械设备、单机或成套设备等固定资产；软件部分一般为生产工艺技术、工业产权、专利设备制造技术和经营管理技术，以及公司具备的生产能力和达到的生产规模、公司扩大再生产的能力等方面。在相同条件下，拥有高技术水平的公司自然能够生产出更多、更好的能满足市场需求的产品，公司在竞争中处于优势地位。

3. 产品研发能力

产品研发能力是公司竞争地位能否长期保持的关键，它构成了公司的核心竞争力。在当今时代，科技高速发展，企业只有不断进行产品更新和技术改造，才能长期立于不败之地。

4. 资本与规模效益

有些行业是资本密集型行业，如汽车、钢铁、造船行业等，这些行业是以“高投入、大产出”为特征的，因而由资本的集中程度决定的规模效益成了决定公司收益和前景的主要因素。在投资这类企业时，企业的规模成为考虑的重点，无法形成规模效益的厂家已被证明不在投资范围之内。

5.2.2　公司区位分析

区位也称为经济区位，是指经济地理范畴上的经济增长或经济增长点及其辐射范围，是资本、技术和其他经济要素高度集聚并且发展快速的地区。上市公司的投资价值与区位经济的发展密切相关。

1. 区位内的自然条件和基础条件

自然条件和基础条件包括矿产资源、水资源、能源、交通、通信设施等。这些因素在区位经济发展中具有重要作用，也对区位内上市公司的发展起着重要的限制或促进作用。首先分析上市公司的经营条件对区位内的自然和基础条件的依赖程度，再分析自然和基础条件对上市公司经营条件的满足程度，从而得出上市公司的经济效益和发展前景的基本结论。例如，在电力资源稀缺的地区从事高耗能的工业项目，用电高峰期就可能面临限电的问题，这将影响公司的效益。

2．区位内政府的产业政策和其他相关的经济支持

为了进一步促进区位经济的发展，当地政府一般都会相应地制定经济发展的战略规划，提出相应的产业政策，确定区位优先发展和扶持的企业，并给予相应的财政、信贷和税收等多方面的优惠政策。这些政策有利于引导和推动相应产业的发展，相关产业内的公司将受益。上市公司可以凭借政府产业政策的支持扩大经营规模，从而取得较好的经营效益。

3．区位内的比较优势和特色

区位内的比较优势和特色是相对区位外而言的，是指本区位经济与区位外经济的联系和互补性、龙头作用及其发展活力与潜力的比较优势，主要包括经济发展环境、经济发展条件、经济发展水平等方面的比较优势和特色。特色在某种意义上意味着优势，利用自身的优势发展本区位的经济，这无疑在经济发展中找到了很好的切入点。

5.2.3　公司产品分析

产品是公司获取收入及实现利润的主要载体，其市场认可度和竞争力直接决定了公司的赢利能力和竞争能力。公司产品要在激烈的市场竞争中获胜，它就必须有自己的优势。

1．成本优势

成本优势是指公司的产品依靠低成本获得高于同行业其他企业的赢利能力。成本优势往往是决定公司竞争优势的关键因素。如果公司可以以较低的成本生产出与竞争对手价值相当或相近的产品，那么只要把价格控制在行业平均水平，它就能获得优于平均水平的经营业绩。一般而言，成本优势可以通过规模经济、高技术水平、优惠的原材料、廉价的劳动力及发达的营销网络等手段来实现。

2．技术优势

技术优势是指公司拥有比同行业其他竞争对手更强的技术实力及研究与开发新产品的能力。技术优势的建立和维持一般是通过产品的创新来实现的。产品的创新一般包括以下几种。

① 通过新的核心技术的研制，开发出一种全新的产品。

② 通过新工艺的研究，降低现有的生产成本，开发出一种新的生产方式。

③ 根据细分市场进行产品细分，实行差异化生产。

④ 通过产品组成要素的重新组合，对现有产品进行改进。

3. 质量优势

质量优势是指公司的产品以高于其他公司同类产品的质量赢得市场，从而取得竞争优势。质量是产品信誉的保证，质量高的产品会给消费者带来信任感。不断提升公司产品的质量是提升公司产品竞争力的有效方法。特别是在与竞争对手成本相等或相似的情况下，具有质量优势的公司往往会在该行业中占据领先地位。

4. 品牌优势

品牌是商品名称和商标的总称。一个品牌不仅是产品的标志，而且是产品质量、性能及满足消费者效用可靠程度的综合体现。品牌竞争是产品竞争的深化和延伸。品牌具有开拓市场、联合市场和巩固市场的功能。分析上市公司品牌，主要看其有无品牌战略及其品牌前景如何。

5.2.4　公司的经营能力分析

上市公司经营管理水平的高低直接影响公司的赢利能力，进而影响该公司股票在二级市场上的表现。经营管理好的上市公司普遍被投资者看好，这类公司的股票会受到投资者的追捧；反之，经营管理差的上市公司，投资者认为购买该公司的股票风险较大，因此这类公司的股票价格往往会下跌。公司经营管理能力分析一般包括公司法人治理结构、公司员工的素质和能力分析、公司管理风格和经营理念分析等多个方面。

1. 公司法人治理结构

公司法人治理结构有狭义和广义两种定义。狭义的公司法人治理结构是指有关公司董事会的功能、结构和股东的权利等方面的制度安排；广义的法人治理结构是指有关企业控制权和剩余索取权分配的一整套法律、文化和制度安排，包括人力资源管理、收益分配和激励机制、财务制度、内部制度和管理等。健全的公司法人治理机制至少体现在以下几个方面。

① 规范的股权结构。股权结构是公司法人治理结构的基础。规范的股权结构包括三层含义：一是降低股权集中度，避免大股东侵害小股东权益；二是流通股股权的适度集中，发展机构投资者和战略投资者，发挥他们在公司治理中的积极作用；三是股权的普遍流通性，即实现股权的全流通。

② 完善的独立董事制度。在董事会中引入独立董事制度，以加强公司董事会的独立性，这有利于董事会对上市公司的经营决策做出独立判断。

③ 监事会的独立性和监督责任。一方面，应该巩固监事会的地位，增强监督制度的独立性，加强监督的力度，限制大股东提名监事候选人和作为监事会召集人；另一方面，应该加大监事

会的监督责任。

④ 相关利益人的公共治理。相关利益人包括员工、债权人、供应商和客户等主要利益相关人。相关利益人共同参与的共同治理机制可以有效地建立公司外部治理结构，以弥补公司内部治理机制的不足。

2. 公司员工的素质和能力分析

素质是指一个人的品质、性格、学识、能力、体质等方面特性的总和。一个公司的经营管理状况是否良好，该公司员工的素质和能力常常起到重要的作用。

① 决策层。决策层是公司的最高权力机构，负责制定公司的经营目标和发展方向。决策的正确与否决定公司的赢利状况，因此决策层应具备较高的企业管理能力、丰富的工作经验和良好的经济素养，具有清晰的战略思维头脑和综合判断能力，能在复杂多变、竞争激烈的环境中运筹帷幄，决胜千里。同时，他们应该具备较强的法制观念，严格按照国家的法律、法规及政策行事，保证公司合法经营。

② 管理层。管理层是公司的核心力量，负责决策层制定的战略的具体实施。经理人员的素质是决定企业能否取得成功的一个重要因素。在一定意义上，是否有卓越的企业经理人和管理层直接决定着公司的经营成果。对经理人员的素质分析是公司分析的重要组成部分。一般而言，企业的经理人应该具备如下素质：一是从事管理工作的愿望；二是专业技术能力；三是良好的道德品质修养；四是人际关系协调能力。

③ 执行层。执行层是公司的最基层。公司的经营过程必须通过执行层人员直接操作实施加以完成。因此，执行层人员的素质也对公司的发展具有很重要的作用。公司的员工应该具有如下的素质：专业技术能力，对企业的忠诚度及责任感，团队合作精神和创新能力等。对员工的素质进行分析可以判断该公司发展的持久力和创新能力。

3. 公司管理风格和经营理念分析

管理风格是企业在管理过程中所一贯坚持的原则、目标及方式的总称。经营理念是企业发展一贯坚持的一种核心思想，是公司员工坚守的基本信条，也是企业制定战略目标及实施战术的前提条件和基本依据。一个适应社会经济发展和不断创新的管理风格及经营理念是公司成功的前提和保障，也是公司管理能力的重要体现。

一般而言，公司的管理风格和经营理念包括稳健型和创新型两种。稳健型公司的特点是在管理风格和经营理念上以稳健原则为核心，一般不会轻易改变已形成的管理模式和经营模式。奉行稳健型原则的公司发展较为平稳，很少出现大起大落的情况。创新型公司的特点是管理风格和经营理念上以创新为核心，公司在经营活动中的开拓能力较强。创新型企业依靠自己的开拓创造，有可能在行业中率先崛起，但创新并不意味着公司的发展一定能够获得成功，过快的发展有时也可能导致公司经营失败。

分析公司的管理风格可以预测公司是否具有可持续发展的能力，而分析公司的经营理念则可据此判断公司管理层制定何种发展战略。

4. 公司经营效率分析

对公司经营活动效率的分析应重点评价以下内容：经营人员的整体观念和奉献精神；经营人员的开拓能力和应变能力；经营人员的业务精通程度和效益意识；经营人员的工作效率和工作业绩，以及经营人员的职业道德和进取精神。

5. 公司内控机制效率分析

公司内部应当建立完善的管理制度，并严格执行相关的办事程序和行为准则。科学有效的管理制度是公司成功的基础。考察公司的管理制度时，可根据公司的具体经济目标，了解公司内部各项规章制度是否订立、是否切实可行、各员工是否遵守，了解各部门是否都有自己的办事程序、是否分工明确、职责是否清楚、权力是否享受、义务是否履行等。根据这些情况对该公司内部调控机构做出总体评价。

5.3　公司财务分析

公司财务分析具有一定的针对性和明确的目的，并且具有非常丰富的内容。投资者可以通过公司财务分析所提供的信息资料对公司的发展潜力、经营管理水平、投资收益率和利润分配情况进行分析。

5.3.1　公司财务报表分析

1. 资产负债表

资产负债表是反映公司在某一特定日期的财务状况的会计报表，如每年 12 月 31 日的财务状况。由于它反映的是某一时点的情况，所以又称为静态报表。它根据“资产＝负债＋股东权益”这一基本公式进行编制。资产负债表分为左右两方，左方是各种资产，右方是负债和股东权益。资产表示公司所拥有的财产，负债和股东权益表示公司资金的来源和每一种来源提供了多少金额的资金。公司所拥有的各项财产都是由债权人和股东提供的，因此，债权人和股东所享有的权利必须和公司的全部资产相等。表 5-1 所示为标准的资产负债表。

表 5-1　标准的资产负债表　　单位：元

资　产	行次	期初数	期末数	负债及股东权益	行次	期初数	期末数
流动资产：	1			流动负债：			
货币资金	2			短期借款	41		
短期投资	3			应付票据	42		
应收票据	4			应付账款	43		
应收账款	5			预收货款	44		
减：备抵坏账	6			职工福利基金	45		
应收账款净额	7			未付股利	46		
预付货款	8			未交税金	47		
其他应收款	9			其他未交款	48		
内部应收款	8-1			其他应收款	49		
待摊费用	9			内部应付款	49-1		
存货	10			预提费用	50		
减：存货变现损失	10-1			待扣税金	51		
存货净额	10-2			一年内到期的长期负债	52		
流动资产合计	15			流动负债合计	55		
长期投资：				长期负债：			
长期投资	16			长期借款	56		
固定资产：				应付债券	57		
固定资产原价	18			长期应付款	58		
减：累计折旧	19			其中：国家股增股准备金	58-1		
固定资产净值	20			长期负债合计	65		
在建工程	21			股东权益：			
固定资产清理	22			股本	66		
临时设施	22-1			其中：国家股	66-1		
固定资产合计	25			法人股	66-2		
无形及其他资产：				个人股	66-3		

续　表

资　　产	行次	期初数	期末数	负债及股东权益	行次	期初数	期末数
无形资产	26			外资股	66-4		
其中：商誉	26-1			法定公积金	66-5		
开办费	30			其中：资本公积金	67		
长期待摊费用	31			任意公积金	67-1		
无形及其他资产合计				集体福利基金	69		
待处理财产损失：				未分配利润	70		
待处理流动资产损失（减收益）	36			股东权益合计	75		
待处理固定资产损失（减收益）	37						
待处理资产损失合计	38						
资产合计	40			负债及股东权益合计	80		

（1）资产。资产可以是有形的，也可以是无形的，但都以统一的标准——货币来衡量。资产可分为流动资产、长期投资和固定资产等。

① 流动资产。流动资产是指在一年内或在正常营业周期内耗用或可以转变成现金的资产项目的总和。流动资产包括现金、适销证券、应收账款、应收票据、预付货款和存货等。现金包括公司所有的现款或银行里的活期存款。当公司现金过多而超过需要的持有量时，公司就把超额部分投资于短期的适销证券或商业票据。应收账款是由于赊销或分期付款引起的。应收票据是反映公司收到而尚未到期的收款和未向银行贴现的应收票据，包括商业承兑汇票和银行承兑汇票。通常，不论票据是否带有利息，都按票面金额入账。预付货款是指公司根据购货合同规定预付给供货单位或个人的货款，或多付给供货单位的款项，按实际发生额计价。存货包括原料、再加工产品和制成品。生产企业的存货通常包括原材料、再加工品和成品；而零售企业则只有成品库存。

② 长期投资。长期投资是反映公司向其他单位投入的期限在一年以上的资金，以及购入一年不能变现或不准备随时变现的股票和债券。长期投资是为了公司经营业务的多样化和扩大企业的规模或兼并其他企业而进行的投资。

③ 固定资产。固定资产是指以非出售为目的，在公司经营中长期存在并使用的各项资产。固定资产可分为有形固定资产和无形固定资产两大类。有形固定资产主要有土地、房屋和设备，以及自然资源，如矿山、油井、森林资源等；无形固定资产主要有专利权、版权、租赁权、商标、商誉等。

（2）负债。负债是公司所欠债权人的债务。负债又分为短期负债和长期负债两类。

短期负债是指必须在一年或超过一年的一个营业周期内偿还的债务。一般情况下，短期负债应以公司的流动资产作为偿还保证。公司短期负债主要包括短期借款、应付票据、应付账款、预收账款、未付股利、未缴税金、职工福利基金、其他应付款和预提费用等。

应付票据是公司出具的、表示拖欠持票人资金的期票。由于票据有规定的偿还期限，票据到期，公司就有偿还义务。应付票据包括带息应付票据和不带息应付票据两种。

应付账款是反映公司购买材料、商品或接受劳务应付而暂未付给供应单位的款项，是公司在商品交易活动中尚未结算的负债。应付账款的期限较短，如果一家公司购买原料作为存货，它可以有 30 天的时间延期付款。

预收账款是公司在提供商品和完成劳务以前预收的款项，一般应以短期内交付商品和完成劳务来抵偿。预收账款一般包括预收定金、预收租金、预收劳务费等。

未付股利是当公司正式宣布发放股利但尚未发放给股东的各种股利，它是公司具有约束力的负债。

未缴税金是公司某一会计期间应负担而尚未支付的各种税金，是公司对国家的负债，主要包括未交销售税金、未交所得税等。

职工福利基金是公司按照职工工资总额的一定比例从成本费用中提取，用于职工个人福利开支的消费性基金的期末余额。该项基金在尚未支付给职工个人之前是对职工的一种负债。

长期负债主要是公司为了扩大生产经营规模、兴建厂房、购买大型机器设备等向债权人筹措的长期可供使用的资金。长期负债主要包括长期借款和长期债券。长期借款是公司向金融机构、银行或其他单位借入的长期贷款。长期借款主要用于固定资产投资和技术改造，是公司可以在较长时期内使用的一种资金。长期债券是公司发行的表示一种长期负债，且必须在一定的时期内进行清偿的债务。

（3）股东权益。股东权益是指除去所有债务后公司的净值，它反映了全体股东所拥有的资产净值的情况。股东权益分为缴入资本（公司的股本）和留存收益两部分。股本是股份公司向社会发行股票所筹集的资本总额。股本为公司永久性的资本，通常不可退回。留存收益是公司生产经营所得的赢利，在资产负债表中主要表现为各种公积金和未分配利润等。

2. 利润表

利润表也称损益表，是指关于收益和损耗情况的财务报表。利润表是一定时期内经营成果的反映。利润及利润分配表是一个动态报告，它展示本公司的损益账目，反映公司在一定时间的业务经营状况，直接明了地揭示公司获取利润能力的大小和潜力，以及公司的经营趋势。利润表反映了两个资产负债表编制日之间公司财务赢利或亏损的变动情况，对投资者了解、分析上市公司的实力和前景具有重要的意义。

利润表主要由两大部分组成。第一部分是反映公司在某一会计期间所取得的利润大小及其构成情况，它反映在表 5-2 所示的主营业务收入到利润总额中；第二部分是反映利润分配情况及留存于公司可供营运使用的未分配利润的结余情况，这部分反映在表 5-2 所示的利润总额到未分配利润中。利润表的具体项目如表 5-2 所示。

表 5-2　利润表　　单位：元

项　　目	行　　次	金　　额
一、主营业务收入	1	
减：营业成本	2	
销售费用	3	
管理费用	4	
财务费用	5	
进货费用	6	
营业税金及附加	7	
二、主营业务利润	8	
加：其他业务利润	9	
三、营业利润	10	
加：投资收益	11	
营业外收入	12	
减：营业外支出	13	
四、利润总额	14	
减：少数股权（合并报表填列）	14-1	
加：年初未分配利润	15	
上年利润调整	16	
盈余公积金转入	17	
五、可分配利润	18	
减：应交所得税	19	
提取法定盈余公积金	20	
提取公益金	21	
提取资本公积金	21-1	
六、可供股东分配的利润	22	

续 表

项　　目	行　次	金　额
减：可分配优先股的利润	23	
提取任意公积金	24	
已分配普通股股利	25	
七、未分配利润	26	
八、补充资料：营业成本中存货变现损失准备提取数	27	

主营业务收入反映了公司主要经营业务的获利能力。对于大多数上市公司来说，主营业务收入是公司最主要的营业收入，一般占公司营业收入的绝大部分。

营业成本是公司为获取主营业务收入而必须支出的各项费用，主要包括产品销售费用、管理费用、财务费用及营业税金等。

公司销售费用主要包括销售产品所花费的广告费、销售人员的工资、推销费及一般办公费用等。

管理费用包括公用事业费用和其他非直接用于生产上的费用。

主营业务利润是主营业务收入减去营业成本的净值。主营业务收入增加和营业成本减少会使公司主营业务利润增加；反之，会使公司主营业务利润减少。

公司的利润还来自投资收益和营业外收支净额。投资收益是指公司对外投资所得的利润、股息、股利等，再扣除投资损失后的金额。营业外收支净额是指与公司生产经营无直接关系的各项收入减去各项支出的金额。营业外收入主要包括固定资产盘盈、处理固定资产收益、罚没款收入及无法支付的应付款等。营业外支出主要包括固定资产盘亏、处理固定资产损失、非常损失及职工劳动保险费支出和离退休职工的医疗保健、养老金等支出。营业外支出金额过大会使公司的赢利能力下降。

公司的利润总额由主营业务利润、公司投资收益、营业外收支净额等组成。公司的利润总额减去应交所得税，再提取公积金和公益金，剩余的资金才是可供股东分配的利润。公司分配股息后，剩余的利润就是未分配利润。未分配利润的权益也属于全体股东，公司可用这部分资金增加营运资金，扩大生产规模，以获取更多的利润。

3. 现金流量表

现金流量表是反映某公司在某一会计年度内的现金变化结果和财务状况变化原因的一种会计报表。现金流量表中的现金是指现金和现金等价物。现金主要是指库存现金和存入银行及其他金融机构的活期存款。现金等价物是指短期国库券、商业票据、货币市场资金等短期内能够变现的投资。现金流量是公司现金流动的金额，也是对公司现金流入量和流出量的总称。现金流入量减现金流出量的净额称为现金净流量。所以，现金流量表也就是反映公司一定时期内在各种经济业务活动中所发生的现金流量的一张动态会计报表。

编制现金流量表的目的是为会计报表使用者提供企业一定会计期间内现金和现金等价物流入和流出的信息，便于报表使用者了解和评价企业获取现金和现金等价物的能力，并据此预测企业未来的现金流量。表 5-3 中列出了现金流量表的具体内容。

表 5-3　现金流量表

项　目	行　次	年　度
一、经营活动产生的现金流量		
销售商品、提供劳务收到的现金	1	
收到的租金	2	
收到的增值税销项税额和退回的增值税款	3	
收到的除增值税外的其他税费返还	4	
收到的其他与经营活动有关的现金	8	
现金流入小计	9	
购买商品、接收劳务支付的现金	10	
经营租赁所支付的租金	11	
支付给职工及为职工支付的现金	12	
支付的增值税款	13	
支付的所得税款	14	
支付的除增值税、所得税外的其他税费	15	
支付的其他与经营活动有关的现金	20	
现金流出小计	21	
经营活动产生的现金流量净额	22	
二、投资活动产生的现金流量		
收回投资所得到的现金流量	23	
分得股利或利润所得到的现金	24	
取得债券利息收入所得到的现金	25	
处置固定资产、无形资产和其他长期资产而收回的现金净额	26	
收到的其他与投资活动有关的现金	30	
现金流入小计	31	

续 表

项　目	行　次	年　度
购建固定资产、无形资产和其他长期资产所支付的现金	32	
权益性投资所支付的现金	33	
债权性投资所支付的现金	34	
支付的其他与投资活动有关的现金	40	
现金流出小计	41	
投资活动产生的现金流量净额	42	
三、筹资活动产生的现金流量		
吸收权益性投资所收到现金	43	
发行债券所收到的现金	44	
借款所收到的现金	45	
收到的其他与筹资活动有关的现金	50	
现金流入小计	51	
偿还债务所支付的现金	52	
发生筹资费用所支付的现金	53	
分配股利或利润所支付的现金	54	
偿付利息所支付的现金	55	
融资租赁所支付的现金	56	
减少注册资本所支付的现金	57	
支付的其他与筹资活动有关的现金	62	
现金流入小计	63	
筹资活动产生的现金流量净额	64	
四、汇率变动对现金的影响额	65	
五、现金及现金等价物增加额		
1．不涉及现金收支的投资和筹资活动		
以固定资产偿还债务		
以投资偿还债务		
以固定资产进行长期投资		
以存货偿还债务		

续　表

项　　目	行　　次	年　　度
融资租赁固定资产		
2. 将净利润调节为经营活动的现金流量		
净利润		
加：计提的坏账准备或转销的坏账		
固定资产折旧		
无形资产摊销		
处置固定资产、无形资产和其他长期资产的损失（减：收益）		
固定资产报废损失		
财务费用		
投资损失（减：收益）		
递延税款贷项（减：借项）		
存货的减少（减：增加）		
经营性应收项目的减少（减：增加）		
经营性应付项目的增加（减：减少）		
增值税增加净额（减：减少）		
其他		
经营活动产生的现金流量净额		
3. 现金及现金等价物净增加情况		
货币资金的期末余额		
减：货币资金的期初余额		
现金等价物的期末余额		
减：现金等价物的期初余额		
现金及现金等价物净增加额		

现金流量表主要由三部分组成，分别反映公司在经营活动、投资活动和筹资活动中产生的现金流量。一般来讲，上市公司经营活动产生的现金流量应为正数，如果企业经营活动的现金净流量为负数，则公司可能出现与应收账款或存货上升相关的投入大于产出的不良循环，反映出公司营业利润存在不实。对投资活动来说，上市公司该项现金流量净额为负数是完全正常的，一家生产经营正常的企业，其投资活动产生的现金流入一般大大少于其现金流出。评估投资活

动产生的现金流量情况时要结合前后各期的现金流量表来评价。从中长期看，因投资而导致的现金流量减少可以给股东带来较多的回报。对筹资活动来说，上市公司除了拥有与其他企业所共有的贷款等间接融资功能，还具有直接融资功能，因此，一般而言，公司的筹资活动所产生的现金流量净额应为正数。但是，如果一家上市公司因种种原因丧失了直接或间接融资功能，或者由于偿还贷款等原因，其筹资活动产生的现金流量净额就可能为负数。

5.3.2 公司财务比率分析

一般来说，财务报表中单个数据的作用是有限的。通过财务比率来考察这些项目之间的关系会提供一种更有意义的分析。一个财务比率本身并不具有任何意义，而是必须将其放在公司的历史、行业、主要竞争对手及整体经济的背景下考察，其意义才能得以体现。财务比率本身不会回答证券分析的问题，但财务比率有助于投资者展开对公司的分析。

财务比率分析可以通过公司过去的资料、公司当年的计划预测资料、同业的先进资料或平均资料等几种标准比较后得出。比率分析涉及企业管理的各个方面，大致可分为公司偿债能力分析、资本结构比率分析、经营效率分析、赢利能力分析和投资收益分析五大类。

1. 公司偿债能力分析

① 流动比率分析。流动比率衡量公司在某一时点偿付即将到期债务的能力，反映公司短期偿债能力的高低，又称短期偿债能力比率。其计算公式为：

$$流动比率 = 流动资产 \div 流动负债 \times 100\%$$

一般而言，生产类上市公司最佳流动比率应该是 2。这是由于在流动资产中，变现能力最差的存货金额约占流动资产总额的一半，剩下的流动性较大的各类流动资产总额至少要等于流动负债，这样公司的短期偿债能力才会得到保证。但是，这样计算出来的流动比率只有与同行业平均流动比率、本公司历史的流动比率进行比较，才能知道这个比率是高还是低。

如果要分析流动比率高低的原因，则必须分析流动资产和流动负债所包括的内容及公司经营方面的因素。一般情况下，公司的营业周期、流动资产中的应收账款数额和存货的周转速度是影响流动比率的主要因素。

流动比率也并非越高越好。流动比率过高表示公司可能没有充分有效地运用资金，或者是由于存货的超储、积压过多所致。因此，流动比率过高并不一定表示公司财务状况良好。

② 速动比率分析。流动比率虽然可以用来评价流动资产总体的变现能力，但人们（特别是短期债权人）还希望获得比流动比率更能进一步反映变现能力的比率指标，这个指标被称为速动比率，也被称为酸性测试比率。

速动比率是从流动资产中扣除存货部分，再除以流动负债的比值。速动比率的计算公式为：

$$速动比率 = (流动资产 - 存货) \div 流动负债 \times 100\%$$

为什么在计算速动比率时要把存货从流动资产中剔除呢？主要原因有：流动资产中存货的变现速度最慢；由于某种原因，部分存货可能已损失报废但还未做处理；部分存货已抵押给某债权人；存货估价还存在成本与合理市价相差悬殊的问题。综合上述原因，在不希望企业用变卖存货的办法还债，以及排除使人产生种种误解因素的情况下，把存货从流动资产总额中减去后计算的速动比率，其反映的短期偿债能力更加令人信服。

人们通常认为正常的速动比率为 1，低于 1 的速动比率被认为是短期偿债能力偏低。这只是一般的看法，因为行业不同，速动比率也会有很大差别，速动比率没有一个统一的标准。例如，采用大量现金销售的商品，几乎没有应收账款，低于 1 的速动比率则是正确的；相反，一些应收账款较多的企业，速动比率可能会大于 1。

③ 已获利息的倍数分析。已获利息的倍数是指公司经营业务收益与利息费用的比率。其计算公式为：

$$已获利息的倍数 = (税后利润 + 所得税 + 利息费用) \div 利息费用$$

该指标用于衡量偿付借款利息的能力。已获利息的倍数越大，公司到期不能支付利息的风险就越小；反之，公司到期不能支付利息的风险就越大。一般认为，公司已获利息的倍数为 3 时，公司具有良好的偿付利息的能力。

④ 应收账款的周转率和周转天数分析。公司的应收账款在流动资产中具有举足轻重的地位。公司应收账款如能及时收回，公司的资金使用效率便能大幅提高。应收账款周转率是反映公司应收账款周转速度的比率，它说明公司应收账款流动的速度，即一定期间内公司应收账款转为现金的平均次数。用时间表示的应收账款周转天数也称平均应收账款回收期或平均收现期，它表示公司从获得应收账款的权利到收回款项、转换为现金所需要的时间。其计算公式为：

$$应收账款周转率 = 销售收入 \div 平均应收账款 \times 100\%$$

其中：

$$平均应收账款 = (年初应收账款余额 + 年末应收账款余额) \div 2$$

$$应收账款周转天数 = 360 \div 应收账款周转率$$

一般而言，应收账款周转率越高，平均收账期越短，说明应收账款的收回越快。否则，企业的营运资金会过多地呆滞在应收账款上，影响正常的资金周转。影响应收账款周转率正确计算的因素有：季节性经营的企业使用这个指标时不能反映实际情况；大量使用分期付款结算方式；大量的销售使用现金结算；年末大量销售或年末销售大幅度下降等。这些因素都会对该指标的计算结果产生较大影响。财务报表的外部使用人可以将计算出的指标与该企业前期、行业平均水平或其他类似企业相比较，判断该指标的高低，但仅根据指标的高低不能分析出上述各种原因。

⑤ 现金比率分析。现金比率是公司的货币资金和短期证券与流动负债的比率。现金比率能够准确地反映公司的直接偿付能力。其计算公式为：

$$现金比率 = (货币资金 + 短期证券) \div 流动负债 \times 100\%$$

一般认为，现金比率维持在 0.25 以上，说明公司有比较充裕的直接偿付能力。当公司面临支付工资或股息红利，或者集中进货需要大量现金时，现金比率就显示出其重要性。

2. 资本结构比率分析

① 股东权益比率分析。股东权益比率是股东权益总额与资产总额的比率。其计算公式为：

$$股东权益比率 = 股东权益总额 \div 资产总额 \times 100\%$$

该指标反映所有者提供的资本在总资产中的比重，反映公司基本财务结构是否稳定。一般来说，股东权益比率大比较好，因为所有者出资不存在像负债那样到期还本的压力，不至于陷入债务危机，但也不能一概而论。从股东方面来看，在通货膨胀加剧时期，企业多借债可以把损失和风险转嫁给债权人；在经济繁荣时期，企业多借债可以获得额外的利润；在经济萎缩时期，较高的股东权益比率可以减少利息负担和财务风险。股东权益比率高是低风险、低报酬的财务结构；股东权益比率低是高风险、高报酬的财务结构。

② 资产负债率分析。资产负债率是公司的负债总额除以资产总额的比率。资产负债率反映在总资产中有多大比例是通过借债筹集的，同时以衡量公司在资产清算时债权人有多少权益。资产负债率的计算公式为：

$$资产负债率 = 负债总额 \div 资产总额 \times 100\%$$

资产负债率是说明在公司每 100 元资产中，有多少是由负债构成的。通常，公司的资产负债率应控制在 50% 左右。由此看来，从公司债权人的立场上讲，债权人最关心借给公司的款项的安全性。因此，债权人希望公司的资产负债率越低越好，这样公司的偿付能力就有保证，借款的安全系数就高。从公司投资者的角度看，如果公司全部资本利润率高于借款利息率，则资产负债率越高越好；反之则越低越好。而从公司经营角度来看，如果资产负债率很高，且超出债权人的心理承受程度，公司就借不到钱。如果公司资产负债率很低，这说明公司在经营过程中比较谨慎，不轻易借款进行投资，或者是自有资金比较充足，暂时还不需要大规模的举债。

③ 股东权益与固定资产比率分析。股东权益与固定资产比率也是衡量公司财务结构稳定性的一个指标。它是股东权益总额除以固定资产总额的比率，用公式表示为：

$$股东权益与固定资产比率 = 股东权益总额 \div 固定资产总额 \times 100\%$$

该比率反映购买固定资产所需要的资金有多大比例来自所有者资本。由于所有者权益没有偿还期，它最适宜于为公司提供长期资金来源，满足公司长期资金需求。该比率越大，说明资本结构越稳定，即使长期负债到期也不必变卖固定资产等来偿还，保证了公司持续稳定经营的必要基础。当然，长期负债也可以作为购置固定资产的资金来源，所以并不要求该比率一定大于 1。但如果该比率过低，则说明公司资本结构不尽合理，财务风险较大。

3. 经营效率分析

① 存货周转率和存货周转天数分析。在流动资产中，存货所占的比重较大。存货的流动

性直接影响企业的流动比率，因此必须特别重视对存货的分析。存货的流动性一般用存货的周转速度指标来反映，即存货周转率或存货周转天数。其计算公式为：

$$存货周转率 = 产品销售成本 \div 平均存货 \times 100\%$$

其中：

$$平均存货 = (期初存货 + 期末存货) \div 2$$

$$存货周转天数 =360 \div 存货周转率 = 平均存货 \div 销货成本 \times 360$$

一般而言，公司存货的周转速度越快，存货的占用水平就越低，流动性越强，存货的变现速度越快。所以，提高存货周转率可以提高存货的变现能力。

分析存货周转率指标的目的是找出公司存货管理中存在的问题，从而提高存货管理水平，使存货管理在保证公司生产经营连续性的同时，尽可能少占用公司的经营资金，提高公司资金的使用效率，促进公司管理水平的提高。

② 固定资产周转率分析。固定资产周转率是销售收入与全部固定资产平均余额的比值。其计算公式为：

$$固定资产周转率 = 销售收入 \div 平均固定资产 \times 100\%$$

该比率是衡量公司利用现存厂房、机器设备等固定资产形成多少销售额的指标，反映公司固定资产的使用效率。由于受固定资产原值、存续时间、折旧等因素影响，不同企业的固定资产周转率有时会出现很大差异，所以这一指标一般只用于公司不同年份的纵向比较，而很少在不同公司之间做横向比较。

③ 总资产周转率分析。总资产周转率是销售收入与平均资产总额的比值。其计算公式为：

$$总资产周转率 = 销售收入 \div 平均资产总额 \times 100\%$$

其中：

$$平均资产总额 = (年初资产总额 + 年末资产总额) \div 2$$

该项指标反映资产总额的周转速度。总资产周转次数越多，周转天数越少，则表明公司全部资产的利用效率越高，公司的获利能力越强。

④ 股东权益周转率分析。股东权益周转率是销售收入与平均股东权益的比值。其计算公式为：

$$股东权益周转率 = 销售收入 \div 平均股东权益 \times 100\%$$

该指标说明公司运用所有者资产的效率。该比率越高，表明所有者资产的运用效率越高，营运能力也就越强。

⑤ 主营业务收入增长率分析。主营业务收入增长率是本期主营业务收入与上期主营业务收入之差同上期主营业务收入的比值。用公式表示为：

$$主营业务收入增长率 = (本期主营业务收入 - 上期主营业务收入) \div 上期主营业务收入 \times 100\%$$

4．赢利能力分析

① 销售毛利率分析。销售毛利率简称毛利率，是毛利占销售收入的百分比，其中毛利是销售收入与销售成本的差。其计算公式为：

$$销售毛利率=[（销售收入-销售成本）\div 销售收入]\times 100\%$$

该指标反映公司销售收入的获利水平。销售毛利指扣除销售成本、销售折让、销售折扣和销售退回之后的毛利额。销售毛利率表示每元销售收入剔除销售产品或商品成本后，有多少钱可以用于各项期间费用和形成盈利。毛利率是企业销售净利率的最初基础，没有足够大的毛利率，企业便不能赢利。

② 销售净利率分析。销售净利率是公司净利润占销售收入的百分比。其计算公式为：

$$销售净利率=净利润\div 销售收入\times 100\%$$

该指标反映每元的销售收入带来的净利润，表示销售收入的收益水平。销售净利率与净利润成正比，与销售收入成反比。企业在增加销售收入额的同时必须相应地获得更多的净利润，这样才能使销售净利率保持不变或有所提高。分析销售净利率的升降变动可以促使企业扩大销售，并注意改进经营管理，提高赢利水平。

③ 资产收益率分析。资产收益率是企业净利润与平均资产总额的百分比。资产收益率计算公式为：

$$资产收益率=净利润\div 平均资产总额\times 100\%$$

其中：

$$平均资产总额=（期初资产总额+期末资产总额）\div 2$$

该指标表明公司资产利用的综合效果，用于衡量公司运用全部资产获利的能力。该指标越高，表明资产的利用效率越高，说明企业在增加收入和节约资金使用等方面取得了良好的效果；否则相反。

④ 股东权益收益率分析。股东权益收益率是净利润与平均股东权益的百分比。其计算公式为：

$$股东权益收益率=（净利润\div 平均股东权益）\times 100\%$$

股东权益收益率不仅与股东的经济利益密切相关，而且对公司的生存和发展也十分重要。如果公司不能给股东提供足够的报酬，公司就难以维持现有的资产基础，更不用说通过吸引潜在的投资者来扩大资产规模了。

⑤ 主营业务利润率分析。主营业务利润率是主营业务利润与主营业务收入的百分比。其计算公式为：

$$主营业务利润率=（主营业务利润\div 主营业务收入）\times 100\%$$

该指标反映公司的主营业务获利水平，只有当企业主营业务突出、主营业务利润率较高的情况下，企业才能在竞争中占据优势地位。

⑥ 每股现金流量分析。每股现金流量是公司经营活动所产生的净现金流量减去优先股股利与流通在外的普通股股数的比率。其计算公式为：

$$每股现金流量=（经营活动所产生的净现金流量-优先股股利）\div 普通股股数$$

一家公司的现金流量越高，说明这家公司的每股普通股在一个会计年度内所赚得的现金流量越多；反之则表示每股普通股所赚得的现金流量越少。虽然每股现金流量在短期内比每股盈余更能显示公司在资本性支出和支付股利方面的能力，但每股现金流量绝不能用来代替每股盈余作为公司赢利能力的主要指标的作用。

5．投资收益分析

① 普通股每股净收益分析。普通股每股净收益是本年盈余与普通股流通股数的比值。其计算公式为：

普通股每股净收益 =（净利润 − 优先股股息）÷ 发行在外的加权平均普通股股数

我国《公司法》没有关于发行优先股的规定，所以普通股每股净收益等于净利润除以发行在外的股份总数。该指标反映普通股的获利水平，指标值越高，每一股份可得的利润越多，股东的投资效益越好；反之则越差。

② 股息派发率分析。股息派发率是普通股每股股利与每股净收益的百分比。其计算公式为：

股息派发率 = 每股股利 ÷ 每股净收益 ×100%

该项指标反映公司的股利政策，反映普通股股东从每股的全部净收益中分得部分的多少。对这一指标的评价很大程度上取决于投资者注重现金分红还是注重公司的发展潜力。一般而言，如果作为短期投资，注重现金分红者应选择股利派发率比较高的股票；注重公司发展潜力者则应选择股利派发率不是很高的股票，因为这预示着该公司正在将资金再投资于好的发展项目，从而将使其未来的利润增长具有较大的动力，投资者从这类股票中往往能获得较好的投资收益。

③ 市盈率分析。市盈率是每股市价与每股税后净利的比值。其计算公式为：

市盈率 = 每股市价 ÷ 每股净利

该指标是衡量上市公司赢利能力的重要指标，反映投资者对每股净利润所愿支付的价格。一般而言，市盈率越低越好。市盈率越低，表明公司股票的投资价值越高。但也有观点认为，市盈率高说明公众对该股票的评价高。市盈率在市场过热、投机气氛浓郁时，常有被扭曲的情况，投资者应特别小心。

④ 每股净资产分析。每股净资产是净资产除以发行在外的普通股股数的比值。用公式表示为：

每股净资产 = 净资产 ÷ 发行在外的普通股股数

其中：净资产为资产总额与负债总额之差，即所有者权益。

该指标反映了每股普通股所代表的所有者权益额。对于投资者而言，该指标使他们了解每股的权益。

⑤ 投资收益率分析。投资收益率是公司投资收益除以平均投资额的比值。用公式表示为：

投资收益率 = 投资收益 ÷（期初长、短期投资 + 期末长、短期投资）÷2

该指标反映了公司利用资金进行长、短期投资的获利能力。

5.4 其他重要因素分析

公司分析除了对公司的基本素质分析和财务分析，为了保证对公司做出较为客观的、全面的内在价值评价，还必须对影响公司分析的其他一些重要因素进行分析，具体内容如下。

5.4.1 投资项目分析

股票价格的高低取决于公司的报酬率和风险，而投资项目是决定企业报酬率和风险的重要因素。因此，投资项目分析对于判断公司的发展前景和投资价值是至关重要的。判断公司的投资项目可以从以下几个方面入手。

1. 投资项目与公司目前产品的关联程度

通过分析投资项目与公司目前产品的关联程度，可以判断该公司的经营战略是进一步扩大生产规模、降低成本，还是进行技术创新、提高产品竞争力；是延长产品线、向上游延伸，还是进行产业转移、逐步从现有的处于衰退的产业中退出、进入新行业。

2. 投资项目是新产品

如果投资项目是生产新产品，这就需要进一步分析该产品的市场前景，并从其技术含量、进入壁垒等方面分析投资项目的市场竞争优势。

3. 投资项目的现金流

分析投资项目建设期和回收期的现金流，特别是投资项目后续资金的来源对公司财务状况的影响，分析公司进一步筹资的能力。

4. 投资项目的收益和风险分析

对投资项目的收益和风险进行定性和定量分析。定性分析主要是市场分析，定量分析可以用风险调整贴现法和肯定当量法对投资收益指标进行调整。

5.4.2 资产重组

资产重组是公司通过资本运营谋求调整、发展的一种重要途径，其目标通常与公司的战略息息相关。资本市场上的资产重组方式包含了公司扩张、公司调整、公司所有权和控制权转移三种行为。这三种重组行为基于不同的重组目的组合成不同的重组方式，不同的重组方式对上市公司的影响不同。

1．扩张型资产重组

扩张型资产重组是指以扩大公司经营规模和资产规模为目的的重组行为。它主要包括以下内容。

① 购买房地产、债券、业务部门、生产线、商标等有形或无形资产。收购方不承担与该部门资产有关联的债务和义务。

② 收购公司。通常是指获取目标公司全部股权，使其成为全资子公司或获取大部分股权且处于绝对控股或相对控股地位的重组行为。

③ 收购股份。一般是指不获取目标公司控制权的股权收购行为，而是只处于参股地位。

④ 合资或联营组建子公司。通过该方式将公司与其合作伙伴联系起来以获得共同的竞争优势。

⑤ 公司合并。公司合并指两家以上的公司结合成一家公司，原公司的资产、负债、权利和义务由新设或存续的公司承担。

通过这种扩张型资产重组，公司可以扩展产品市场份额，或者进入其他经营领域，但其重组的效果受被收购兼并方生产及经营现状影响较大，磨合期较长。

2．调整型资产重组

调整型资产重组包括以下内容。

① 不改变控制权的股权置换。其主要目的是实现公司控股股东与战略伙伴之间的交叉持股，以建立利益关联。

② 股权—资产置换。股权—资产置换指公司的原有股东以出让部分股权为代价使公司获得其他公司或股东的优质资产。

③ 不改变公司资产规模的资产置换。

④ 缩小公司规模的资产出售。缩小公司规模的资产出售指公司将其拥有的某些子公司、部门、产品生产线、固定资产等出售给其他经济主体。

⑤ 公司分立。公司分立指公司将其资产与负债转移给新设立的公司，新公司的股票按比例分配给母公司股东，从而在法律上和组织上将部分业务从母公司分离出去，形成一个与母公司有着相同股东的新公司。

⑥ 资产配负债剥离。资产配负债剥离指将公司资产负债表中的资产配上等额的负债，一并剥离出公司母体，划给接受方。

分析调整型资产重组对公司业绩和经营的影响，首先要鉴别“实质性重组”和“报表性重组”，两者区别的关键是看该公司是否进行大规模的资产置换或合并。实质性重组一般要进行公司资产的大规模置换，常常伴随控制权、管理层和主管范围根本性的变化，其经营与业绩的改善和提高往往能取得立竿见影的效果；报表性重组一般不进行大规模的资产置换或合并，因此重组后报表上的业绩指标可能提高了，但偿债能力、资产管理能力、股本扩张能力、成长性和主营业务状况等方面的综合实力并没有得到实质性的提高。

3．控股股权变更型资产重组

公司的所有权与控制权变更是公司重组的最高形式。常见的控制权转移的主要方式包括以下几个方面。

① 股权协议转让。股权协议转让指股权的转让与受让双方不通过交易所系统集合竞价的方式进行买卖，而是通过面对面的谈判方式，在交易所外进行交易。

② 公司股权托管和公司托管。公司股权托管和公司托管指公司股东将其持有的股权以契约的形式，在一定条件和期限内委托给其他法人或自然人，由其代为行使对公司的表决权。

③ 股份回购。股份回购指公司用现金、或以债权换股权、或以优先股换普通股的方式购回其流通在外的股票。

④ 表决权信托与委托书收购。前者是许多分散的股东集合在一起设立信托，将自己拥有的表决权集中于受托人，使受托人可以通过集中股权实现对公司的控制；后者则是中小股东通过征集其他股东的委托书召集临时股东大会，并达到改组公司董事会以控制公司的目的。

⑤ 交叉控股。交叉控股指母公司和子公司之间互相持有绝对控股权或相对控股权，使母公司和子公司之间可以互相控制运作。

对控股股权变更型资产重组而言，由于控制权的变更并不代表公司的经营业务活动必然随之发生变化，因此控制权变更后必须进行相应的经营重组，这样才会对公司经营和业绩产生显著效果。

总之，在分析资产重组对公司业绩及经营的影响时，应该区分资产重组的不同类型，鉴别报表性资产重组和实质性资产重组，并密切关注重组后企业的整合情况。

5.4.3 关联交易

关联交易是指公司与其关联方之间发生的交换资产、提供商品或劳务的交易行为。关联交易按交易性质可分为经营活动中的关联交易和资产重组中的关联交易。前者符合一般意义上的关联交易概念，后者则具有明显的中国特色。经营活动中的关联交易主要包括关联购销、费用负担的转嫁、资产租赁、资产占用、信用担保、研究和开发经费的转移、许可协议、关键管理人员的报酬等。资产重组中的关联交易主要有资产转让和置换、托管经营、承包经营、合作投资、相互持股等。

从理论上说，关联交易属于中型交易，它既不属于单纯的市场行为，也不属于内幕交易的范畴，其主要作用是降低企业的交易成本，促进生产经营渠道的畅通，提供扩张所需优质资产，有利于实现利润最大化。但在实际操作中，关联交易有其非经济特性。与市场竞争、公开竞价的方式不同，关联交易价格可由关联交易双方协商决定，这使关联交易可能成为公司调节利润、避税和为一些部门及个人获利的途径，侵害了中小股东的利益。

分析资产重组中的关联交易对公司经营和业绩的影响时，需要结合重组目的、重组所处的阶段、重组方的实力、重组后的整合等做具体分析。如果上市公司重组目的带有短期化的倾向，而这种目的是企业短期业绩的改观、配股融资能力的增强等，企业经营现状的改变将是非实质性的。另外，重组后能否带来预期收益还要看后期整合的结果。总体上看，带有关联性质的资产重组，由于其透明度低，所以更需要进行较长时期的、仔细的跟踪分析。

总之，在分析关联交易对上市公司业绩和经营的影响时，要注意交易价格的公平性、关联交易资产的质量，以及该资产占公司资产的比重、关联交易利润的持久性、关联交易的信息披露是否规范、关联交易可能给上市公司带来的隐患等。

复习与实训

一、名词解释

1. 资产负债表　　2. 利润表　　3. 现金流量表

二、简述题

1. 公司基本素质分析的基本内容。
2. 公司主要财务报价表的基本结构。
3. 资产重组的类别与含义。
4. 投资项目分析的基本内容。

三、分析题

1. 公司主要财务报表的功能与作用。选择一家上市公司年报，对其进行全面的财务分析并做出结论。
2. 公司财务比率分析的主要方面及主要指标含义。
3. 不同类别的资产重组行为对上市公司的业绩和经营会产生什么影响。

第 6 章　证券投资技术分析概述

6.1　技术分析的内涵

6.1.1　技术分析的定义

技术分析是以证券市场过去和现在的市场行为为分析对象，运用图表、形态、逻辑和数学的方法，探索证券市场已有的一些典型变化规律，并据此预测证券市场未来变化趋势的技术方法。与基本分析相比，技术分析对市场的反映比较直观，分析的结论时效性较强。因此，就我国现实市场条件来说，技术分析更适用于短期的行情分析。

技术分析运用广泛的数据资料，并采用各种不同的数据处理方法，所以受到投资者的重视和青睐。技术分析方法不仅适用于证券市场，还被广泛应用于外汇、期货和其他金融市场。

6.1.2　技术分析的理论基础

作为一种投资分析工具，技术分析能够预测证券市场的未来变化趋势是以一些假设条件为前提的。如果这些假设条件不成立，技术分析就失去了存在的基础。这些假设是市场行为涵盖一切信息、证券价格沿趋势移动与历史会重演。

1．市场行为涵盖一切信息

“市场行为涵盖一切”是从英文“Everything Is Discounted And Reflected In Market Prices”直译而来的。技术分析人士在实际分析时都是利用价格与供求关系的互相关联进行分析和预测。如果供不应求，价格则会上升；如果供过于求，价格就会下跌。这种关系是进行预测的基础。从这种必然的关系上，技术分析人士推出一个“逆定理”：无论什么原因，如果价格上涨，需求必定超过供给，体现在股市上就是整个股市为多头市场；反之亦然。因此，供需关系决定市场走势。

通常，技术分析人士并不关注价格上涨或下跌的原因，而只关注价格上涨或下跌本身将带来的结果。也就是说，在根据价格的上涨或下跌来预测市场价格变化的趋势时，技术分析人士并不关注该市场行为形成的原因，而只关注该市场行为会给价格的变化带来怎样的影响。

虽然市场行为包括了一切信息，但市场行为反映的信息同原始的信息毕竟有一些差异，信息损失是必然的。正因为如此，在进行技术分析的同时，还应该适当进行一些基本分析和其他方面的分析，以弥补技术分析的不足。

2. 证券价格沿趋势移动

这一假设是进行技术分析最根本、最核心的条件。该假设的表述可以借鉴牛顿第一定律，即证券价格的运动是按一定规律进行的，如果没有外力的影响，价格将保持原来的运动方向。技术分析法认为，证券价格的运动反映了一定时期内供求关系的变化，供求关系一旦确定，证券价格的变化趋势就会一直持续下去，只要供求关系不发生根本改变，证券价格的走势就不会发生根本变化。虽然一切基本因素的确通过供求关系影响证券价格和成交量，但证券价格最终要受到其内在价值的影响。

3. 历史会重演

这一假设是从统计学和人的心理因素方面考虑而提出的。从心理学角度看，在进行分析时，一旦遇到与过去相同或相似的情况，交易者最迅速和最容易想到的方法是与过去的结果做比较。如果某个交易者在之前的类似情况下按某种方式进行交易并取得成功，那么以后遇到相同或相似的情况时，他就会按同一方式进行交易；如果前一次失败了，他在后面就会采取不同于前一次的交易方式。所以技术方法认为，对重复出现的某些现象的结果进行统计，得到成功和失败的概率，这对具体的投资行为也是具有指导作用的。需要指出的是，历史的重演绝不是简单的、机械地重复，投资者要学会从重演现象中看到支持重演的本质。

6.1.3 技术分析的特点

技术分析以数学方法为基础，注重数量与形态的变化，研究判断股市走势。技术分析方法不仅可以使投资者知道如何判断大势，避免逆势操作，而且可以指导操作者按其个性化的投资理念做到赚多赔少。虽然技术分析方法不可能百发百中，但其分析方法清晰、明了、科学性强，尤其受短线投资者的青睐。

技术分析法具有以下几个方面的特点。

① 量化指标特性。技术分析能提供量化指标，可以指示出行情转折之所在。

② 趋势追逐特性。技术分析指导操作者如何追逐趋势，并非创造趋势或引导趋势。

③ 真实直观特性。技术分析所提供的各类图形是历史轨迹的记录，无虚假与臆断之弊端。尤其现代信息技术的发展为技术分析提供了更大的发展空间。

6.1.4 技术分析的要素

技术分析是对证券的市场行为所做的分析。证券的市场行为就是证券在市场中的表现，是对某个证券在市场中具体表现的说明和描述。市场行为的具体内容包括证券价格取值的高低、价格变化幅度的大小、价格发生这些变化所伴随的成交量的大小、价格完成这些变化所经过的时间的长短。

在技术分析中，量价关系是基本要素，收盘价与收盘指数是最重要的价格和指数，而成交量则是确定价格走势的重要保证。在某一时点上的价和量反映的是买卖双方在这一时点上共同的市场行为，是买卖双方所达成的暂时均衡点。随着时间的变化，均衡点会发生变化，也就是价和量的关系发生变化。买卖双方对价格的认同程度可以通过成交量的大小来判断，伴随成交量大的价格变化，为投资者提供的“信息量”就大，越值得投资分析人员重视。分析成交量大的价格变化要比分析成交量小的价格变化重要得多。

时间因素和空间因素是市场行为的其他表现形式。时间因素体现的是事物发展的周而复始的特性。时间既可以消耗能量，又可以积蓄能量。一个已经形成的趋势在短时间内不会发生根本改变，中途出现的反方向波动对原来趋势不会产生大的影响。但随着时间的推移，双方的力量将发生变化，价格的运动趋势也会改变。空间因素所体现的是价格波动大小的极限。不同的证券，或者同一证券在不同的时期，其波动变化的空间是不同的。了解价格波动大小在空间方面的规律对于进行具体的投资是有好处的。总之，对于时间和空间的研究可以明确价格变动趋势的深度和广度。

综上所述，价格、成交量、时间和空间是技术分析的四维变量，四者缺一不可。一切技术分析方法都以价、量、时、空为研究对象，通过分析四者之间关系的变化研究证券市场的运动规律。

6.2 技术分析的分类

技术分析的分类方法多种多样，一般来说，可以将常用的技术分析方法分为量价关系分析法、图示分析法和技术指标分析法三大类。

6.2.1 量价关系分析法

成交量和价格是市场行为最基本的表现。成交量和价格的关系是进行技术分析所必须考虑的问题。在某一时点上的价和量反映的是买卖双方在这一时点上共同的市场行为，是双方的暂时均势点，随着时间的变化，均势会不断发生变化，这可以通过量价关系的变化反映出来。一般来说，买卖双方对价格的认同程度可以通过成交量的大小得到确认，即认同程度大，成交量大；认同程度小，成交量小。买卖双方的这种市场行为反映在价和量上往往呈现这样一种规律：价升量增，价跌量减。根据这一规律，当价格上升时，成交量不再增加，意味着价格得不到买方确认，价格的上升趋势就会改变；反之，当价格下跌时，成交量萎缩到一定程度就不再萎缩，意味着卖方不再认同价格继续下降，价格下跌趋势就会改变。成交价与成交量的这种规律关系是技术分析的合理性所在。

上面所描述的价量关系理论是一种定性说法，在实际应用价量关系理论时还存在一个定量的问题。要判断价量是否配合其实是一个很困难的问题，我们必须从不确定的信息中做出确定的判断。其实，几乎所有的经济科学领域都会涉及类似的问题，而对形势的正确判断正是区别专家和非专家的关键。

6.2.2　图示分析法

图示分析法就是按一定的图形将股价的变化描述出来，以此判断股价未来变化趋势的一种方法。常见的图示分析法有 K 线分析方法、切线分析方法、形态分析方法、波浪分析方法等。

1．K 线分析方法

K 线分析方法是以一定的方式对一定时间内证券价格的最高价、最低价、开盘价和收盘价等关键价位加以记录，形成 K 线，然后通过对若干 K 线组合加以分析，进而推测证券市场多方和空方力量的对比及证券价格走势的一种方法。

除 K 线外，这一类型的方法还应该包括宝塔线、OX 线、新价线、等量 K 线等。不过从实际的使用情况看，K 线组合形态是这一类型方法中最具有代表性的方法，也是使用最方便的方法。当前，关于 K 线理论的内容已经比较完整。

2．切线分析方法

切线分析方法是按一定方法和原则在由股票价格的数据所绘制的图表中画出一些直线，然后根据这些直线的情况推测股票价格的未来趋势，这些直线就叫切线。切线主要起支撑和压力的作用。支撑线和压力线的往后延伸位置对价格趋势起一定的制约作用。著名的支撑压力线有趋势线、通道线、黄金分割线、速度线等。

3．形态分析方法

形态分析方法是根据价格在波动过程中留下的轨迹的形状来判断多方和空方力量的对比，进而预测价格未来的趋势的方法。技术分析的假设之一是市场行为包括了一切信息。价格走过的形态是市场行为的重要部分，是证券市场对各种信息感受之后的具体表现。从价格轨迹的形态中，我们可以推测出证券市场中多方和空方力量的对比和优势的转化，明白当前的市场处在一个什么样的大环境之中。形态分为反转、持续和缺口三种大形态类型。著名的形态有 M 头、W 底、头肩形、三角形等十几种。

4. 波浪分析方法

波浪理论是由美国人艾略特提出的。艾略特把股价上升与下降，以及不同时期的持续上涨与下跌看成是像波浪一样的上下起伏。波浪的起伏遵循自然界的规律，股价的运动遵循波浪起伏的规律。简单地说，股价的运动符合上升 5 浪、下跌 3 浪，数清了各个浪就能准确地预见：跌势已近尾声、牛市即将来临，或者牛市已是强弩之末、熊市即将来到。

波浪理论中广泛地运用了斐波纳奇数列。这个数列有很多特殊的性质。这一数列中的数字对股价上升或下降的幅度与周期，以及发生转折的时间幅度的预测有很强的实用性。

波浪理论与其他技术分析方法的最大区别是它能提前很长时间预测行情的底与顶，而其他分析方法往往要等到新的趋势已经形成之后才能看到。但是，波浪理论又是被公认的最难掌握的技术分析方法。

6.2.3 技术指标分析法

技术指标分析法就是通过建立一定的数学模型对原始数据进行处理，得出内在特征的数字即指标值，然后把指标值绘成图表，并通过指标值的具体数值和数值之间的相互关系对比确认市场处于何种状态，从而为投资者的交易行为提供指导性建议。技术指标所表示的内涵往往从原始数据上很难看出来，作为一种定量分析方法，技术指标法克服了定性分析方法的不足。

技术指标分析法与其他分析方法都有一个共同的特点，就是过分重视价格而忽略了对成交量的分析，这使分析的可信度有所降低。另外，任何技术指标都有自己的适应范围和应用条件，得出的结论也都有成立的前提和可能发生的意外，所以在应用指标分析法进行分析时应将若干互补性的指标综合起来运用，同时充分考虑其他分析方法的基本结论。

世界上已经存在的技术指标数量繁多，主要指标可以分为超买超卖型指标、趋势型指标、能量型指标、大势型指标及其他型指标五大类。

6.3 应用技术分析时应注意的问题

1. 必须与基本面分析结合起来应用

基本面分析主要用于提供投资的方向，而技术分析主要提供买卖的时机。运用技术分析时，应注意结合基本面分析，即参考和利用基本面分析所得出的预测性信息和数据，调整和修改技术分析的结论。同时，注重对大势的研究判断，不要为短期的波动所困扰。

另外，对于一些处在发展阶段的不成熟股市及投机性较强的股市，由于市场突发消息较多，人为操纵的因素较大，股价走势受外部力量影响也较大，而且由于技术分析本身的一些缺陷，仅靠过去和现在的资料与图表研究判断股价走势是不全面的，往往也是不可靠的。因此，一个成熟的投资者应该将技术分析和基本分析结合起来对股价走势进行研究判断。

2. 注重多种技术分析理论和指标的综合研判

由于技术分析的理论和指标很多，它们从不同角度、不同侧重点对股价走势进行分析，而且每种理论和指标都有其本身的缺陷和局限，因此单独使用某一种理论或指标对股市进行分析，就具有很大的盲目性和局限性，甚至还会产生一些失误。所以，成熟的投资者应该尽量多地掌握一些技术分析理论和指标，将它们结合起来，发挥各自的优点，避免各自的缺陷，这样对股价走势的判断才会比较准确。

3. 尽量使用熟悉的技术分析理论和指标

由于技术分析理论和指标都有各自不同的产生原理、计算方式和分析手段，它们分析的功能和要点也存在差异。投资者如果不熟悉某一分析理论或指标的有关内容，盲目地使用其进行分析，势必不能达到理想的效果，甚至会出现失误。因此，投资者应尽量使用自己熟悉的技术分析理论和指标。

6.4　技术分析图表简介

6.4.1　K 线或日本线

K 线又被称为蜡烛图或日本线，据说起源于 18 世纪日本的米市，当时日本的米商用来表示米价的变动，后因其标画方法具有独到之处，因而在股市及期市中被广泛引用。它是以每个交易日（或每个分析周期）的开盘价、最高价、最低价和收盘价绘制而成。一根 K 线记录的是股票在一天内的价格变动情况。将每天的 K 线按时间顺序排列在一起，就组成了股票价格的历史变动情况，叫作 K 线图（见图 6-1）。K 线将买卖双方力量的增减与转变过程及实战结果用图形表示出来。经过近百年的使用与改进，K 线理论被投资人广泛接受。

图 6-1　分析软件中的 K 线图

单根 K 线是一条柱状的线条（见图 6-2），由影线和实体组成。中间的矩形称为实体，影线在实体上方的细线叫上影线，下方的细线叫下影线。实体分阳线和阴线。K 线可以分为日 K 线、周 K 线、月 K 线，在动态股票分析软件中还常用到分钟线和小时线。K 线是一种特殊的市场语言，不同的形态有不同的含义。K 线的画法及其他相关内容将在后续章节中详细介绍。

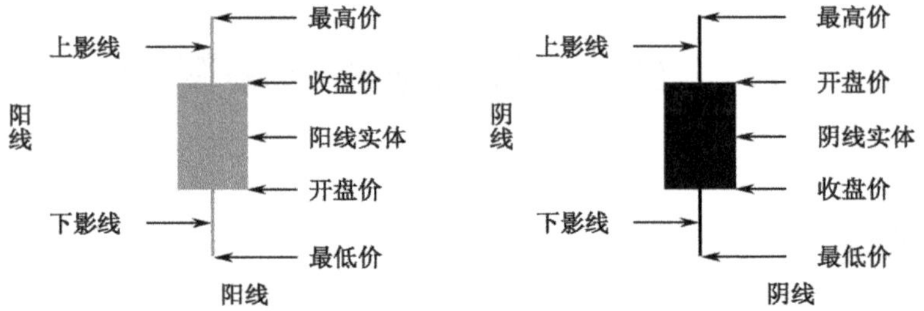

图 6-2　单根 K 线图

6.4.2　棒线或美国线

棒线又称美国线，主要流行于欧美地区的股票市场，在我国使用很少。看盘软件通常在技术指标区域画出美国线表示的每日行情作为技术分析的辅助。在判断趋势的时候，棒线图比 K 线图具有一定的优势，但基本内容与 K 线理论类似，投资者可结合 K 线来理解棒线。

在棒线图中（见图 6-3），中间竖立的线表示交易区域，即当日的最高价到当日的最低价之间的价格区域。左边的横短线所在的位置是开盘价的位置，右边的横短线所在的位置是收盘价的位置。

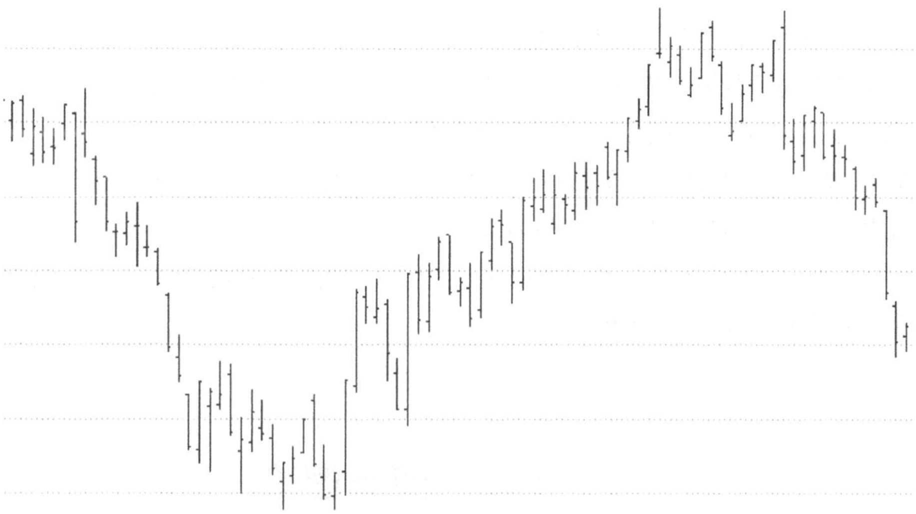

图 6-3　分析软件中的棒线

收盘价是投资者更为看重的价格，棒线图中有时不画开盘价，此时就得到无开盘价的棒线图。

6.4.3　收市价线

收市价线（见图 6-4）是各种股价线中最简单和最基础的一种。这种股价线是以时间为横轴，以股票价格为纵轴，将每时刻的收盘价依次连接，于是形成收市价线。

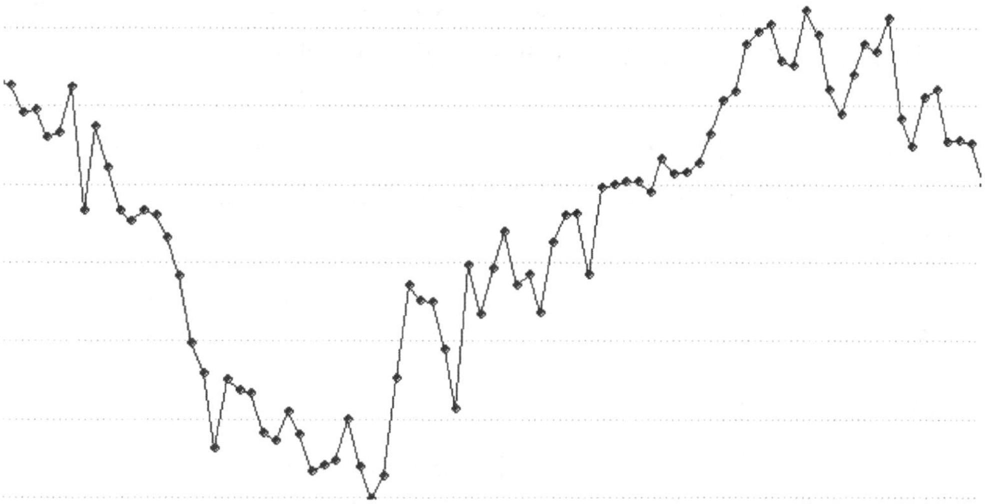

图 6-4　分析软件中的收市价线

收市价线按照所计算的时间不同又可分为分钟收市价线、日收市价线和周收市价线三种，其中常用的是日收市价线和分钟收市价线。分钟收市价线又被称为分时线，它在各类股市分析软件中常常用于对每日行情走势的描述和分析，这种图形就是分时走势图。

收市价线是股市技术分析中常见的一种价格曲线，它具有以下两个特点。

① 简单直观。收市价线每时刻只有一个数据，是一种按时间先后排列的价格曲线，它能将股价的走势形态简单清楚地表达在投资者面前。

② 通俗易懂。收市价线只需将每时刻的收盘价依次连接，就能表示出股价的简单走势，使投资者能立即观察到股价当前的价格和走势。

6.5 道氏理论

6.5.1 道氏理论的形成过程

道氏理论由查尔斯·亨利·道创立，并由其追随者纳尔逊、门生汉密尔顿等人继承、完善并发扬光大。

道是纽约道·琼斯金融新闻服务的创始人、《华尔街日报》的创始人及其首位编辑。他曾在股票交易所大厅里工作过一段时间。通过对股票价格日常波动的长期精心研究，他发现了股价波动与海潮波动有种相类似的规律，并在《华尔街日报》上发表了大量有关纽约股票市场的文章，初步形成了一套研究股票市场变动规律的理论。

1903 年，即道去世一年后，《华尔街日报》的记者纳尔逊将道的见解和文章进行收集、整理，并编辑成书，书名为《股市投机常识》。书中专门阐述了道的理论，第一次提出了“道氏理论”的概念。

1903—1929 年，道氏的助手和接班人汉密尔顿根据道氏概念继续研究并解释股价变动趋势，撰写了大量有关道氏理论的文章，出版了《股市晴雨表》一书，将道氏理论系统化，最终使道氏理论得以确立。

6.5.2 道氏理论的主要内容

1. 道氏理论的基本要点

道氏理论的基本要点是，在任何时候，股市运动都存在三种互相协调的趋势，即长期趋势、中期趋势和短期趋势。道氏描述股票市场的运动就像海水涨潮一样，长期趋势犹如浪潮，中期趋势犹如波浪，短期趋势犹如波纹。

（1）长期趋势。长期趋势也称主要趋势、基本趋势，是指连续 1 年或 1 年以上的股价变动趋势，包括上升股市与下跌股市两部分。长期趋势可持续 1 ~ 4 年，其中上升的股市称为牛市或多头市场，平均经历 25 个月，最长约有 40 个月，最短也达 15 个月；下跌的股市称为熊市或空头市场，平均经历 17 个月，最长约 24 个月，最短也有 11 个月。

1）上升股市。

① 恢复阶段。在恢复阶段，由于整个宏观经济形势和上市公司财务状况逐渐好转，投资者开始看好股市，股价也从最低水平开始回升。不过，投资者还是对股市心存戒心。因此，成交量只是缓慢增加，股价也只是随之慢慢上升。整个股票市场的交易还不是很活跃。

② 上升阶段。随着宏观经济形势和上市公司的财务状况进一步好转，投资者的信心开始增强，股票交易日趋活跃，成交量随之扩大，股价持续上升并可维持较长一段时间。

③ 高涨阶段。随着大量资金的涌入，股市成交量剧增，股价涨升达到一个高峰，投资者争抢强股，市场一片繁荣。但是，在繁荣的背后，股市开始渐渐隐藏危机，此时的股价水平已与其内在价值严重背离，绩差股鸡犬升天，而绩优股股价高位滞胀，市场初露空头市场的端倪。

2）下跌股市。

① 危机阶段。到了危机阶段，股价上升已趋力竭，买气逐渐减弱，成交量逐步减少，敏感的投资者和部分主力开始抛售股票并获利了结。虽然还有一般的投资者在买进股票，市场交易投资还很炽热，但已有逐渐降温的迹象。

② 恐慌阶段。当部分主力抛售大量股票而使股价逐步下跌时，大多数投资者对股票的信心开始动摇，便竞相抛售股票，卖方力量剧增，而另一部分投资者在持币观望，买气渐弱，因而股价急速下跌。

③ 悲观阶段。随着股市的急速下跌，同时市场传闻各种坏消息，投资者的信心丧失，进一步抛售股票，股价下跌以致不可收拾。在这一阶段后期，股价下跌趋缓，一些投资者开始进场补进绩优股票，市场又显出多头市场的先兆。

（2）中期趋势。中期趋势也称次级趋势，是指在上升的主要趋势中出现的中期回挡下跌或在下跌的主要趋势中出现的中级反弹回升。中期趋势经常与长期趋势的运行方向相反，并对其产生一定的牵制作用，因而也将其称作股价的修正趋势。

中期趋势是对长期趋势正常而且必要的整理形态。它是对股价暴跌暴涨在技术上的修正，修正幅度一般为长期趋势变动幅度的 1/3 ~ 2/3。通常，一个长期趋势中总会出现两三次中期趋势，一次中期趋势持续的时间可达两周至数月。中期趋势一般并不改变长期趋势的发展方向。当股市出现回挡下跌或反弹上升时，及时区分是中期变动还是长期趋势的根本转向是很重要的，但也是比较困难的。

（3）短期趋势。短期趋势亦称日常趋势，是指股价的每日波动。短期趋势短则持续数小时，长则持续数日，但最多不超过六天。短期趋势一般受各种信息和人为因素的影响，往往难以预测其变动幅度。这与中长期趋势存在本质上的不同。

道氏理论关于股市运动的三种趋势是密切关联的。具体表现在两个方面。

第一，从趋势组合看，中期趋势通常由三个或三个以上的短期趋势组成，长期趋势中则出现两三次中级趋势。

第二，从变动趋势看，当中期趋势下跌时，其谷底一个比一个高，表示长期趋势仍将上升；当中期趋势上升时，其波峰一个比一个低，表示长期趋势仍为下跌。

2. 道氏理论的其他分析方法

① 平均指数包容消化一切。道氏创建的平均指数是通过选择一些具有代表性的股票的平均价格来反映总体证券市场的状况，这就为现有的各种指数奠定了基础。虽然各种指数的计算方法不尽相同，但基本思想都是来源于道氏的平均指数，美国至今仍在沿用的道·琼斯指数就是最好的说明。

平均价格指数能够全面地反映股票市场的变化，无数投资者的各种行为综合起来，集中地体现在平均指数上，价格消化了各种已知的、可预见的事情及各种可能影响股票供给或需求的情况。即使天灾人祸，当其发生以后也能被市场迅速消化，通过价格的变化将其吸收。

平均指数包容消化一切实际上是技术分析的三个前提之一，即市场行为包容消化一切，因为市场行为最终要通过平均指数体现出来。“股市是国民经济的晴雨表”，平均指数的波动状况反映了经济状况，“晴雨表”的这一功能是超前的，可以提前预测经济的发展变化，这是道氏创建平均指数后强调的最主要的功能。当然，平均指数对市场也具有强大的分析预测功能，它可以预测市场的基本运动，并且可以把基本运动与次级运动加以区别，从而根据平均指数进行交易。

② 两个指数必须相互验证。就同一个股票市场来说，某一单独的指数产生的变化不足以构成整个市场趋势改变的信号。道氏创建的道·琼斯指数由工业平均指数和铁路平均指数构成，除非两个指数都发出看涨或看跌的信号，否则市场的基本运动方向仍然处于不确定的状态。如果其中一个指数上涨，另一个指数没有呼应而是继续下降，那么整个市场就不能被这一上涨的指数带动起来，这一过程迟早会结束，上涨的指数仍会回到下降之中。如果两个指数朝着同一个方向运动，那么市场运动方向的判定就顺理成章了。在我国，由于沪深两市相互影响，我们既可以运用道氏理论的原则单独判定同一市场内部不同样本指数之间的相互验证状况，也可以比较两市的综合指数或成分指数的变动方向，从而发现基本运动轨迹的转折。

当然，两种指数的验证并不是要求两者必须在时间上完全吻合，有时一种指数可能会滞后许多天、数周，甚至 1 ~ 2 个月，但只要两者趋于一致，就说明市场总体运动方向是可靠的。事实上，更多的情况是两种指数同时达到新的高点或低点。在不能相互验证的情况下，稳健的投资者最好保持耐心，等待市场给出明确的反转信号。

③ 在反转趋势出现之前主要趋势仍将发挥影响。市场的基本运动一经确立，通常会持续发展，但不管是牛市还是熊市，都不会永远持续。随着基本运动的进程，其持续运行的可能性会越来越小，但道氏理论告诉我们，“在牛市当中持有你的股票，直到出现相反的指令”。对于基本运动来说，最困难的就是把基本运动中的次级调整与大趋势的反转区分清楚，因为次级运动可以发展成为基本运动，从而改变原有趋势的运动方向。虽然如此，在基本运动因调整而中断情况下，仍不能明确判定是否反转，而只能看作原有趋势仍将继续，除非明确的反转信号出现，即顶和底由依次下降转为依次上升。

根据道氏理论所确定的反转信号虽然可信并且可靠，但一般投资者认为信号出现得较晚，据此操作价格趋势可能已走出了一大截，从而使投资者失去一些获利的机会或导致利润损失。对此，可引入其他方法对大趋势的反转进行判定，如支撑和阻挡水平、价格形态、趋势线和移动平均线等。不过要想成为一名成功的交易者，你就必须清楚一点，那就是市场总是站在那些有耐心的人一边，他们总是在明确的反转信号出现之后才采取行动，如同猎豹一般，总是在最有把握的时候出击，而不是过早地采取行动。

④ 交易量是对趋势的验证。“交易量跟随趋势”说明成交量对价格的验证作用。一般来说，当价格沿着基本运动的方向发展时，成交量也应随之而递增。例如，基本牛市中价格上升，成交量增加；价格回调，成交量萎缩。这一规律在次级运动中同样适用。例如，熊市中的次级反弹，价格上涨时成交量增加；反弹结束后，价格下降时成交量减少。

成交量并非总是跟随趋势，例外的情况也并非少见，尤其仅仅从一天或几天的交易量中得到有价值的结论是缺乏依据的。道氏理论强调的是市场的总体趋势，是基本运动，其方向变化的结论性信号只能通过价格的分析得出；而交易量只是起辅助性的作用，是对价格运动变化的参照和验证。

⑤ 盘局可以代替中级趋势。一个盘局出现于一种或两种指数中，持续两个或三个星期，有时达数月之久，价位仅在 5% 的幅度中波动。这种形状显示买进和卖出两者的力量是平衡的。当然，最后的情形之一是，在这个价位水准的卖方力量枯竭，那些想买进的人必须提高价位诱使卖者出售。另一种情形是，本来想要以盘局价位水准卖出的人发觉买方力量削弱了，结果他们必须削价来卖出自己的股票。因此，价位向上突破盘局的上限是多头市场的征兆；相反，价位向下跌破盘局的下限是空头市场的征兆。一般来说，盘局的时间越久，价位越窄，它最后的突破越容易。

盘局常常发展成重要的顶部和底部，分别代表出货和进货的阶段，但是它们更常出现在主要趋势的休息和整理阶段。在这种情况下，它们取代了正式的次级波动，很可能一种指数正在形成盘局，而另一种指数发展成典型的次级趋势。在向上或向下突破盘局后，有时会在同方向继续停留较长一段时间，这是不足为奇的。

⑥ 把收盘价放在首位。道氏理论并不注意一个交易日当中的最高价与最低价，而只注意

收盘价。因为收盘价是财经版唯一总计的数目，时间仓促的人只看这一数目；同时收盘价也是对当天股价的最后评价，大部分人根据这个价位做买卖的委托。因此，道氏理论认为收盘价是最重要的价格，并利用收盘价计算平均价格指数。这是一个经过时间考验的道氏理论规则。

6.5.3 道氏理论的评价

作为最著名、最基本的股价理论，道氏理论揭示了股市本身所固有的运动规律，指出了股市循环与经济周期变动的联系，在一定程度上能对股市的未来变动趋势做出预测和判断。同时，作为技术分析方法的鼻祖，后人在其基础上演绎出许多长期和中短期的技术分析方法。但是，作为最古老的股价理论和技术分析方法，道氏理论本身也存在一些不足之处。这些不足主要表现在以下几个方面。

① 道氏理论过于偏重长期分析，而未能对股市变动的中短期做出分析，更没有能指明最佳的买卖时机。因此，道氏理论主要适用于长期趋势的分析，对于短线投资者无太大帮助。

② 道氏理论预测股市变动有滞后性。它说明的只是看涨股市或看跌股市已经出现，或者还在继续，往往是在股市已经发生了实质性变化后才发出趋势转变的信号、指出股市的转向。

③ 受道氏理论产生的历史背景的限制，它是依据工业指数和运输业指数观察和判断股市的变动，而时至今日，仅用工业指数和运输业指数判断股市的变动趋势及股市与整个经济景气程度的关系是有一定局限性的。

④ 道氏理论虽然判断和预测股市的长期变动方向，但它没有指出具体的股票投资对象。

复习与实训

一、名词解释

1．道氏理论　　2．量价关系　　3．涨停板　　4．跌停板

二、简答题

1．技术分析的理论基础。

2．技术分析的特点。

3．技术分析的分类。

4．主要技术分析图表种类。

5．道氏理论的基本内容。

三、分析题

1. 技术分析的要素及其相互关系。
2. 应用技术分析应该注意的问题。
3. 如何评价及应用道氏理论。

第 7 章　K 线理论

7.1　K 线理论概述

K 线类方法是图示分析法的一种，是使用一定的图形将股价的变化描述出来，根据图形的特征寻找股价变化的规律，以此预测股价未来变化趋势的一种方法。每个投资者实际使用中最先接触到的技术图表就是 K 线图。K 线图也是应用最广泛的一种技术图表，而 K 线理论所凭借的就是 K 线图说明有关 K 线的内容。K 线理论是技术分析中一个重要的流派。

7.1.1　K 线理论及起源

K 线又称蜡烛线、阴阳线、日式线、日本线、经黑线，英文名称是 Candlestick。K 线起源于 200 多年前的日本幕府时代，发源、流行于日本的大米、白银交易市场，在民间口头上代代相传，并逐渐发展、完善起来（大部分常用的技术分析方法中，只有 K 线的“版权”属于东方人，其余技术分析方法的“版权”都属于西方人），K 线后来传到美国，被称为远东的分析方法。

K 线原型是日本江户时代堂岛米市中由本间宗久所设计的一种技术分析方法。当时，日本没有证券市场，K 线只是用于米市交易，那时的米市类似于今天的商品期货市场，大阪的米商用它记录一天（一周或一月）中米市行情价格的波动变化。

早在 18 世纪，日本的大米市场就利用“空米”库券进行交易，而交易的场所就是大米会所，也就是今天的期货交易所，“空米”库券就是今天期货合约的雏形。1724 年，K 线的发明者、大名鼎鼎的“市场之神”本间宗久诞生在日本的一个富裕家庭，1750 年，他正式接管家族生意，并迅速进军大米市场，凭借对市场的了解及超长的手段，他迅速地垄断了日本的大部分大米市场，积累了巨额财富。当时有一首民谣唱道：“酒田（宗久的家乡）晴，堂岛（大阪的堂岛大米交易所）多云，江户藏前（江户的藏前交易所）雨纷纷。”这首歌谣的意思是说，当酒田的稻米赶上好年成的时候，堂岛大米交易所的价格就下跌，而江户的大米价格将暴跌。这支小调表明，本间宗久在日本大米市场上有呼风唤雨之能耐。

本间宗久的能力得到了当时日本幕府的重视，本间宗久晚年时曾担任幕府当局的财务资政，被授予武士头衔作为荣誉封号。本间宗久逝世于 1803 年，在世的 70 多年时间里，他创造了当时的财富神话。其市场研究著作《酒田战法》和《风、林、火、山》对后世的市场运营方式起到了深远的影响，他发明的这种市场技术分析方法——K 线分析理论更是得到了后世的认同与发展。

后来，人们把这套方法运用到股票市场中，并一直沿用到股票及期货市场。经过 200 多年的运用和变更，目前它已发展成为具有完整形式和翔实技术与方法的一种分析股市行情的理论——K 线分析理论。其使用简便、精确，在实际中得到了广泛应用，受到了证券市场、外汇市场及期货市场等各类市场投资者的喜爱，所以被人们普遍采用。

7.1.2　K 线的四个重要价格

K 线的四个重要价格是指开盘价、最高价、最低价、收盘价。

① 开盘价。开盘价是指每个交易日的第一笔成交的价格，这是传统的开盘价的定义。市场中存在人为制造的不合理的开盘价。为了克服机构庄家利用通信方式的优势故意人为地造出一个不合实际的开盘价的弊端，目前我国股票市场采用集合竞价的方式产生开盘价，减少了传统意义上开盘价的缺陷。

② 最高价和最低价。最高价和最低价是在每个交易日中，成交价格曾经出现过的最高的和最低的价格。它们反映当时股票价格的上下波动的幅度大小。这两个价格如果相差悬殊，说明当时市场交易活跃，买卖双方争夺激烈。但是，最高价和最低价是瞬间的价格表现，同传统的开盘价一样，最高价和最低价也容易被人为地故意做市，从而使价格脱离实际。最高价与最低价之间的间隔区域被称为当天的交易区域。

③ 收盘价。收盘价是多空双方经过一天的争斗最终达成的共识，是最后的暂时平衡点。同样，为了克服人为地造出一个不合实际的收盘价的弊端，目前中国市场的收盘价计算按证券最后一笔交易前一分钟的所有交易的成交量的加权平均数确定，具有指明当前价格位置的重要功能。四个价格中，收盘价是最重要的，这一点早在 100 年前就被投资者所认识。很多技术分析方法只关心收盘价格。人们谈到证券的价格时，指的往往也是收盘价。

K 线绘制最常用的类型是阴阳线，通常根据涵括时间的长短将阴阳线分为日线、周线、月线、年线四种。日线是以当天的数据绘制的；周线是以周一的开盘价、周五的收盘价及周内的最高价和最低价绘制的。月线、年线依此类推。

K 线图是进行技术分析的最重要的图表，单独一天的 K 线的形态有十多种，若干天 K 线的组合种类就无法数清了。经过不断总结经验，人们发现了一些对证券买卖有指导意义的组合形态。K 线法在我国很流行，广大投资人进入证券市场后，他们进行技术分析时首先要接触 K 线图，具体形态将在后面详细介绍。

7.1.3　K 线理论的意义及功能

技术分析是由市场行为推测证券市场未来价格的波动趋势。它所依据的是证券市场的市场行为，因此，准确、有效地记录和描述市场的全部行为非常重要。技术分析的精髓就是总结经验找规律，然后才是使用这些规律。为了从大量的市场行为中找到有规律的东西，显然没有必要考虑市场行为的所有信息，只需部分地、重点地记录下市场行为的某些方面就可以了。

正是出于上述考虑，K 线应运而生。经过百余年证券市场的实践，其应用效果良好，受到世界各国股票投资者的广泛重视。目前，K 线已经成为人们进行技术分析必不可少的图表。与所有技术分析方法一样，K 线也是经过长期实践检验而保留下来的精华。

K 线图谱中蕴涵着丰富的东方哲学思想，以阴阳之变表现出了多空双方“势”的相互转换。K 线法的研究手法是根据若干天 K 线的组合形态，推测证券市场多方和空方力量的对比。通常就股票市场整体来说，买方与卖方永远站在对立的两边，一方的利润就是另一方的损失。为了确保个人利益，投资者需要预测买卖双方在一天、一周及未来一段时间内孰占优势，以便决定加入买方还是加入卖方的阵营。单一的 K 线代表的是多空双方一天之内战斗的结果，不足以反映连续的市场变化；多条 K 线的组合图谱才可能更详尽地表述多空双方一段时间内“势”的转化。多空双方中任何一方突破盘局获得优势，都将形成一段上涨或下跌的行情，这就是所谓“势在必行”。而这种行情的不断发展又为对方积攒反攻的能量，也就是“盛极而衰”。分析 K 线组合图谱的目的就是通过观察多空势力强弱盛衰的变化，感受双方“势”的转化，顺势而为，寻找并参与蓄势待发的底部，抱牢大势所趋的上涨股票，规避强弩之末的顶部风险。从 K 线图中，投资者可以较明显地看出买卖双方力量的消长及股价的升跌情况，进而分析判断股价未来的发展趋势，把握买进或卖出的最佳时机。K 线理论经过国外许多专家的统计、分析、整理，已形成了一套比较完整的股价分析方法。通过对某些典型 K 线图形的分析，就可以预测出未来股价的涨落情况。

应该说明的是，K 线法指的是一大类分析方法，而不仅仅是指利用 K 线组合形态的分析方法，K 线组合仅仅是这一类型方法中的一个突出代表。除 K 线外，这一类型的方法还应该包括宝塔线、OX 线、新价线、等量 K 线等。不过从实际的使用情况看，K 线组合形态是这一类型方法中最具有代表性的方法，也是使用最方便的方法。关于 K 线理论的内容已经比较完整。

7.2 K 线的画法及主要形态

7.2.1 K 线的画法

K 线是一条柱状的线条，由实体和影线组成。中间的方块是实体。影线在实体上方的部分叫上影线，下方的部分叫下影线。实体分阴线和阳线，又称红（阳）线和黑（阴）线。画 K 线需要明确三个要点：一是下影线和下影线的位置；二是实体的位置；三是实体的阴阳。

实体的模样是矩形，实体矩形的宽度是没有限制的。实体矩形上下边的位置由开盘价和收盘价确定。实体的阴阳由开盘价和收盘价的关系确定。实体的阴阳和长短，以及上下影线的长短都是 K 线的重要特征。一根 K 线记录的是证券在一个交易单位时间内价格变动的情况。将每个交易时间的 K 线按时间顺序排列在一起，就组成了该证券价格的历史变动情况，叫作 K 线图。

日 K 线是根据股价（指数）一天走势中形成的四个价位——开盘价、收盘价、最高价、最低价绘制而成的。日 K 线的具体画法如下。

① 收盘价高于开盘价时，开盘价在下，收盘价在上，两者之间的长方柱用红色或空心绘出，称为阳线；其上影线的最高点为最高价，下影线的最低点为最低价，如图 7-1 所示。

② 收盘价低于开盘价时，开盘价在上，收盘价在下，两者之间的长方柱用黑色或实心绘出，称为阴线；其上影线的最高点为最高价，下影线的最低点为最低价，如图 7-2 所示。

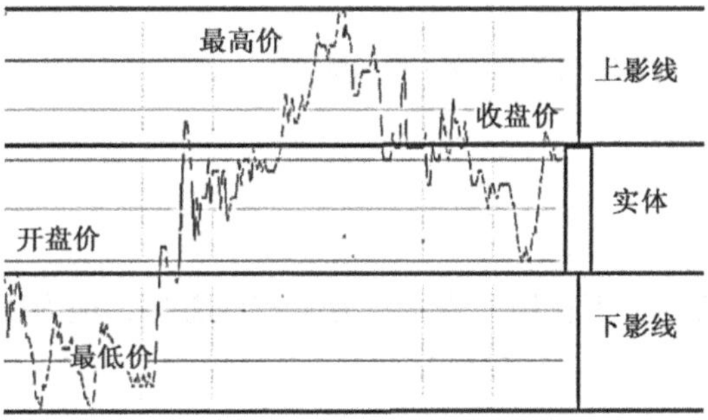

图 7-1　阳线的画法

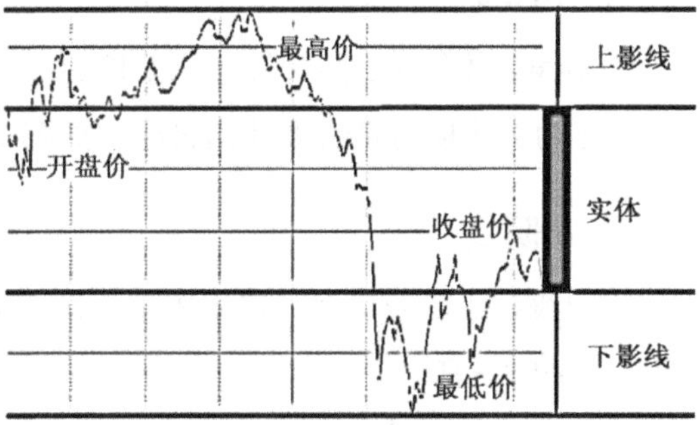

图 7-2　阴线的画法

7.2.2　单根 K 线形态及分析意义

分时走势图记录了股价的全天走势，不同的走势形成了不同种类的 K 线，而同一种 K 线因股价走势不同而具有不同的含义。带有成交量的分时走势图分别说明了数种典型的单个日 K 线图的形成过程和不同含义。

1．小阳星

全日中股价波动很小，开盘价与收盘价极其接近，收盘价略高于开盘价。此时，小阳星的出现表明行情处于混乱不明的阶段，后市的涨跌无法预测，此时要根据其前期 K 线组合的形状及当时所处的价位区域进行综合判断，如图 7-3 所示。

2．小阴星

小阴星的分时走势图与小阳星相似，只是收盘价略低于开盘价。这表明行情疲软，发展方向不明，如图 7-4 所示。

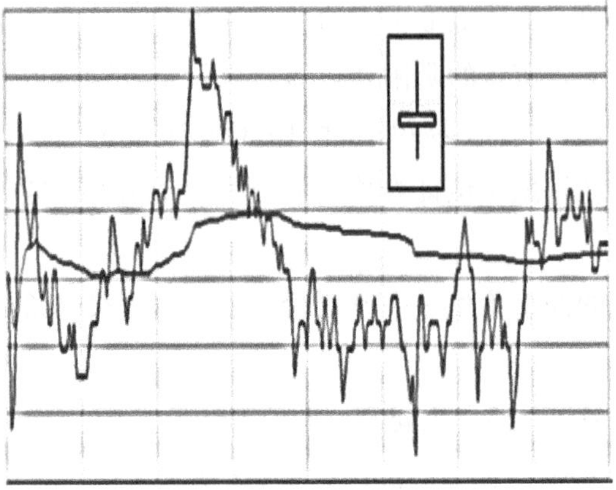

图 7-3　小阳星

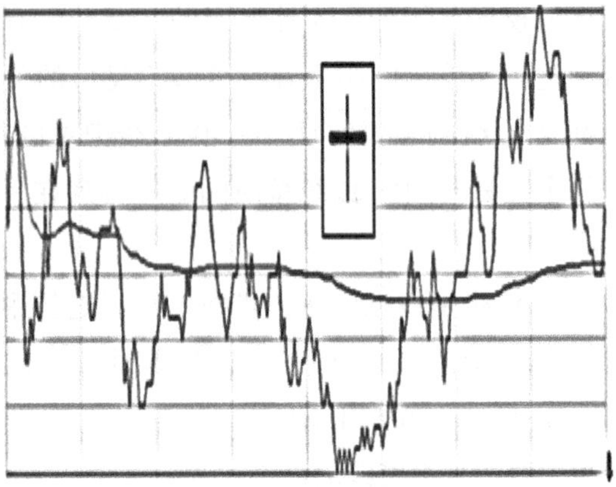

图 7-4　小阴星

3. 小阳线

小阳线实体较小，同时带有不太长的上下影线，其波动范围较小阳星增大，多头稍占上风，但上攻乏力，表明行情发展扑朔迷离，如图 7-5 所示。

4. 小阴线

小阴线与小阳线类似，实体较小，带有不太长的上下影线，表示空方呈打压态势，但力度不大，如图 7-6 所示。

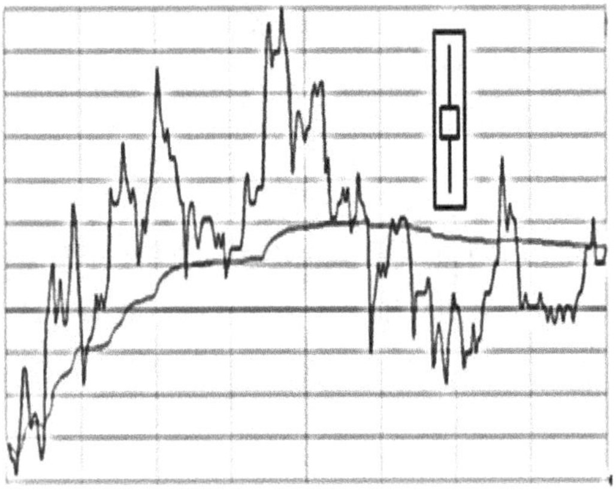

图 7-5　小阳线

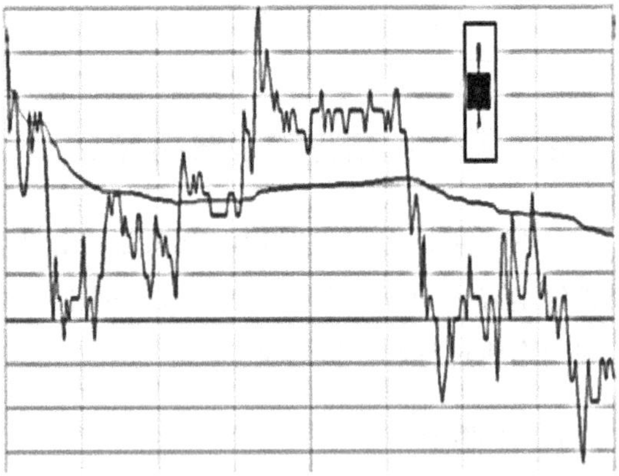

图 7-6　小阴线

5. 上吊阳线

上吊阳线实体较小，下影线较长，无上影线或只有很短的上影线。

如果在低价位区域出现上吊阳线，股价在探底过程中表现出成交量萎缩，而随着股价的逐步盘高，成交量均匀放大，并最终以阳线报收，则预示后市股价看涨，如图 7-7 所示。

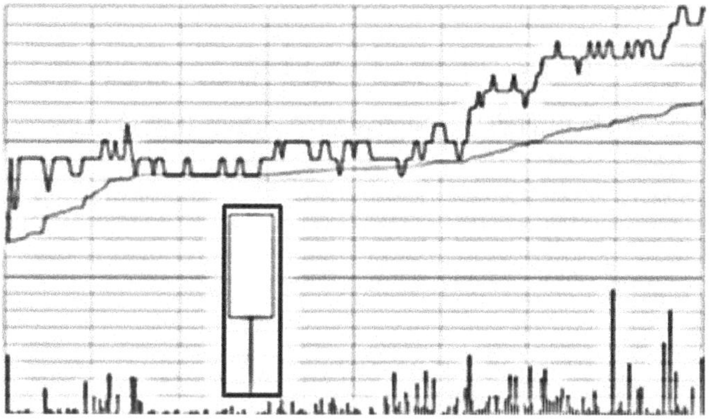

图 7-7　低位上吊阳线

如果在高价位区域出现上吊阳线，股价走出如图 7-8 所示的形态，则有可能是主力在拉高出货，是见顶的信号，需要留心。

6．上影阳线

上影阳线也叫流星线，实体较短，上影线较长，无下影线或只有很短的下影线，如图 7-9 所示。该图线与上吊阳线的性质一样，若处在高价位区域，是行情见顶的信号，应卖出股票；若处在低价位区域，则是行情见底的信号，可考虑买入。

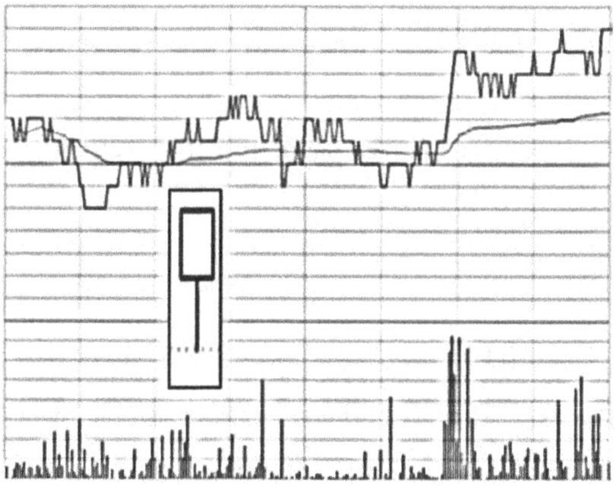

图 7-8　高位上吊阳线

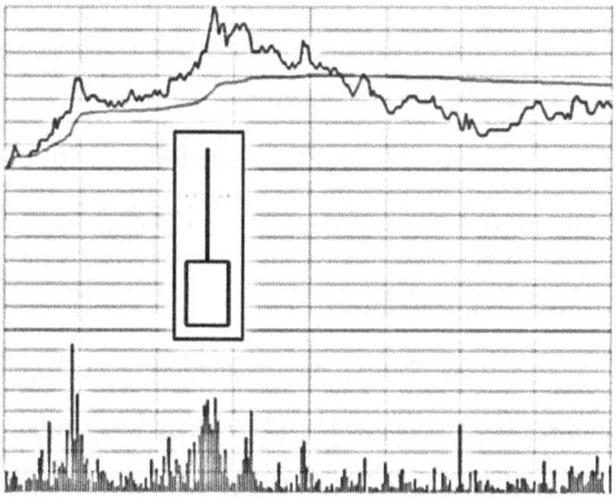

图 7-9　上影阳线

7．上影阴线、倒 T 形线

上影线较长，实体较短，此为上影阴线；上影线较长却无实体，此为倒 T 形线，如图 7-10 所示。

这两种线型中的任何一种出现在高价位区时，说明上档抛压严重，行情疲软，股价有反转下跌的可能；如果出现在中价位区的上升途中，则表明后市仍有上升空间。

8．下影阳线

下影阳线实体较小，下影线较长，无上影线或只有很短的上影线，如图7-11所示。该图线若处在高价位区，是行情见顶的信号，应卖出股票；若处在低价位区，则是行情见底的信号，可考虑买入。

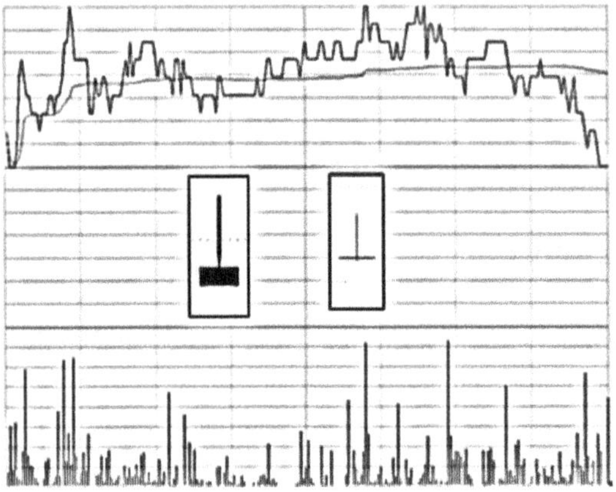

图7-10　上影阴线和倒T形线

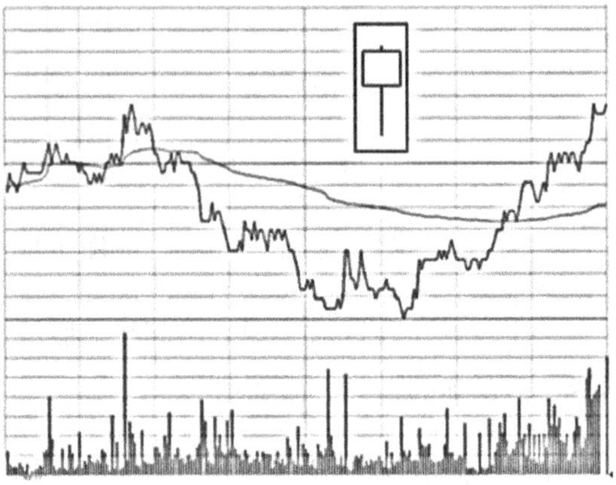

图7-11　下影阳线

9．T形十字星、下影阴线、T形线

无实体，下影线较长，只有很短的上影线，此为T形十字星；实体较小，下影较长，无上影线或只有很短的上影线，此为下影阴线；无实体，下影较长，无上影线，此为T形线，如图7-12所示。

这三种线型中的任何一种出现在高位区时，是行情见顶的信号，应卖出股票；若出现在低位区，则是行情见底的信号，可考虑买入。

10．光头阳线

光头阳线是只有下影线而没有上影线的阳线。若其出现在低价位区域，在分时走势图上表现为股价探底后逐浪走高且成交量同时放大，预示一轮上升行情的开始；如果出现在上升行情途中，则表明后市继续看好，如图7-13所示。

11．光头阴线

光头阴线是只有下影线而没有上影线的阴线。这种线型出现于低价位区时，说明抄低盘的介入使股价有反弹迹象，但力度不大，如图7-14所示。

12．光脚阳线

光脚阳线是只有上影线而没有下影线的阳线，表示上升势头很强，但在高价位处多空双方有分歧，购买时应谨慎，如图7-15所示。

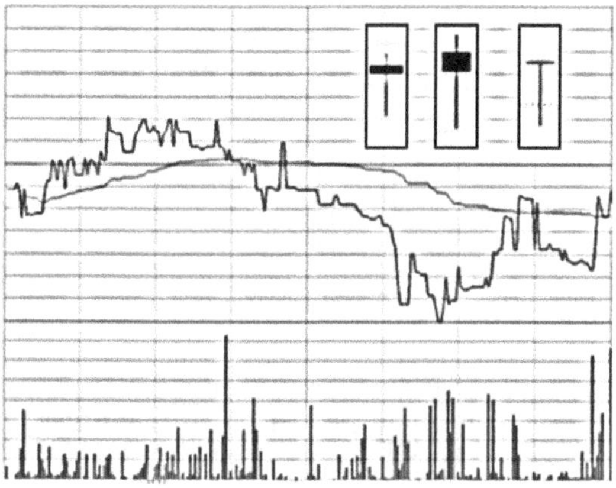

图 7-12　T 形十字星、下影阴线和 T 形线

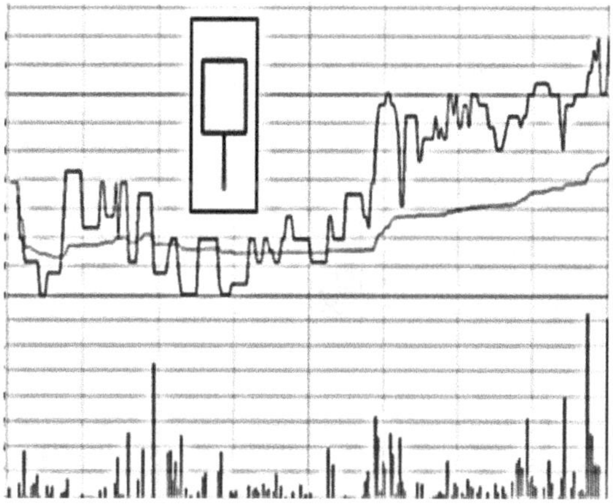

图 7-13　光头阳线

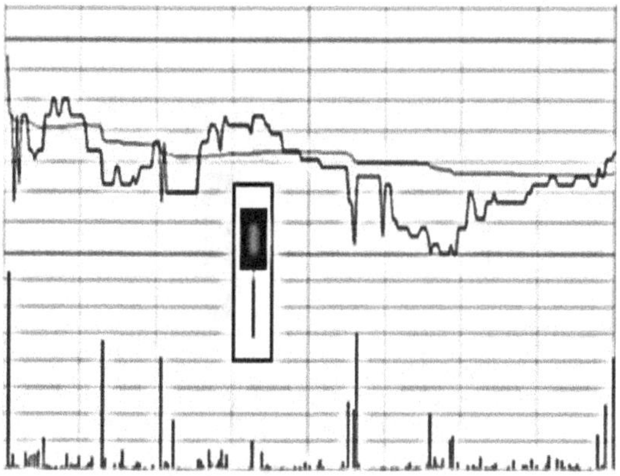

图 7-14　光头阴线

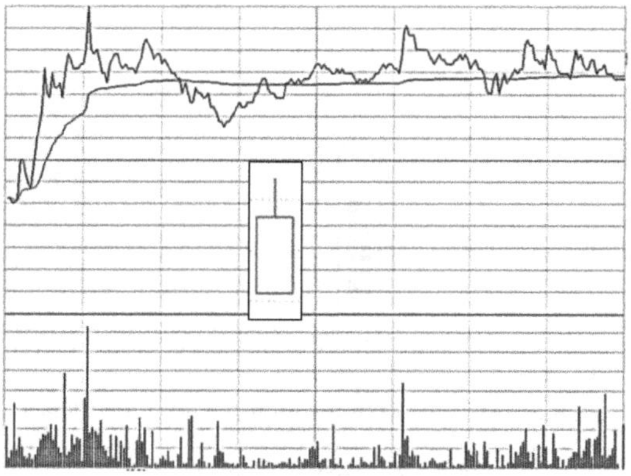

图 7-15　光脚阳线

13．光脚阴线

光脚阴线是只有上影线而没有下影线的阴线，表示股价虽有反弹，但上档抛压沉重，空方趁势打压使股价以阴线报收，如图 7-16 所示。

14．光头光脚阳线

光头光脚阳线是既没有上影线也没有下影线的阳线，表明多方已经牢固控制盘面，逐浪上攻，步步逼空，涨势强烈，如图 7-17 所示。

15．光头光脚阴线

光头光脚阴线是既没有上影线也没有下影线的阴线，表明空方在一日交战中最终占据了主导优势，次日低开的可能性较大，如图 7-18 和图 7-19 所示。

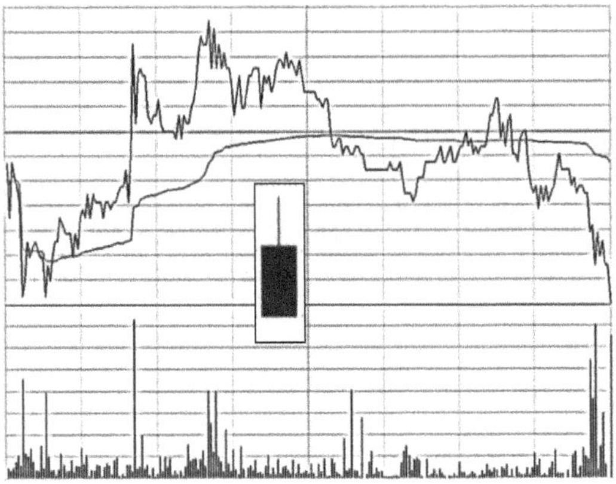

图 7-16　光脚阴线

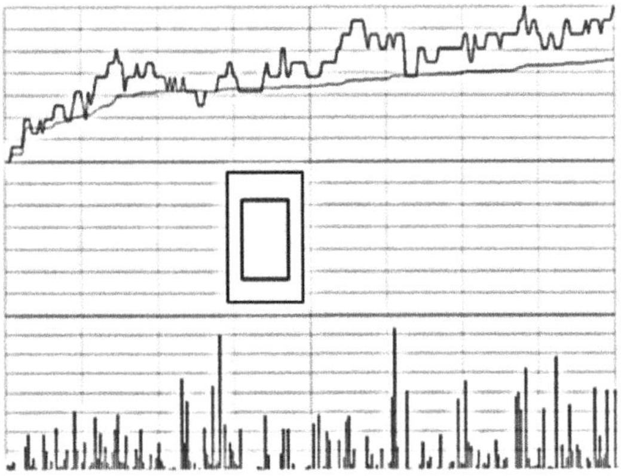

图 7-17　光头光脚阳线

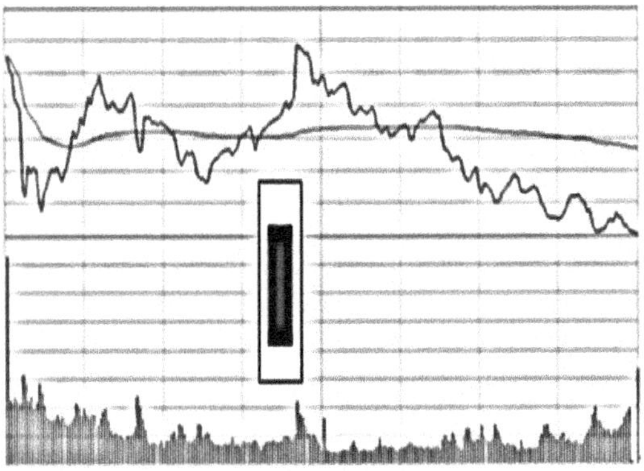

图 7-18　光头光脚阴线 1

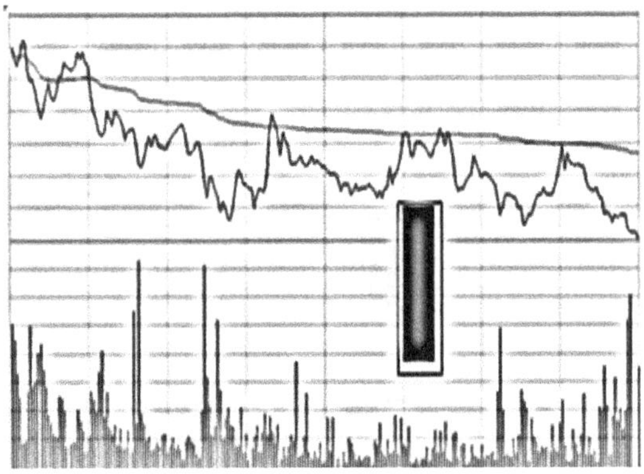

图 7-19　光头光脚阴线 2

如果股价走出如图 7-19 所示的逐波下跌的行情，说明空方已占尽优势，多方无力抵抗，股价被逐步打低，后市看淡。

16．穿头破脚阳线

股价走出如图 7-20 所示的图形时，说明多方已占据优势并展开逐波上攻行情，股价在成交量的配合下稳步升高，预示后市看涨。

同样为穿头破脚阳线，股价走势若表现出在全日多数时间内横盘或盘跌而尾市突然拉高时，预示次日可能空跳高开后低走，如图 7-20 所示。

还有一种情况，就是股价走势若表现为全日宽幅震荡而尾市放量拉升收阳时，则可能是当日主力通过震荡洗盘驱赶坐轿客，然后轻松拉高，后市可能继续看涨，如图 7-21 所示。

17．十字星

这种线型常称为变盘十字星，无论其出现在高价位区还是低价位区，都可视为顶部或底部信号，预示大势即将改变原来的走向，如图 7-22 所示。

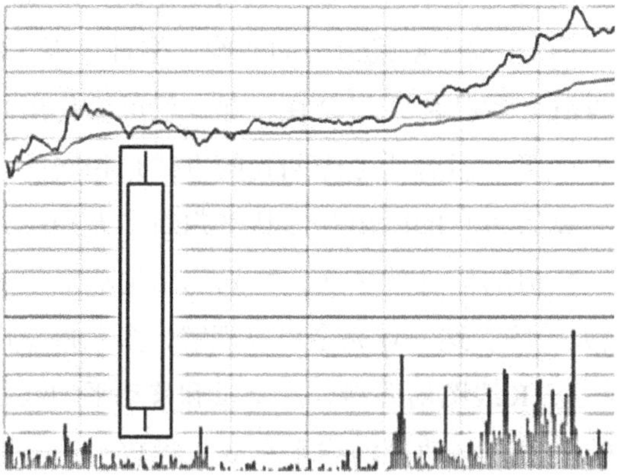

图 7-20 穿头破脚阳线 1

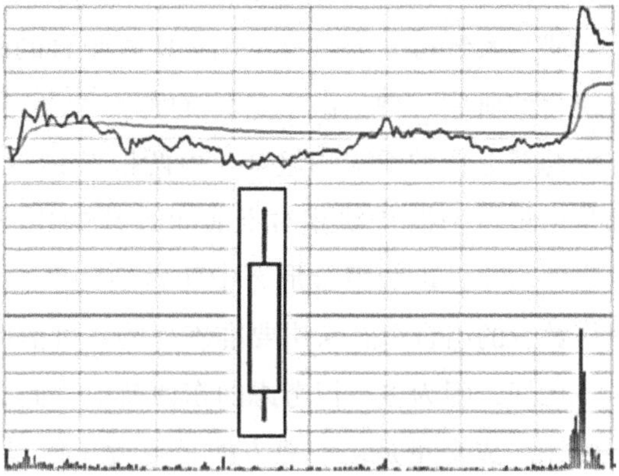

图 7-21 穿头破脚阳线 2

18. 一字星

这种线型的开盘价、最高价、最低价、收盘价为同值图线。在上升趋势里，股价显强势；在下降趋势里，股价显弱势，如图 7-23 所示。

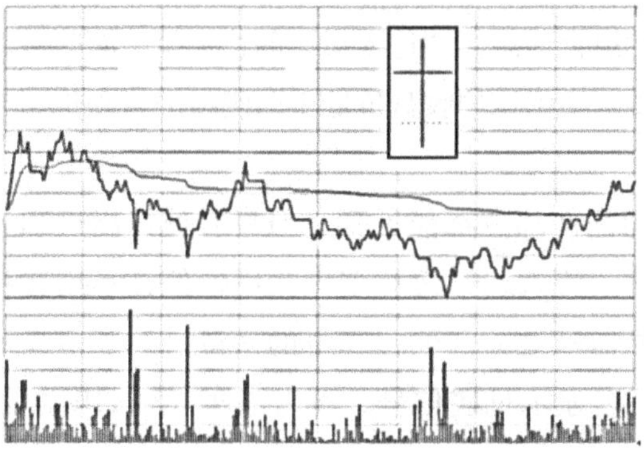

图 7-22 十字星

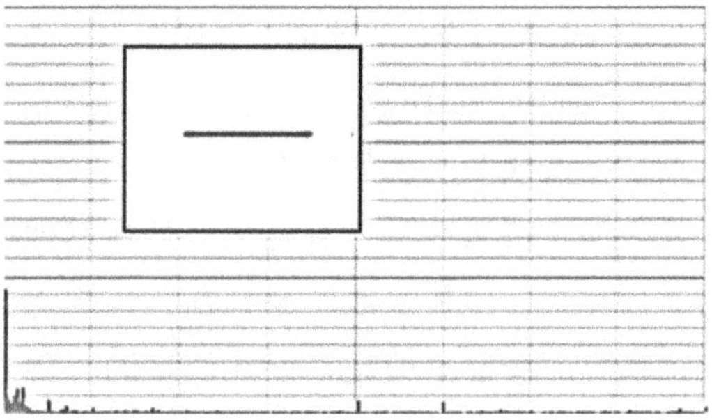

图 7-23 一字星

7.3 K 线组合的应用

了解了单根K线的走势特点后，仅仅根据一条K线进行分析在许多情况下还是很不充分的，需要将两根、三根及多根 K 线组合起来进行判断才较为稳妥，这样才能真正把握股市整体的趋势。

K 线组合可以是单根的，也可以是多根的，但很少有超过五根或六根的组合。在 K 线的历史上，投资者从实际中总结了非常多的组合形态。组合形态有简单的，也有复杂的。K 线组合的研判大致可分为双日（周）K 线组合的研判、三日（周）K 线组合的研判、多日（周）K 线组合的研判三种。由于 K 线的种类较多，再将两根至多根 K 线组合在一起，就可演化出几十种乃至上百种不同的组合。由两根 K 线或多根 K 线形态组合所考虑问题的方式是相同的，都是由最后一根 K 线相对于前面 K 线的相对位置、K 线本身的阴阳和形状来判断多方和空方的实力大小。K 线组合形态中所包括的 K 线越多，获得的信息就多些，得到的结论相对于 K 线根数少的组合形态来讲要准确一些，可信性也更大一些。这一点完全可以理解，多一根总比少一根好，因为多一根考虑的东西就更全面、更深远。K 线图谱要结合成交量和移动平均线共同使用。成交量是多空双方搏杀过程中能量损耗的表述，移动平均线则是双方进攻与退守的一道道防线。这种图形组合是东方哲学与西方统计学的完美结合。下面以一些比较典型的日 K 线组合形态为例，介绍 K 线组合的基本研判技巧。

7.3.1 双日 K 线

1. 待入线

“待入线”是由前阴后阳两条图线组成的一种组合形态。“待入线”的特征是前面的一条图线是一条大阴线，后面的一条图线是一条小阳线。小阳线的收盘价低于前阴线的收盘价，与前阴线实体有一段距离，形成“待入”状态。

“待入线”出现的频率很高，在 K 线图中的任何部位都能见到，但只有处在高位和处在低位的“待入线”才有意义，处在其他位置的“待入线”没有多大实用价值，不用花精力去研究它。“待入线”是判断行情走势的重要信号之一，处在高位的“待入线”多显示见顶信号，应卖出股票；处在低位的“待入线”多显示见底信号，可考虑买入，如图 7-24 和图 7-25 所示。

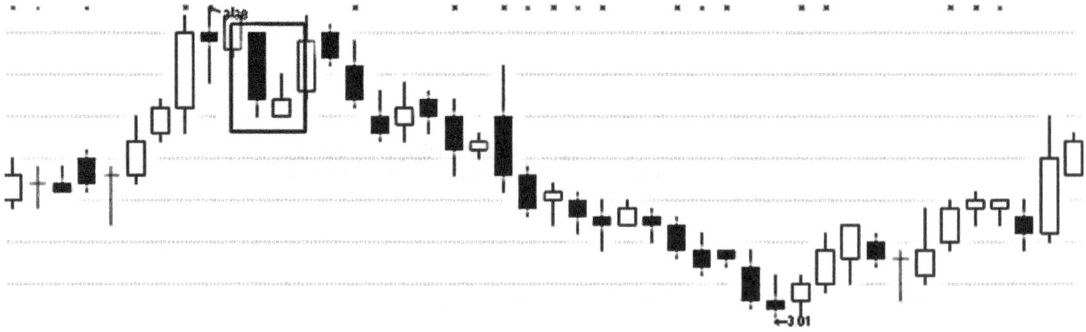

图 7-24　高位待入线

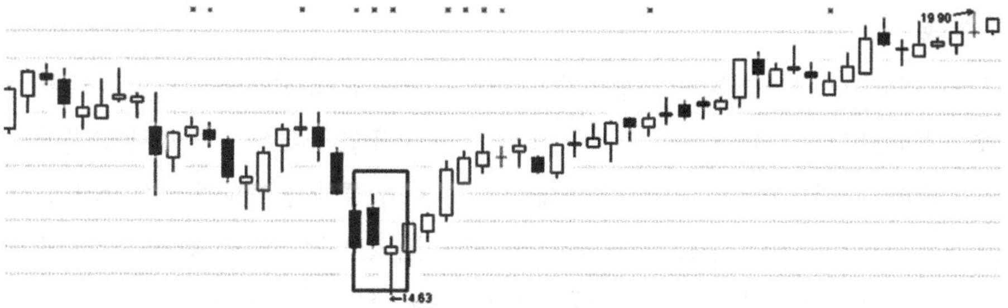

图 7-25 低位待入线

2. 切入线

“切入线”的组合形态与“待入线”基本相似，也是由一条大阴线和随后的一条小阳线组成。不同的是，形成“切入线”的小阳线，其收盘价应高于前阴线的收盘价，收在前阴线的实体之内，靠近前阴线实体的下端，显示“进入”状态。

“切入线”出现的频率也很高，可在不同的位置见到，但同样只有出现在高位或低位的“切入线”才有实用价值，在其他位置出现的“切入线”对研究行情走势的意义不大。出现在高位的切入线显示的是卖出信号，出现在低位的切入线显示的是买入信号。投资者应根据它们所处的不同位置，进行不同的操作，如图 7-26 和图 7-27 所示。

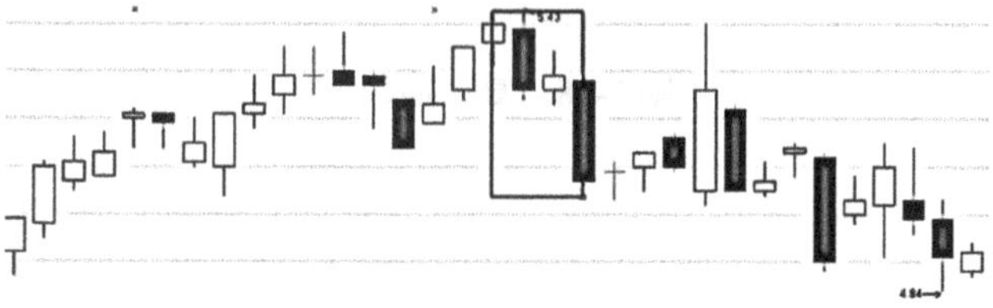

图 7-26 高位切入线

图 7-27 低位切入线

3．插入线

“插入线”与上面两种图线的形态也十分相似，同样是由前面的一条大阴线和后面的一条小阳线组成。不同的是，“插入线”后面的阳线，它的开盘价要比前面两种图线的开盘价开得低一些，收盘价收在前阴线实体内的位置要高一些，一般要求达到前阴线实体中心线以下附近的地方，但不能超过中心线。这种形态的图线就是“插入线”。“插入线”出现的频率虽然较前两种图线要低一些，但也只有处在高位和低位的“插入线”才具有实用价值。处在高位的“插入线”显示见顶信号，处在低位的“插入线”显示见底信号，处在其他位置的“插入线”则难显示确切的信号，不便于操作，如图 7-28 和图 7-29 所示。

图 7-28 高位插入线

图 7-29 低位插入线

4．斩回线

“斩回线”也是由一阴一阳两条图线组成的图形。前一条为大阴线，后一条为中阳线或大阳线，阳线的开盘价要求开得更低，收盘价收得更高，即要求收盘价要收在前阴线的中心值以上，这是“斩回线”最重要的一个特征。和上面介绍的“待入线”“切入线”“插入线”一样，“斩回线”所处的位置不同，其显示的信号也不一样。处在高位的“斩回线”显示的是见顶信号，此时应卖出股票；处在低位的“斩回线”显示的是见底信号，此时应买入股票，如图 7-30 和图 7-31 所示。

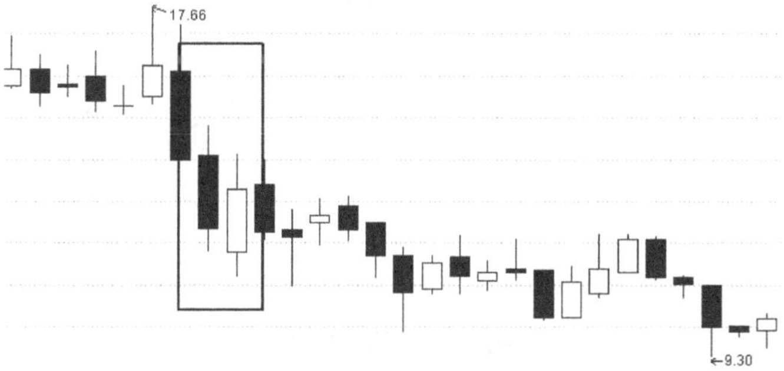

图 7-30　高位斩回线

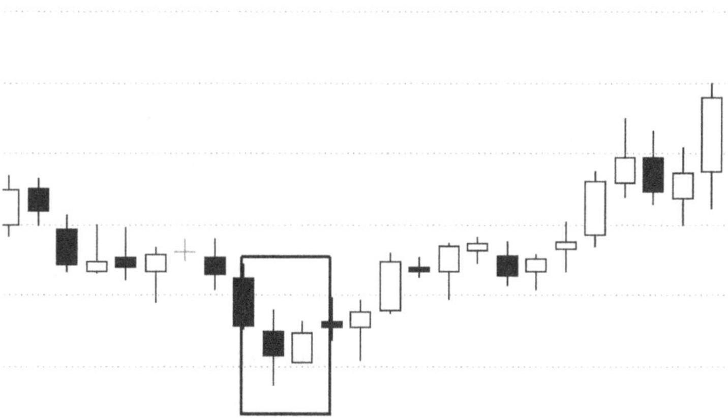

图 7-31　低位斩回线

5．抱线

“抱线”又称穿头破脚线，是由一小一大两条图线组成的图形。前一条是小图线，后一条是大图线，且大图线的最高价和最低价均超出前一条图线的最高价和最低价。“抱线”分阳抱阴抱线（前一条线为小阴线，后一条线为大阳线）、阴抱阳抱线（前一条线为小阳线，后一条线为大阴线）、阳抱阳抱线（前后图线均为阳线）和阴抱阴抱线（前后图线均为阴线）四种形态。这四种形态的“抱线”因所处的位置不同而显示不同的信号，处在高位和下降途中的“抱线”多显示卖出信号，处在低位和上升途中的“抱线”多显示买入信号。阴抱阴抱线和阳抱阳抱线对判断行情走势的意义不大，因为两条阴线合起来还是一条阴线，两条阳线合起来仍是一条阳线，而且这两种图形出现的概率很小，一般不把这两种“抱线”作为研究对象。阳抱阴抱线和阴抱阳抱线只要是处在相同位置，其买入信号和卖出信号是一样的，均可放心操作，如图 7-32 ~ 图 7-35 所示。

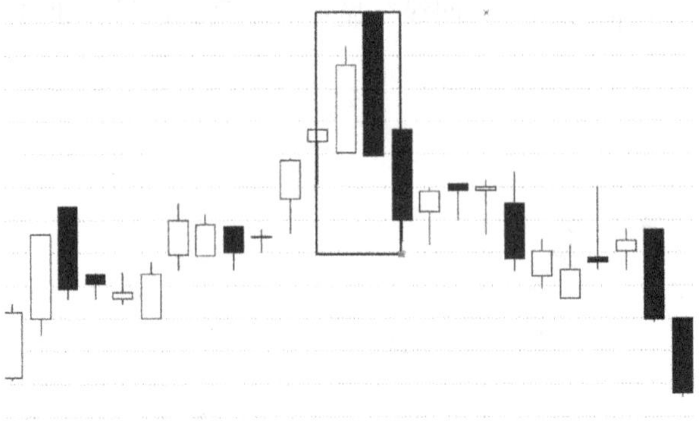

图 7-32　高位抱线

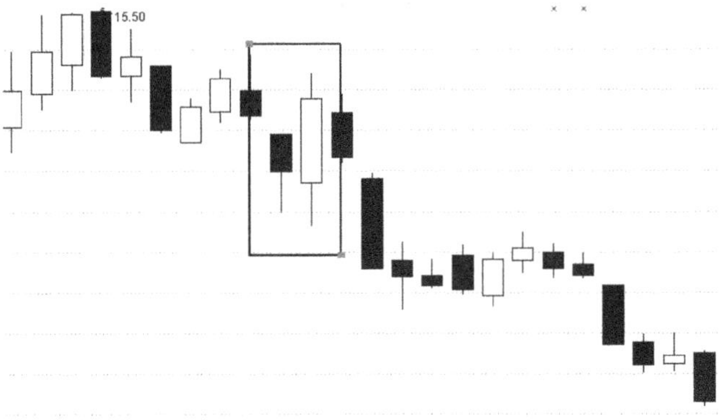

图 7-33　下降途中的抱线

图 7-34　低位抱线

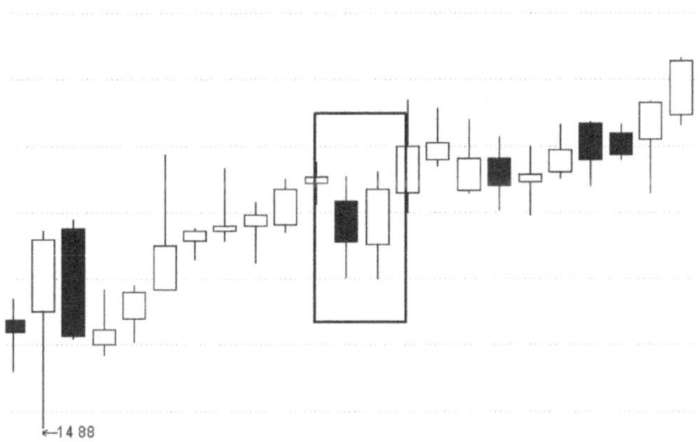

图 7-35　上升途中的抱线

6. 孕线

“孕线”也是由两条图线组合成的图形。其组合形态与抱线相反，第一条图线为长线，第二条图线为短线，第二条图线的最高价和最低价均不能超过前一图线的最高价和最低价。这种前长后短的组合形态形似怀孕的妇女，所以称为“孕线”。“孕线”有如下三种形态。

① 第一条图线是一条长大的阳线，第二条图线是一条短小的阴线，称为阴孕阳孕线，简称“阴孕线”。

② 第一条图线是一条长大的阴线，第二条图线是一条短小的阳线，称为阳孕阴孕线，简称“阳孕线”。

③ 第一条图线是一条长大的阳线（或阴线），第二条图线是一条十字星线，称为“十字星孕线”，简称“星孕线”。

“孕线”能在行情走势的不同部位出现。通常情况下，在顶部和下降途中出现的孕线多显示卖出信号；在低位和上升途中出现的孕线多显示买入信号，如图 7-36 ~ 图 7-40 所示。

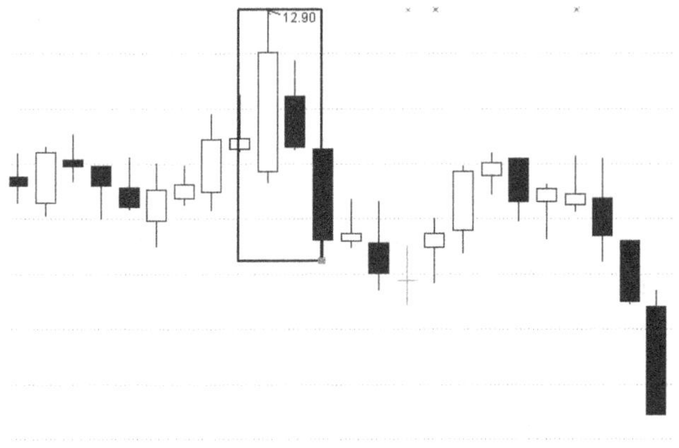

图 7-36　高位孕线

图 7-37　下降途中的孕线

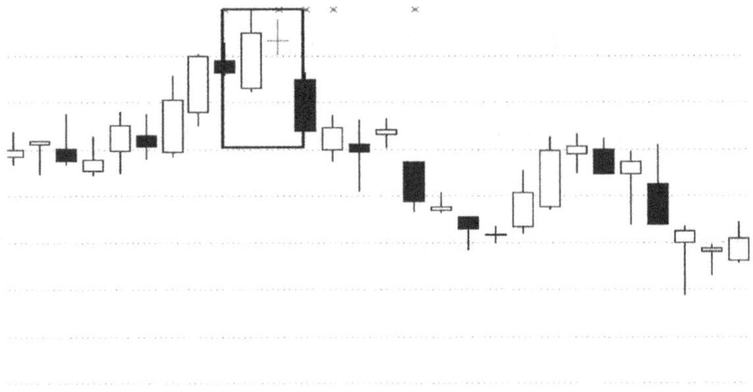

图 7-38　十字星孕线

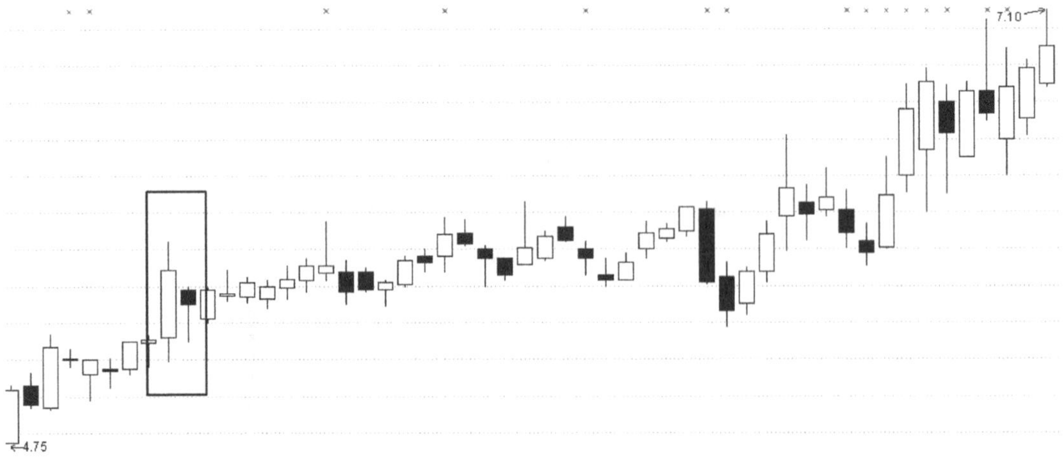

图 7-39　上升途中的孕线

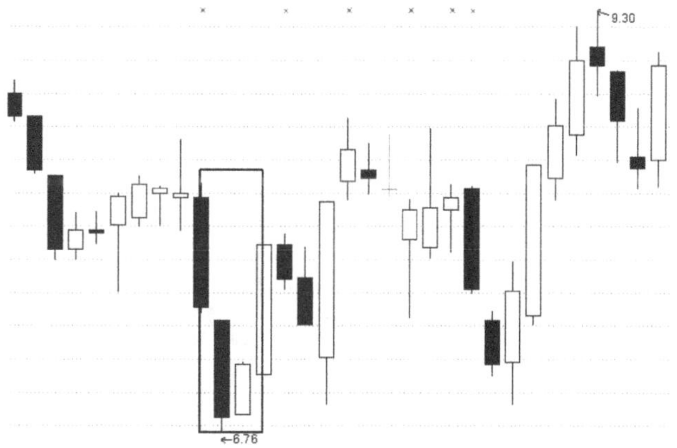

图 7-40　低位孕线

7．平顶线

股价上升到高位后，出现了两条最高价均为同值的图线，这两条图线就称为“平顶线”。该图线有多种形态，如一条图线为上影线，另一条图线为光头的“平顶线”，或者两条图线均为上影线的“平顶线”，或者两条图线均为光头的“平顶线”。

“平顶线”的两条图线不分阴阳，前阴后阳、前阳后阴或前后均为同性质的图线所显示的见顶信号没有差别，均可放心操作。总的来讲，只要是处在高位的两条图线的最高价同值，就是可操作的“平顶线”。该形态是非常可信的见顶信号。该形态形成后，股价十有八九要进行回档整理，下跌的空间一般较大，应注意卖出股票。“平顶线”出现的频率很高，可在任何部位出现，但只有处在天顶部位或波段峰顶的“平顶线”才是可信的见顶信号，在其他部位出现的平顶线没有多大的研究价值，如图 7-41 和图 7-42 所示。

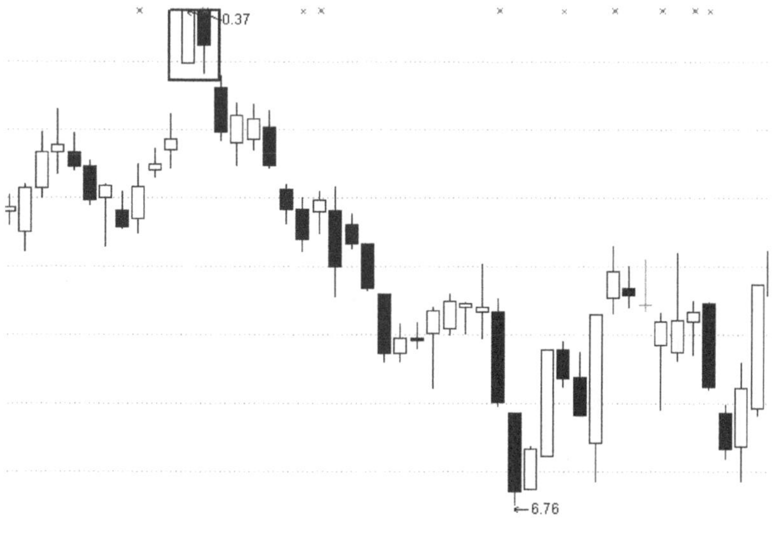

图 7-41　高位平顶线

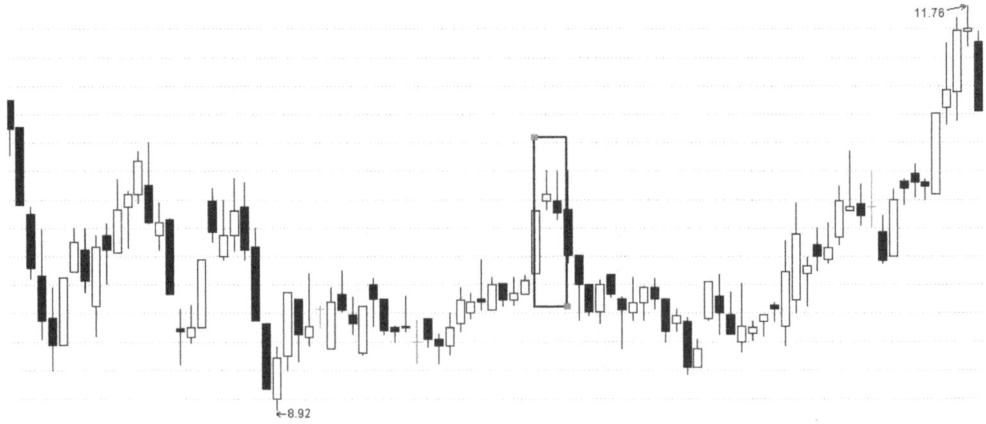

图 7-42 波段顶部平顶线

8．平底线

股价下跌到低位后，出现了两条最低价为同值的图线，这两条图线就称为“平底线”。像平顶线一样，该图线也有多种形态，如一条图线为下影线，另一条图线为实体的“平底线”，或者两条图线均为下影线的“平底线”，或者两条图线均为实体的“平底线”。

“平底线”的两条图线也不分阴阳，前阴后阳、前阳后阴或前后均为同性质的图线所显示的见底信号没有差别，均可放心操作。总的来讲，只要是处在低位的两条图线的最低价同值，就是可操作的“平底线”。该形态是较为可信的见底信号，依据该形态做多的投资者一般能获得 5% 以上的收益。“平底线”出现的频率也很高，可在任何部位出现，但只有处在低价圈或波段底部低点部位的“平底线”才是可信的买入信号，其他部位出现“平底线”时应慎重操作，如图 7-43 和图 7-44 所示。

图 7-43 低位平底线

图 7-44　波段低位平底线

9. 乌云线

“乌云线”也称覆盖线，由一条阳线和一条阴线组成，阴线在阳线收盘价之上开盘，在阳线实体内收盘，形成乌云盖顶之势。“乌云线”可在走势图中的任何位置出现，但只有出现在高位和上升途中或下降途中的“乌云线”才具有研究价值。处在高位和下降途中的“乌云线”显示的是卖出信号，处在上升途中的“乌云线”显示的则是买入信号。在横向盘整行情中出现的“乌云线”属于一般波动，不能作为操作的依据，如图 7-45 和图 7-46 所示。

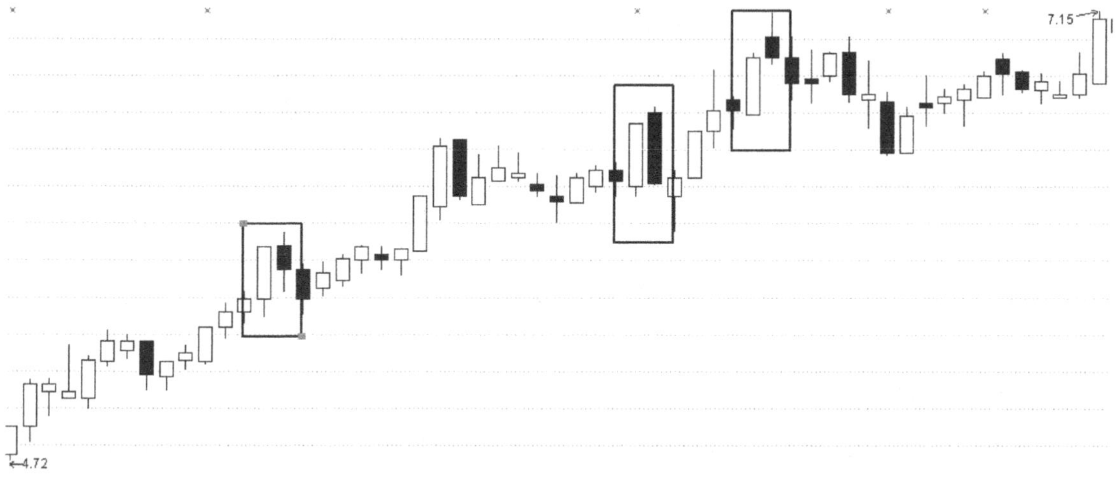

图 7-45　上升途中的乌云线

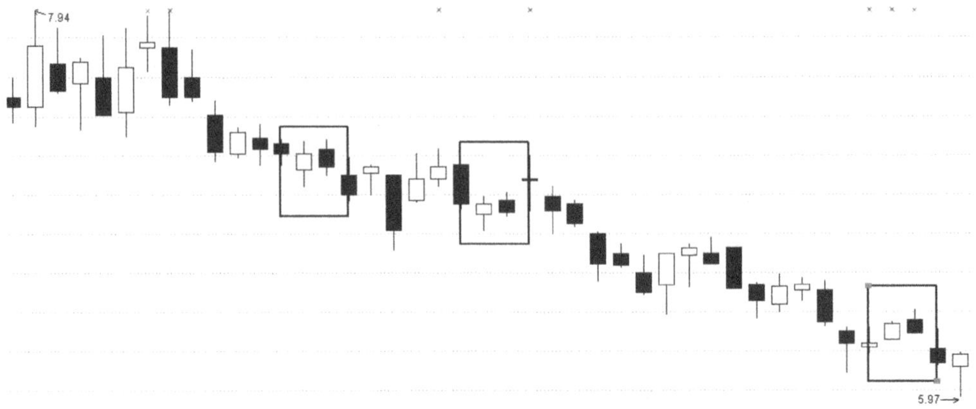

图 7-46　下降途中的乌云线

10．挽袖线

“挽袖线”也是由一阴一阳两条图线组成的图形。它有两种形态，第一种形态的第一条图线为阳线，第二条图线为阴线，且阴线在前阳线的实体内开盘，在前阳线的最低价之下收盘；第二种形态的第一条图线为阴线，第二条图线为阳线，且阳线在前阴线的实体内开盘，在前阴线的最高价之上收盘。

“挽袖线”可在走势图中任何位置出现，处在高位（包括大天顶高位和上升行情的波段峰顶高位）和下降途中的挽袖线均为卖出信号；处在低位的“挽袖线”显示买入信号。投资者应严格按照“挽袖线”所处的不同位置进行操作，如图 7-47 所示。

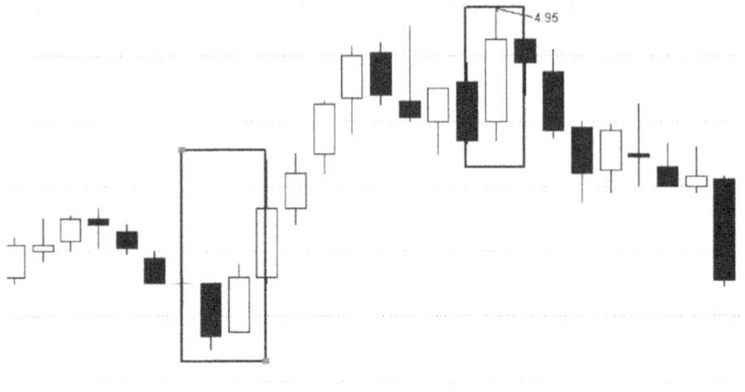

图 7-47　挽袖线

11．向上空跳星形线

“向上空跳星形线”也是由一长一短的两条图线组成的图形。第一条线是一条较长的阳线，第二条线是一条向上空跳开盘且留有缺口的星形小图线（实体之间的缺口亦可，小图线不分阴阳）。“向上空跳星形线”具有三大特征：一是该形态应处在较高的位置，即该形态出现前，该股应有一定的升幅，这一升幅一般不应低于 10%；二是该形态的前一条图线必须是一条大阳线，当日升幅至少在 2% 以上；三是该形态的后一条图线与前一条图线要有明显的向上空跳的缺口，没有缺口的星形线不能称为“向上空跳星形线”。

“向上空跳星形线”是典型的见顶信号。该形态出现后，行情一般会出现一段下跌走势，应及时卖出股票，以免高位套牢，如图 7-48 所示。

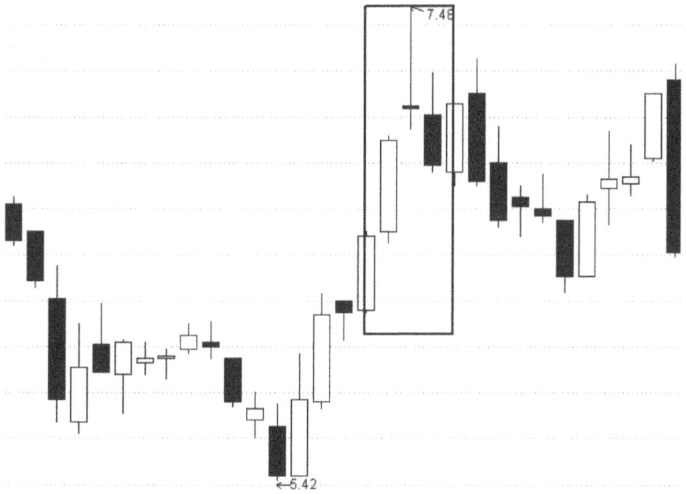

图 7-48　向上空跳星形线

12．向下空跳星形线

“向下空跳星形线”与“向上空跳星形线”的走势形态相反，其第一条线为一条大阴线，第二条线为向下空跳且留有缺口的小星形线（实体之间的缺口亦可，不分阴阳）。该形态多出现在下降行情的尾声，空仓者可考虑建仓，如图 7-49 所示。

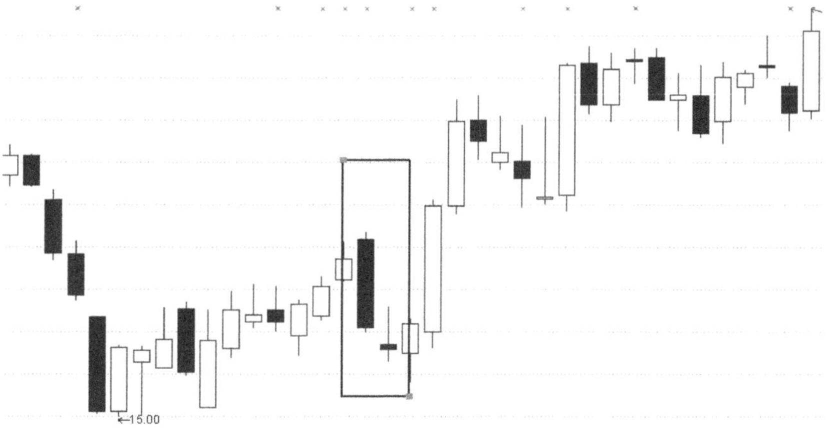

图 7-49　向下空跳星形线

13．分手线

“分手线”是由两条运动方向相反的图线组成的图形，如同两人分手后向各自的方向走去的样子。“分手线”分为两种形态，一种是前阴后阳组合形态，另一种是前阳后阴组合形态。两种组合形态的性质有所差别，前一形态多显示买入信号，后一形态则多显示卖出信号。“分手线”出现的频率不高，一般出现在上升行情和下降行情的运行途中。处在上升行情中的“分手线”可适时做多；处在下降途中的“分手线”适宜做空。分手线的特征是一阴一阳两条图线实体的长短要求大体相当。若一条过长一条过短，则会降低判断的准确性，如图 7-50 和图 7-51 所示。

图 7-50　前阴后阳分手线

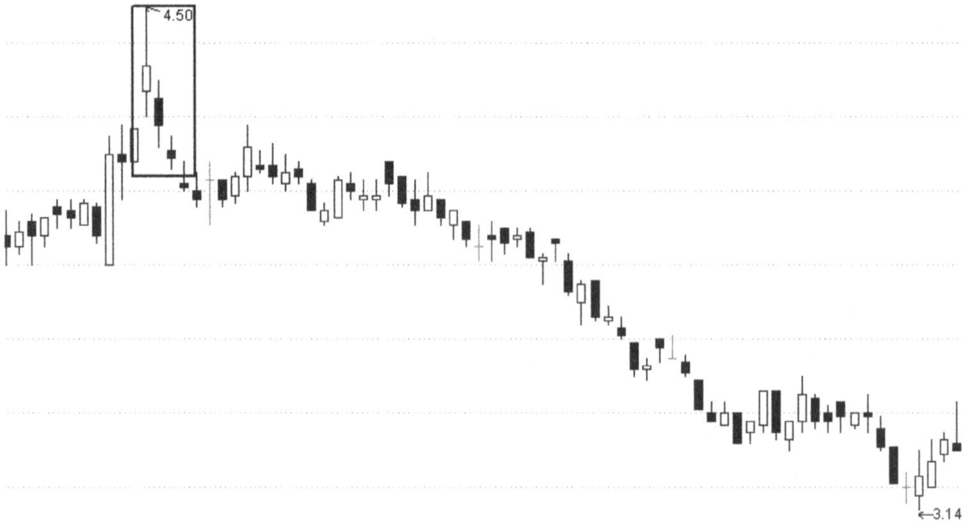

图 7-51　前阳后阴分手线

14. 约会线

“约会线”与“分手线”是两个形态相反的图线。“约会线”也由一阴一阳的两条图线组成，从形状上看，如同正面迎头碰上的人相约在一起。“约会线”也分两种形态：一种是先阴后阳的组合形态，有点近似“待入线”；另一种是先阳后阴的组合形态，类似“乌云线”。

第一种形态多在低位出现，显示见底信号，可买入股票。第二种形态多处在高位或波段的峰顶部位，显示见顶信号，应卖出股票。“约会线”的两条图线的实体大小也应大体相当，若相隔过于悬殊，则会影响判断的准确性。“约会线”两条图线的收盘价一般要求为同值，这是最标准的“约会线”，但这种“约会线”很少出现，一般难以见到。多数情况下的“约会线”是两线之间有一点间隔，就像两个人面对面站着说话一样，不是胸贴胸的零距离接触，而是保持一定的间隔。这种“约会线”最为普遍，其有效性与同值的“约会线”大致相同，都是可信的买入或卖出信号，可放心操作，如图7-52和图7-53所示。

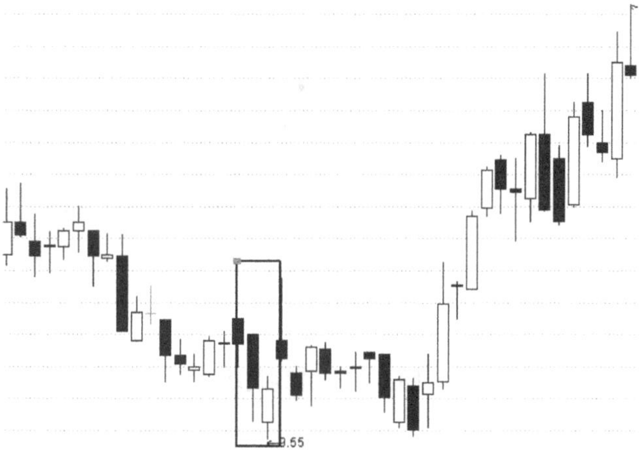

图7-52 先阴后阳约会线

图7-53 先阳后阴约会线

15．并列线

“并列线”是由两条开盘价和收盘价基本接近、实体长度大体相当的图线组成的图形。并列线分为并列阴线和并列阳线两种形态。一般情况下，并列阴线或并列阳线并不表示什么信号，而只有在上升趋势里，且处在高位向上空跳的并列阴线才显示见顶信号；在下降趋势里，处在低位且向下空跳的并列阴线才显示见底信号。

同样，并列阳线在一般情况下也不表示什么信号，只有处在上升途中且向上空跳的并列阳线才显示买入信号，而处在下降途中的并列阳线则显示卖出信号。投资者一定要根据它们所处的位置进行买入或卖出操作，如图 7-54 和图 7-55 所示。

图 7-54　并列阴线

图 7-55　并列阳线

7.3.2　多日 K 线

1. 黄昏星

“黄昏星”又称“三川宵夜明星”，由三条图线组成：第一条线是一条较大的阳线，第二条线是向上空跳的小星形线（阴阳不分，十字星也行），第三条线是一条下降的长阴线。它的出现表示股价见顶回落，发出卖出信号。“黄昏星”多出现在高位，是多头最讨厌的一种图线。该形态形成后，股市就会出现一段较长时间的下跌行情，有的甚至从此由“牛市”变为“熊市”。“黄昏星”形态有三个特征：第一是黄昏星必须处在高位；第二是第二条图线必须是向上空跳开盘且留有空跳缺口的星形图线；第三是第二条阴线应是一条大阴线，收盘价应收在第一条大阳线的中心值附近，收得越低，有效性越高，如图 7-56 所示。

图 7-56　黄昏星

2. 启明星

“启明星”又称破晓明星，也是由三条图线组成的图形。其特征是：第一条图线必须是处在低位的一条长阴线；第二条图线必须是向下空跳的星形小阳线或小阴线；第三条图线必须是一条向上反弹的大阳线。“启明星”与“黄昏星”的组合形态及应用法则完全相反，“黄昏星”为见顶信号，是卖出股票的技术指标；“启明星”为见底信号，是买入股票的技术指标。

具备了上述三个特征的图线才是标准的“启明星”形态。该形态出现的频率较高，在任何一只股票的 K 线图上都能找到它的身影。该形态的见底信号十分可信，据此操作一般都能获利，所以“启明星”是最受炒股人欢迎的一种图线，如图 7-57 所示。

图 7-57　启明星

3．黑三鸦

“黑三鸦”是指股价上升到高位后，由三条连续下跌的阴线组成的图形。第一条图线是行情由上升转为下跌的首条阴线；第二条线在第一条线的中间位置开盘，并以较大幅度低于前一交易日的最低价位处收盘；第三条线的开盘价稍高于前一交易日的收盘价，最终形成三条连续下跌的阴线——三连阴形态。这是“黑三鸦”的一大特征。

“黑三鸦”这一形态充分表明高位卖压特别严重、后市行情以下跌为主的情形。投资人应注意减仓，或清仓出局，如图 7-58 所示。

图 7-58　黑三鸦

4．顶部三鸦

“顶部三鸦”是由“山”字形的三条阴线组成的图形。其走势特征是，股价上升到高位后，收下一条阴线（一般为中、大阴线），第二天大幅向上空跳高开，随之下行，收下一条与前阴线实体大体相当的阴线，第三天继续收一条下降的阴线，收盘价收在第一条阴线的中心值以下，有的甚至低于第一条阴线的收盘价。由这样三条阴线组成的图形称为“顶部三鸦”。

“顶部三鸦”大多出现在股价的天顶部位和波段峰顶的高位，是强烈的见顶信号，应卖出股票。但它有时也出现在上升途中和股价深跌后的低位，此时的“顶部三鸦”只有其名而无其实，显示的不再是卖出信号，而变为买入信号，如图 7-59 所示。

图 7-59　顶部三鸦

5．底部三鸦

“底部三鸦”是由倒山字形的三条阴线组成的图形。该形态有三个特征：第一个是三条图线一般由中阴线组成，实体的长短应大体相当；第二个是该形态的第二条图线一般平开，低开更好，如留有较长的下影线，则其见底的有效性更高；第三个是第三条图线一般是向上空跳高开，高开的幅度应与前两条阴线实体的长度相当，略小也可，但不宜太小，收盘价最好是收在第二条线的开盘价之上，如果第三条线的收盘价收到第二条线的实体内较下的地方，则不能按“底部三鸦”的图线操作。

“底部三鸦”多出现在股价深跌后的低位，是典型的见底信号，可放心做多。它有时也出现在其他位置，但没有实际意义，可不予理会，如图 7-60 所示。

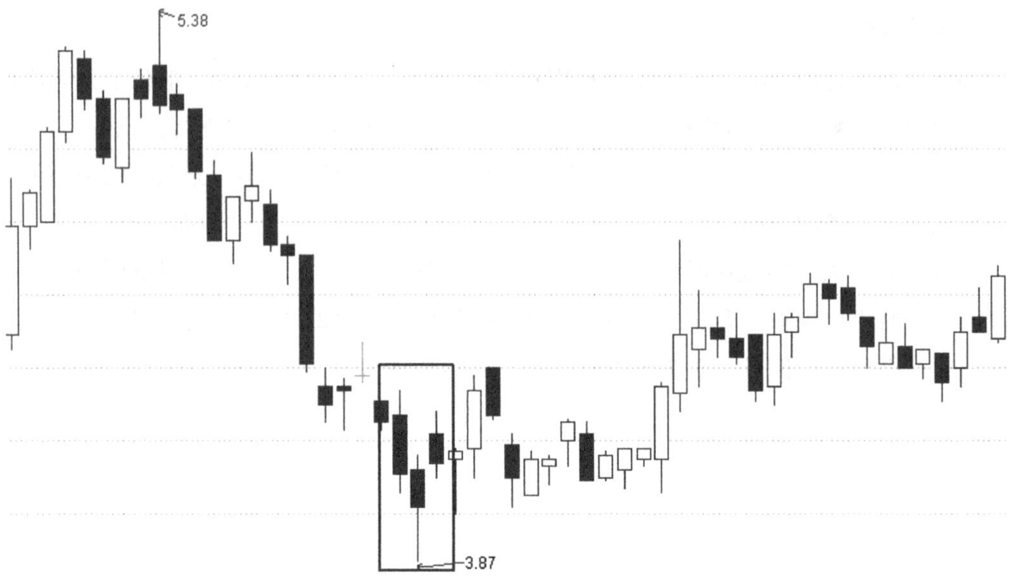

图 7-60　底部三鸦

6. 凤凰吉祥

凤凰是美丽又吉祥的鸟，凤为雄，凰为雌，它们相依相伴，永远充满活力，不仅给人们带来喜悦、幸福、吉祥，也给人们带来成就。

“凤凰吉祥”由 3 ~ 4 条图线组成，分为两大类，共 8 种形态。两大类中的第一大类是高位“凤凰吉祥”组合，分为“两阳夹阴”“两阴夹阳”“阴阳阴阳”“阳阴阳阴”四种形态。第二大类是低位“凤凰吉祥”组合，同样分为“两阳夹阴”“两阴夹阳”“阴阳阴阳”“阳阴阳阴”四种形态。

“凤凰吉祥”有两大特点：一是要求形成“凤凰吉祥”各条图线的实体大一些，且长短要大体相当；二是要求处在高位“凤凰吉祥”形态中的阴线的开盘价和阳线的收盘价处在同一水平线上，要求处在低位“凤凰吉祥”形态中的阴线的收盘价和阳线的开盘价也应接近。

“凤凰吉祥”一般在低位和高位出现。处在低位的“凤凰吉祥”为买入信号；处在高位的“凤凰吉祥”为卖出信号。低位买入，高位卖出，据此操作具有较高的成功率，如图 7-61 所示。

7. 双针探底

“双针探底”由两条图线组成。它的特征是，邻近的两条图线均带有较长的下影线，且两条下影线的最低价相同或接近。这两条带长下影线的图线可以是相邻的，它们中间也可以隔有几条其他的图线。总的来说，它是由两条长下影线组成的图形。“双针探底”形态只出现在低位，显示见底信号，如图 7-62 所示。

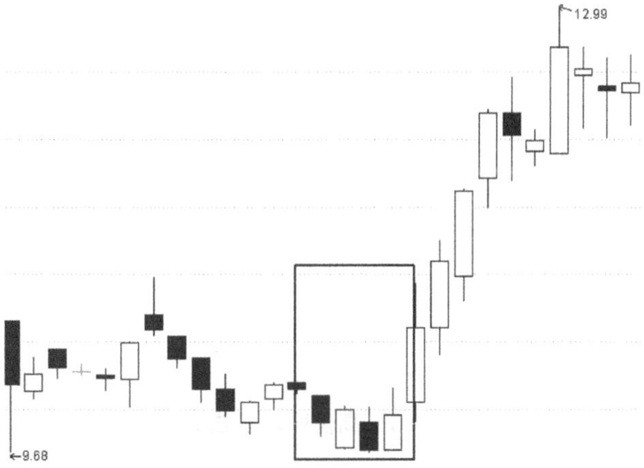

图 7-61 凤凰吉祥

图 7-62 双针探底

8. 高位顺沿反击线

“高位顺沿反击线”也叫高位逃命线。它的走势形态是，股价上升到高位后，出现两条连续下跌的阴线，这两条阴线称为“顺沿线”，形成暂时的小天顶；随后又出现一条反弹大阳线，这条阳线就是“高位顺沿反击线”。

“高位顺沿反击线”是庄家为了便于出货制造的一种“升势未止”的假象。它将股价托起，形成一条大阳线，这条大阳线是条“障眼法”线，投资者千万别追买做多，而应果断卖出，及早逃命。“顺沿反击线”可在任何位置出现，但只有处在高位的“顺沿反击线”才有研究价值，其他地方出现的这一图线均无意义，如图 7-63 所示。

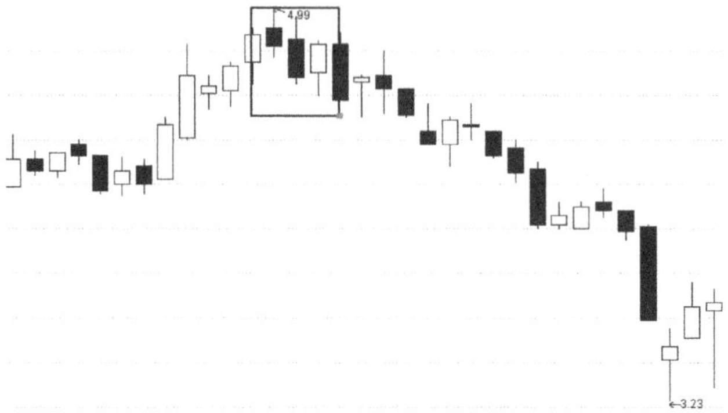

图 7-63　高位顺沿反击线

9. 红三兵

由三条上升的阳线组成的图形称为“红三兵”。其特征有三个：一是三条阳线应为中小阳线，三条阳线的实体要大体相当；二是第二条阳线和第三条阳线要分别在前一条阳线实体的中心值之上开盘；三是第三条阳线必须在第二条阳线的最高价之上收盘。具备以上三个特征的图线才是标准的“红三兵”。“红三兵”可在任何位置出现，但只有在低位和上升途中出现的“红三兵”才是可信的买入信号；在高位和下降途中出现“红三兵”时，则应考虑出货，如图 7-64 所示。

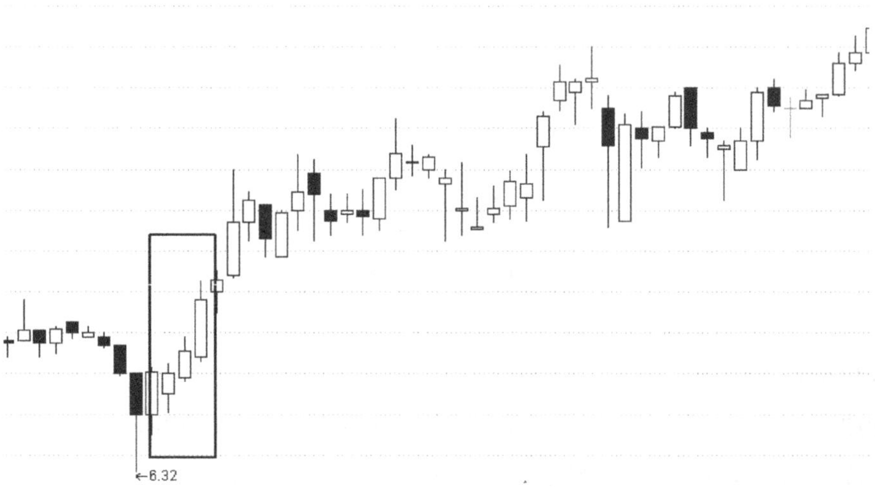

图 7-64　红三兵

10. 炉架底

股价经过一段时间的下跌后，一日在低位拉出一条长阴线；随后，股价就在长阴线的收盘价附近进行窄幅整理，小阴小阳交替出现；其后，突然收下一条大阳线，收盘价超出或接近前大阴线的开盘价，这种组合形态就称为“炉架底”。该形态如同火炉的架子，故此得名。该形态具备三个特征。

① 要求该形态出现在低位，即股价在该形态出现前应有一段下跌走势，其跌幅不小于 10%。

② 该形态右边的大阳线最好与左边的大阴线大体相当。

③ 炉底的图线应是小阴小阳线，且呈横向排列，波动在大阴线的收盘价附近。

具备以上特征的图线就是标准的“炉架底”形态。“炉架底”是坚实的底部特征，应积极介入，如图 7-65 所示。

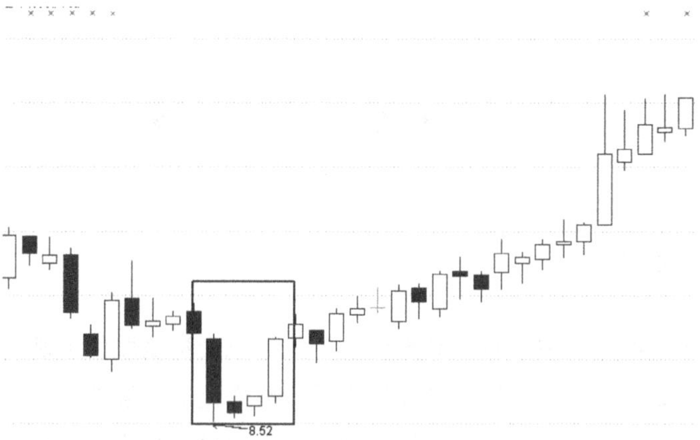

图 7-65　炉架底

7.3.3　K 线理论分析应注意的问题

在分析 K 线理论时，应特别注意以下几点。

① 对分析结论不能绝对化。市场的变动是复杂的，而实际的市场情况可能与我们的判断有距离。

② K 线组合分析适用于短线操作，不适合长线操作。从 K 线的使用原理看，K 线理论只涉及短时间内的价格波动，容易为某些人的非市场行为提供条件。

③ K 线分析方法只能作为战术手段，不能作为战略手段。战略手段是指决定投资方向的手段。战术手段是指已经从其他的途径做出战略决策决定之后，选择具体的行动时间和地点（价格位置）的手段。战术决策所决定的内容范围相对较小。使用战术决策可以使正确的战略决策获得更好的效果。所以，K 线理论所扮演的应该是战术手段的角色，即在从其他的途径做出该买还是该卖的决定之后，才用 K 线组合选择具体的行动时间和价格。

④ 多根 K 线组合可靠性大。

⑤ 注意 K 线的上下影线的长度及 K 线的相对位置。

⑥ 深刻了解 K 线组合形态的内在含义和原理，结合行情的发展阶段进行分析。K 线组合

形态不是一种完美的技术，这一点同其他技术分析方法是一样的，K 线分析是依靠人类的主观印象建立的，并且是对历史的形态组合进行表达的分析方法之一。

无论一根 K 线，还是两根、三根甚至多根 K 线，它们都是对多方和空方的争斗做出一个描述，由它们组合得到的结论都是相对的，而不是绝对的。对具体进行股票买卖的股票投资而言，结论只是起一种建议作用，它并不是命令，也不是说今后要涨就一定涨，而是指今后要涨的概率比较大。

我国目前有关 K 线的书籍中，相当一部分没有对 K 线的使用进行正确的定位，而是夸大了 K 线的能力。实际应用中，K 线理论是进行技术分析的最初步的技术。

7.4 量价分析

7.4.1 量价关系理论

量价关系理论在技术分析中具有极其重要的地位。成交量是股价上涨的原动力，市场价格的有效变动必须有成交量的配合；是测量证券市场行情变化的“温度计”，通过其增加或减少的速度可以推断规模大小和指数股价涨跌的幅度。然而到目前为止，人们并没有完全掌握量价之间的准确关系。这里仅就目前常用的量价关系理论进行介绍。

1. 古典量价关系理论

古典量价关系理论也称为逆时钟曲线法，它是最浅显、最容易入门的量价关系理论，它是通过观测市场供需力量的强弱，来研判未来走势的方向的方法，如图 7-66 所示。

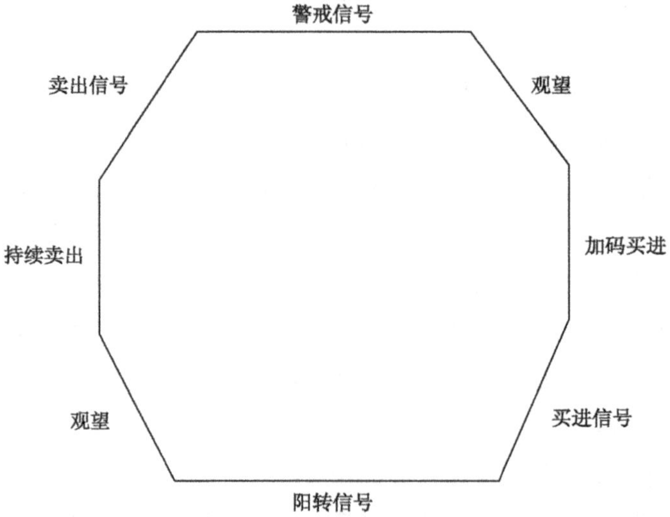

图 7-66 逆时钟曲线

古典量价关系理论的应用原则有以下几个。

① 阳转信号。当大盘成交量开始逐步递增时，虽然大盘指数并未明显攀升，仍属横向盘整，但投资性买盘已分批介入，人气开始活跃。而在股价下跌形成底部区域过程中，敢于率先承接分批进货的，大多为有心人士，因此这时表示价位开始敢于承接，为价稳量增、多头上攻的阳转信号。

② 买入信号。成交量持续扩增，股价回升，逆时钟曲线由平向上时，为最佳买入时机。价量配合良好的多头上升形态。由于能量潮不断地推升，市场人气极为活跃，追涨意愿强烈，换手积极，持股成本越来越高，尤其在突破盘整区域之后，上升力道更强，此时为最佳买入机会，因此，称为买入信号。

③ 加码买入。成交量到达高位活跃区，抢进抢出，换手积极，成交量并未明显减退，重要人气指标均线系统未反转直下，尚无须害怕头部的形成，而大盘指数以跳空陡峭上升走势，呈现喷发行情，此时各项均线都以仰角挺升推进，对大盘有助涨的功能。但拉回时反而没有抵抗力量，不具任何支撑作用。由于单日反转尖头下滑的情形非常普遍，因此，本阶段危险性非常高，但就量价准则来看，仍有量缩盘头是逃命机会的警戒信号。但西方证券市场有“擦鞋童泡沫理论”，国内也有“和尚理论”，在全民疯狂抢买、股价狂飙之时，通常盘头进入末升段的概率也随之增大。

④ 观望。股价继续上涨，但涨势趋缓，成交量未能跟上，走势开始有减退的迹象，此时价位已高，不宜再追高强涨。

⑤ 警戒信号。股价在高位盘整，已难创新高，成交量已明显不足，股价盘头裹足不前，在人气逐步衰竭且获利状况不大如前的前提下，浮筹越来越多，在无大量买盘承接之下，股价无力支撑而告滑落概率越来越大，为准备大量出货时机。此时量价投资心理表达得最为贴切。

⑥ 卖出信号。股价从高位滑落，成交量持续减少，逆时钟曲线的走势由平转下时，进入空头市场，此时大盘出现天价天量之后，股价始终无法再度上扬，量价出现同时下滑走势，表示人气与追涨买盘同时退潮，交投不再活跃，盘势上升乏力，且有急速下滑的可能，此时应卖出手中股票，甚至融券放空。

⑦ 持续卖出。就量价关系而言，当出现股价下跌而量维持低迷走势时，表示跌势尚未停止，仍有持续下跌的可能，因此仍属持续卖出阶段。本阶段有价跌量缩及价稳量缩两种形态。价跌量缩表示无人愿意承接，投资性买盘尚未介入，有继续探底之势，因此尚不能贸然投入；至于到了价稳量缩之时，则为逢低买盘开始承接，虽然股价仍属低迷盘整走势，但抗跌性越来越强，有欲跌不易的感觉，尤其大盘绩优股盘稳后不再续跌，更能酝酿反弹契机，虽然尚未是大量建仓买点，倒是分批买入的良机。

⑧ 观望，准备伺机承接。本阶段虽然指数继续下跌，但在跌幅已深的情况下，机构及投

资性买盘陆续介入，遂使成交量稳和放大，人气开始活跃，因此为伺机承接阶段，只要连续试探支撑而不破的话，就是勇于承接阳转信号的开始；若大盘再呈现股价升量增时，则是追涨买入的契机。

逆时钟曲线简单易懂，是了解量价关系的启蒙知识，但对于复杂的 K 线量价关系无法做出有效解释；另外，对于股价剧烈波动的市场，经常发生单日反转，若刻板应用，会有慢一拍的感觉，不易掌握良好的买卖点。在高位时价跌量增，量价背离形态未能呈现出来，无法掌握最佳卖点；低位时的价稳量缩也无法呈现出来，不易把握最佳买点。

尽管逆时钟曲线有许多缺点，但是仍有许多易于应用的正面的价值，应用时切勿陷入教条，需结合实际情况使用。

2. 对量价关系的总结

成交量增减的变化在证券市场技术分析者中的地位十分重要，因为成交量的变化往往成为证券市场技术分析者用来分析判断行情的重要指标之一。成交量的变化直接影响投资及投机者的买卖意愿，久而久之，便依据经验总结出一些规律和原则。当然，这些规律和原则并非放之四海而皆准，但其确有较高的参考价值。

（1）价涨量增顺势推动。这一规律是指指数涨升之时，当天的成交量须有“配合性增加”，指数小涨时的成交量要比前日的小成交量略增，或维持原状稍有增减；指数有较大涨幅或大幅攀升时，则成交量必须有明显性的增加。这是市场人气聚集的表现，也是技术性理论上所谓“行进换手”的调节，即成交量增加、投资者持股成本提高、获利回吐的压力就减轻。上述成交量增加的情形需要具有理性的幅度，但是在中等涨幅或大涨之时成交量不可骤然大增，如平时成交量为一二十亿元，当日大涨 50 个指数点，但成交量骤增 50 亿元以上，这反而会引起持股者的心慌，使他们认为是机构拔高出货或抛压较重，后市需消化和解套盘。

（2）价涨量减呈现背离。该现象与上述原则相反，即一般所谓的“曲高和寡，乏人跟进”。这种现象大多产生于反弹行情之中，多为套牢或中短线的有心人介入维持，不宜冲高跟进。若第二天价格仍继续上涨，而成交量已经增加，则量减的当天可视为浮动筹码已有减少。

（3）价跌量增有待观察。该现象是指指数下跌时，当天的成交量未见减少反而增加。这种背离的情形有下述几点情况。

① 指数原先涨升已多，刚从高位滑落之时的成交量突然大增，此时不论下跌当天 K 线是否有很长的上影线或下影线，均可视为是市场主力及大户大量出货所致，不管次日行情是否再度穿越高点涨升，均宜乘机先行卖出。次日开盘后，如果股价一路滑低，此时也不可等待反弹、抱股不放，因为在此种情况下，股价通常会越抱越低，最终造成巨大投资损失。

② 指数虽已上升许多，但在涨后回跌的过程中，成交量小幅增加，这是人气减弱、追涨买进意愿不足的现象，但不能认为行情即将转势下跌。因为此时虽然指数有可能持续回挡，但日后走势是否仍将上升也很难预料，故不可贸然认定未来走势如何变化。

③ 指数原已下跌许多，此时的跌幅已经日渐减少，而成交量突然大幅增加，此时，不论当日 K 线有无下影线，均可视为已经有主力机构或实力大户介入买进，近日内指数将止跌回稳。至于该回稳现象是否仅呈反弹或已为筑底回升仍难预料，这需要配合其他资料与各种因素多做观察与考虑。另外，此种成交量的增加若只是为少数股票的成交量异动所致，则不能以上述观点来看待，此点需多加注意。

④ 指数原已下跌甚多，此时的跌幅尚未见减少，而成交量突然大增，且当天 K 线留下较长的上影线收盘，这说明此时多方虽然要振作精神将行情拉上，但空方反而乘机将行情压低成功。这种情况下，往往反而会多套牢一批浮动筹码，除非近日内指数能够迅速拉过该点压力，否则行情会继续进一步探底。

（4）价跌量减情况互异。该现象是指指数下跌之时，当天的成交量也比前日有所减少。这种情况通常有以下几种。

① 指数原先已经下跌很多，目前虽仍在下跌，但成交量也随之减少，这是大势仍然很弱、买气不足的表现，后市仍难看好。

② 在指数下跌之后，其近期的跌幅已经减少，而成交量也已至低水平，虽然此时仍显示买气不足，但同时说明持股者已有惜售情绪，行情有望于近期获得支撑反弹上行或构筑底部回升向上。

③ 指数原先已上升较多，目前刚从高位滑落，但成交量也随之减少，此时通常可暂以回挡视之。

④ 指数原先下跌甚多，近期已止跌回稳，并略有反弹，来日于反弹之后再做下跌，成交量随指数的下跌而减少，此时可参考前面的三项分析做出判断。

⑤ 指数不论原先涨升已多或下跌已久，如果指数再行下跌之日，其成交量减少，日 K 线留下上下影线，此时可能有两种情况：一是上影线和下影线都很长时，如果上影线不是因不实利空影响跳空低开所致，则近日行情仍难以看好；二是如果下跌之日的下影线超出上影线很多，次日股价也能超过本日上影线，则行情可望于近期中转为升。

7.4.2　由成交量研判股票行情

成交量的多少与股票行情的好坏有密切关系。证券市场交易火暴，成交量不断增长，股票价格必然呈坚挺的局面；反之，股票行情必然逐渐萎缩。资金会聚，人气旺盛，交投活跃，成交量逐渐放大，这都不是短期内能够做到的；市场萎缩、人心涣散也不是一两天造成的。所以，由成交量来判断股票行情是极其基础的方法之一。当成交量放大时，投资者可依下列几种情形对股票行情加以判断。

① 成交量增加，表示买方需求增加，换手积极，股价看好。

② 成交量增加，表示游资涌进证券市场，交易自然活跃，行情随之高升。成交量增加，

表示股票的流通性顺畅，证券市场繁荣，股价必然高涨。成交量增加，也可能是短线操作增加，投机气氛浓厚，行情基础较不稳固，股价随时有滑落的可能。

③ 成交量过分膨胀，股价自然跟随急涨，市场主力及大户出货相当容易，这对中小投资者相当不利。当成交量减少时，浮动筹码必然增加，卖压随即表面化，股价也随之滑落，投资人兴趣大减，资金很快从证券市场抽走，来不及撤退的只有注定套牢，要等证券市场翻身醒来才有重生的机会。从正面看，成交量增加是表示证券市场繁荣、股价上升的好现象，但相对的高利润必有高风险相伴随，投资者在获取收益时，千万别忘了风险的存在。

7.4.3 成交量的警示作用

在证券市场涨潮中，最明显的情形是股价高涨，成交量激增，成交总额与股票指数不断创出新高。但假若只是成交量增加，而股价与股票指数没有明显的涨升，这表示股价已达到高峰，回挡的可能性极大，也是投资者应该有所警惕的时候了。连日上涨的股票突然高开低走且以低价收盘时，投资者就应该特别注意了，这种情况表示股价已有回挡的征兆，正是乌云密布的时候，最好还是暂时避开为妙。交易量日渐萎缩，股价也逐渐失去往日的雄风，这时表明该股已逐渐趋近高价，投资者可以考虑获利了结。总之，特殊的证券市场信号，其背后一定隐藏着另一个新的开始，与其冒着风雨前进，不如暂时休息一下。

7.4.4 葛兰碧量价关系理论

葛兰碧量价关系理论是目前对成交量与股价趋势关系描述较为全面的一种理论，该理论可以由以下九条法则概括。

① 价格随着成交量的递增而上涨，为市场行情的正常特性，此种量增价升的关系，表示股价将继续上升。

② 在一个波段的涨势中，股价随着递增的成交量而上涨，突破前一波的高峰，创下新高价，继续上扬，然而此段股价上涨的整个成交量水准确低于前一个波段上涨的成交量水准。在此时股价创出新高，量却没有突破，则此段股价涨势令人怀疑，同时，也是股价趋势潜在的反转信号。

③ 股价随着成交量的递减而回升，股价上涨，成交量却逐渐萎缩，成交量是股价上升的原动力，原动力不足显示出股价趋势潜在的反转信号。

④ 有时股价随着缓慢递增的成交量而逐渐上升，渐渐的走势突然成为垂直上升的喷发行情，成交量急剧增加，股价跃升暴涨；紧随着此波走势，继之而来的是成交量大幅萎缩，同时股价急速下跌，这种现象表明涨势已到末期，上升乏力，显示出趋势有反转的迹象。反转所具有的意义，将视前一波股价上涨幅度的大小及成交量增加的程度而言。

⑤ 股价走势因成交量的递增而上升，是十分正常的现象，并无特别暗示趋势反转的

信号。

⑥ 在一个阶段的长期下跌形成谷底后，股价回升，成交量并没有随股价上升而递增，股价上涨欲振乏力，然后再度跌落至原先谷底附近，或高于谷底，当第二谷底的成交量低于第一谷底时，是股价将要上升的信号。

⑦ 股价往下跌落一段相当长的时间，市场出现恐慌性抛售，此时，随着日益放大的成交量，股价大幅度下跌；继恐慌卖出之后，预期股价可能上涨，同时恐慌卖出所创的低价将不可能在极短的时间内突破。因此，随着恐慌大量卖出之后，往往是空投市场的结束。

⑧ 股价下跌，向下突破股价形态，趋势线或移动平均线同时出现了大成交量，是股价下跌的信号，明确表示出下跌的趋势。

⑨ 当市场行情持续上涨数月之后，出现急剧增加的成交量而股价上涨无力，在高位整理，无法再次向上大幅上升，显示了股价在高位大幅震荡，抛压沉重，上涨遇到了强阻力。此为股价下跌的先兆，但股价并不一定会必然下跌。股价连续下跌之后，在低位区域出现大成交量，股价却没有进一步下跌，股价仅出现小幅波动，此即表示进货，通常是上涨的因素。

7.4.5 涨跌停板制度下的量价关系分析

由于涨跌停板制度限制了股票一天的涨跌幅度，使多空头的能量得不到彻底的宣泄，容易形成单边市。很多投资者存在追涨杀跌的意愿，而涨跌停板制度下的涨跌幅度比较明确，在股票接近涨幅或跌幅限制时，很多投资者可能经不起诱惑，挺身追高或杀跌，形成涨时助涨、跌时助跌的趋势。而且，涨跌停板的幅度越小，这种现象就越明显。目前，在沪深证券市场中，ST 板块的涨跌幅度由于被限制在 5%，因而它的投机性也是非常强的，涨时助涨，跌时助跌的现象最为明显，很多股票会形成单边市，出现连续涨停板或跌停板，股价波动较为剧烈。

在实行涨跌停板制度下，大涨和大跌的趋势继续下去，是以成交量大幅萎缩为条件的。拿涨跌停板时的成交量来说，在以前，看到价升量增会以为价量配合好，涨势形成或会继续，可以追涨或继续持股；如果上涨时成交量不能有效配合放大，说明追高意愿不强，涨势难以持续，应不买或抛出手中股票。但在涨跌停板制度下，如果某只股票在涨停板时没有成交量，那是卖方目标更高，想今后卖出好价，因而不愿意以此价抛出，买方买不到，所以才没有成交量。第二天，买方会继续追买，因而会出现续涨。然而，当出现涨停后中途打开，而成交量放大时，说明想卖的投资者增加，买卖力量发生变化，下跌有望。

类似地，在以前，价跌量缩说明空方惜售，抛压较劲，后市可看好；若价跌量增，则表示跌势形成或继续，应观望或卖出手中的筹码。但在涨跌停板制度下，若跌停，买方寄希望于明天以更低价买入，因而缩手，结果在缺少买盘的情况下成交量小，跌势反而不止；反之，如果收盘仍为跌停，但中途曾被打开，成交量放大，说明有主动性买盘介入，跌势有望止住，盘升有望。

在涨跌停板制度下，量价分析基本判断有以下几种。

① 涨停量小，将继续上涨；跌停量小，将继续下跌。

② 涨停中途被打开次数越多、时间越久、成交量越大，则反转上升的可能性就越大。

③ 涨停关门时间越早，次日涨势可能性越大；跌停关门时间越早，次日跌势可能性越大。

④ 封住涨停板的买盘数量大小和封住跌停板时卖盘数量大小说明买卖盘力量大小。这个数量越大，继续当前走势的概率越大，后续涨跌幅度也就越大。

不过，要注意庄家借涨停板制反向操作。比如，他想卖，先以巨量买单挂在涨停位，因买盘量大集中，抛盘措手不及而惜售，股价少量成交量报收涨停，自然，原先想抛就不抛了，而此时有些投资者以涨停价追买，此时庄家撤走买单，填卖单，自然成交。当买盘消耗差不多时，庄家又填买单接涨停价处，以进一步诱多，单一散户又追入时，又撤买单再填卖单，如此反复操作，已达到高挂买单虚张声势诱多，在不知不觉中悄悄高位出货。反之，庄家想买，他先以巨量在跌停价位处挂卖单，吓出大量抛盘时，先悄悄撤出原先卖单，然后填写卖单，吸纳抛盘。当抛盘吸纳将尽时，又抛巨量在跌停板价位处，再恐吓持筹者，以便吸纳，如此反复。所以，在此种场合，巨额买卖单都是虚的，不足以作为判断后市继续先前态势的依据。判断虚实的根据为是否存在频繁挂单撤单行为、涨跌停是否经常被打开及当日成交量是否很大。若回答是，则这些量必为虚；反之，则为实，从而可依先前标准做出判断结论。

复习与实训

一、名词解释

1．量价关系　2．涨停板　3．跌停板

二、简述题

1．K 线理论的起源。

2．K 线的四个价格及其含义。

3．K 线的画法及单根 K 线的含义。

4．常见的 K 线组合及其含义。

5．主要的量价关系理论观点。

三、实训题

1．K 线画法练习

实训要求：选择任意一只股票，观察该股票全天的分时走势，闭式后按照 K 线的画法画出该股票当日的 K 线图。

2．典型多日 K 线观察

实训要求：利用股票分析软件，观察任意一只股票的历史 K 线走势图，从中寻找典型双日 K 线或多日 K 线，并用画图工具划线标明，并截图。

四、分析题

1．选择任意一只股票，尝试对其当天的 K 线形态进行分析，预测下一交易日的股价走势，根据下一交易日的实际走势判定分析结果正确与否，并剖析原因。

2．选择任意一只股票，尝试从其历史 K 线走势中观察典型 K 线组合形态，并加以总结分析。

3．涨跌停板制度及涨跌停板制度下的量价关系应用。

第 8 章　切线理论

8.1　趋势分析

8.1.1　趋势的定义

证券价格变动是有一定趋势的。技术分析的三大假设（见 6.1.2 小节）中的第二条明确说明价格的变化是有趋势的，如果没有外来因素的影响，价格将沿着这个趋势继续运动。趋势概念是技术分析中的核心概念。

简单地说，趋势就是证券价格市场运动的方向。明确了一段上升或下降的趋势，则股价的波动必然朝着这个方向运动。

一般来说，市场变动不是一成不变地朝一个方向运动的，期间必定会有曲折，从图形上看就是一条蜿蜒回旋的折线，每个转折处就形成一个高峰或低谷。市场趋势正是由这些高峰和低谷依次上升和下降的方向决定的。

在上升行情里，虽然有时也有下降，但并不影响上升的大方向，偶尔出现的下降很快会被不断出现的新的高价所取代。在下降行情里，不断出现的新低价格会打击投资者，短暂出现的价格回调有时会使投资者恢复一些士气，但随之而来的新的股价下跌很快就会把这种信心摧毁。所以，投资者应把握长期趋势，不为暂时的回调和反弹所迷惑，同时应及时把握大势的反转。

8.1.2　趋势的方向

趋势的方向分为上升趋势、下降趋势和水平趋势三种情况，如图 8-1 所示。

1．上升趋势

当大众普遍看好后市时，错过上一轮抄底的投资者均会翘首以待，期望价位回挡，以便逢低吸纳。投资者都唯恐踏空而错失良机，所以当股价回挡至前一低点之前他们便纷纷进场建仓，日线图呈现一底比一底高的形态，此时连接谷底低点得到的趋势线向上倾斜，图形中每个后面的峰和谷都高于前面的峰和谷，这种趋势就是上升趋势。这就是人们常说的一底比一底高或底部抬高，如图 8-2 所示。

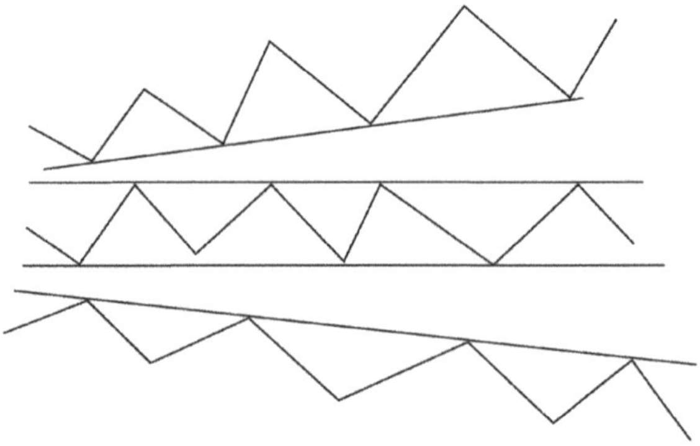

图 8-1　趋势方向的图形

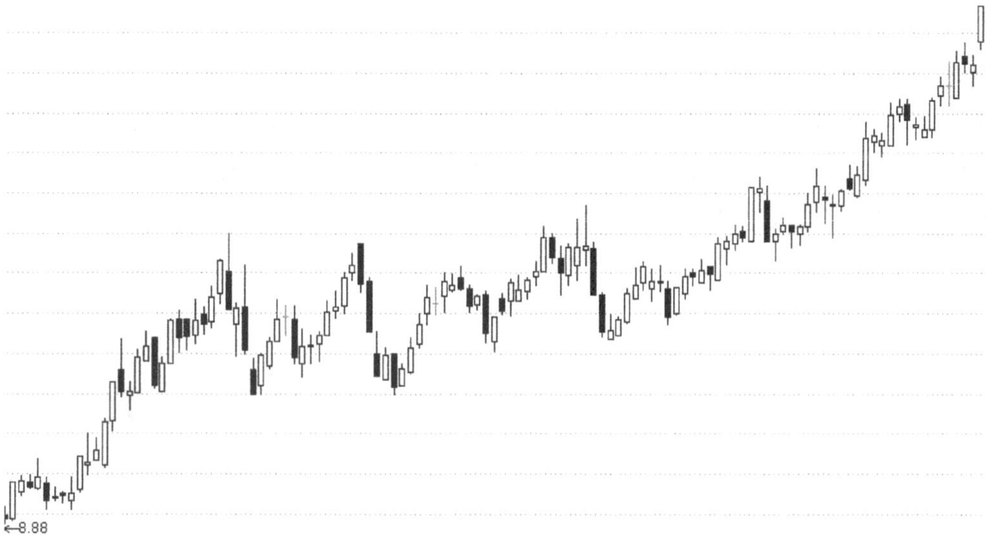

图 8-2　上升趋势的实例

2．下降趋势

当大众普遍看坏后市时，错过上一波获利的投资者均会静候价位的反弹，以便趁高出货，从而减少亏损。投资者都唯恐错失解套机会，所以当价位反弹至前一高点之前他们便纷纷出场平仓，日线图因之呈现一浪比一浪低的形态，此时连接波峰高点得到的趋势线向下倾斜，图形中每个后面的峰和谷都低于前面的峰和谷，这种趋势就是下降趋势，如图 8-3 所示。

图 8-3　下降趋势的实例

3. 水平趋势

当大众既不看好也不看坏后市时，由于多数投资者都持观望态度，股市交易清淡。入市投机的短线客价位稍跌即进，微利即出，股价因此上下波幅狭窄，此时的趋势线大体走平，图形中后面的峰和谷与前面的峰和谷相比没有明显的高低之分，几乎呈水平延伸，这时的趋势就是水平方向趋势。这是被大多数人忽视的一种方向，这种方向在市场上出现的时间相当多，如图 8-4 所示。

图 8-4　水平趋势的实例

大多数技术分析方法对处于水平方向的市场进行分析时都容易出错，或者作用不大。这时的市场正处在供需平衡的状态，股价下一步朝哪个方向走无章可循，可以向上，也可以向下，在趋势不明朗时不宜盲目操作。

8.1.3 趋势的类型

1. 长期趋势

长期趋势也称基本趋势或主要趋势，是指证券价格在一段较长时间内的总体运行方向。不同的证券市场，其长期趋势维持的时间差别很大。比如，熊市中有的股票长期下降趋势可以维持三年以上，有些甚至可以达到五年或更久；而牛市中的股票长期上升趋势可能只维持一年左右。

2. 中期趋势

中期趋势也称次要趋势，是指证券价格在一段比较长的时间内的中级运行方向，是证券价格运行在长期趋势过程中的必要调整。它一般不会改变长期趋势的发展方向，而是对长期趋势正常而必要的整理。

3. 短期趋势

短期趋势也称短暂趋势，是指证券价格在短时期内的变动趋势，其维持的时间一般很短。短期趋势又是对中期趋势的调整。

不同类型的趋势不是单一的而是相互包含的，即每个长期趋势可能包含几个中期趋势，每个中期趋势又可能包含若干短期趋势。另外，不同类型的趋势之间还可以相互转化，即一段时期内的短期趋势可能是另一段更短时期内的中期趋势或长期趋势；而一段时期内的长期趋势也可能是更长时期内的中期趋势甚至短期趋势。

8.2　趋势线

8.2.1　趋势线的定义

由于证券价格变化的趋势是有方向的，因而可以用直线将这种趋势表示出来，这样的直线称为趋势线。

趋势线的种类很多，其中最主要的有 K 线趋势、黄金分割线、扇形线、速度线、百分比线、甘氏线等。趋势线的分析主要是采用直线或曲线的形式，选取特定的高低点连接成线，或者选取不同的角度连接成线，从而找出股价的支撑压力位，并预测股价未来的发展方向。

8.2.2　趋势线的特点

趋势线的特点主要体现在以下几个方面。

① 趋势线被证券价格触及的频率越大越可靠。证券价格触及趋势线越频繁，表明趋势线的走势越接近价格的实际变动情况；两者间的拟合度越高，趋势线越准确。

② 倾斜度小的趋势线较为可靠。倾斜度大的趋势线表明证券价格在短时间内得到迅速拉升，一些短线操作的投资者在短时间内获得期望收益后会选择清仓离场，价格走势可能会因此而突破原有趋势，出现方向调整。

③ 连接趋势线两端点的距离越大，趋势线可靠性越强。趋势线的端点间距离越大，表明时间跨度越大，此时的趋势线是经过多次对短期趋势调整后形成的中长期趋势线，是经过市场多次检验和调整的，所以可靠性越来越强。

8.2.3　趋势线的分类

1．按运行方向分类

① 上升趋势线。上升趋势线是指在一轮比较长的时间的上升行情中，证券价格运行的走势是一底比一底高，而选择有一定标志意义的两个低点加以连接，就形成一条向上倾斜的直线，这就是上升趋势线。

② 下降趋势线。下降趋势线是指在一轮比较长的时间的下跌行情中，证券价格运行的走势是一顶比一顶低，而选择有一定标志意义的两个高点加以连接，就形成一条向下倾斜的直线，这就是下降趋势线。

③ 水平趋势线。水平趋势线是指在一轮比较长的时间的横向整理行情中，股价运行的走势是底部和底部、顶部和顶部几乎都分别在同一水平线上，而选择有一定标志意义的两个高点或低点加以连接，就形成一条近似水平的直线，这就是水平趋势线。

2．按对股价的作用分类

市场上的股价在达到某一水平时，往往不再继续上涨或下跌，似乎此价位上有一条对股价起阻拦或支撑作用的抵抗线，我们称其为阻力线或支撑线。

① 阻力线。阻力线是指股价上升至某一高度时，有大量的卖盘供应或者买盘接手薄弱，从而使股价的继续上涨受阻。当股价达到某一价位附近时，便有投资者大量出货，使股价遇到阻力而停止上涨，甚至回跌、向下调整，这就是技术分析上常说的股价遇到阻力线。阻力线是表示股价能否继续突破上涨或反转下调的关键线。阻力线如被突破，则是进货机会。

② 支撑线。支撑线是指股价下跌到某一高度时，买气转旺而卖气渐弱，从而使股价停止继续下跌。当股价下跌到某一价位时，投资者大量进货，使股价停止下跌，出现回升，这时股价得到支撑。支撑线可看作多头反攻的开始。支撑线是表示股价继续下跌或反弹向上的关键线。支撑线如被跌破，则是出货的信号。

从供求关系的角度看，“支撑”代表了集中的需求，而“阻力”代表了集中的供给。股市上供求关系的变化导致了对股价变动的限制。

支撑线或阻力线具有三个特点。一是如果在同一条线上的股票交易量越多，其显示的支撑力或阻力就越强。二是支撑线或阻力线附近交易量大，表明支撑力或阻力也较强；支撑线或阻力线附近交易量小，表明支撑力或阻力也较小。三是时间跨度越长，其支撑力或阻力可能会相应减弱，股价被突破的可能性就会增加。

在支撑线的上面或阻力线的下面，选择最外面一点，画一条与支撑线或阻力线平行的线，即构成通道。根据通道，可以判断股市的基本走势。通道显示了股价可能的升降幅度和可能达到的价位。所以，技术分析理论认为，如果股市的基本走势是上升趋势，则以买进为主，以通道的支撑线水平为买进报价，以平行阻力线为短期卖出套利的目标；如果股市的基本走势是下降趋势，则以卖出为主，以通道的阻力线水平为卖出报价，以平行支撑线为短期回补套利的目标。

支撑线和阻力线构成的平行通道就是支撑区和阻力区。阻力线被有效突破后会形成支撑线，这条新的支撑线与其平行的阻力线构成新的支撑区；而支撑线被有效跌破后会转变成阻力线，这条新的阻力线与其平行的支撑线构成新的阻力区。

3．按不同形态分类

① K 线趋势线。K 线趋势线是指利用一组 K 线中具有一定研判意义的高点或低点作为原

始点，将该点与其后各个明显 K 线的高点或低点互相连线，形成一条条向上（或向下、水平）的直线，这就是 K 线趋势线。

② 均线趋势线。投资者在运用均线研判行情时，股价图上能看到明显的上升或下跌趋势，这种均线特有的属性使均线运行的方向几乎与趋势线运行的方向相一致，并且消除了股价在这个趋势过程中的偶然变动因素，直至这个趋势发生根本性变化。因此，均线本身就可以视为一种重要的趋势线，它的最大作用在于跟踪股价固有的运行趋势是否持续或者指示原有的运行趋势是否将逆转。

均线在计算时消除了偶然因素的影响，能比较真实地追踪股票价格的运行趋势。我们可以把移动平均线看成一条弯曲的趋势线。与那些需要投资者自己在股价 K 线图上画的其他各类趋势线相比，均线则是由计算机自动计算而生成的，是一种直观实用的趋势线。

③ 百分比线。在对行情进行技术分析时，百分比线是较为常用的分析工具，其主要作用是以百分比率预先给出个股的支撑位或压力位，以便在可能的目标位附近提前做好操作上的准备。百分比线考虑问题的出发点是人们的心理因素和一些整数的分界点。

当价格持续向上并涨到一定程度时，肯定会遇到压力，遇到压力后就要向下回撤，回撤的位置很重要。百分比线是以一轮行情上涨开始的最低点和开始向下回撤的最高点之差分别乘上几个特别的百分比数，得到未来支撑位可能出现的位置。它是利用百分比率进行的切线画法，以近期走势中重要的高点和低点之间的涨跌幅度作为计量的基数，将原涨跌幅度按 1/8、2/8、1/3、3/8、4/8、5/8、2/3、6/8、7/8、8/8 的比例 10 等分，生成百分比线。百分比线可使股价的涨跌幅度更加直观，往往能形成重要的阻力位与支撑位。

④ 黄金分割线。黄金分割线是利用黄金分割比率的原理对行情进行分析，并依此给出各相应的切线位置。黄金分割中最常用的比率为 0.382 和 0.618，将此应用到股市行情的分析中，可以理解为在上述比率所对应位置一般容易产生较强的支撑与压力。

黄金分割线是利用黄金分割比率进行分析的一种趋势线画法。在行情发生转势后，无论止跌转升还是止升转跌，都可以用近期走势中重要的高点和低点之间的涨跌额作为计量的基数，将原涨跌幅按 0.191、0.382、0.618、0.809 分割为 4 个黄金点，股价在反转后的走势可能在这些黄金分割点上遇到暂时的阻力或支撑。

黄金分割线与百分比线的分析原理基本相似，两者的不同之处仅在于所引用的比率不同，但在对同一行情或个股进行分析时，所揭示的关键性点位位置基本一致。另外，如果百分比数字取为 61.8%、50% 和 38.2%，就得到另一种黄金分割线——两个点的黄金分割线。在实际中，两个点的黄金分割线使用很频繁，差不多已经取代了百分比线，但它只是百分比线的一种特殊情况，因此两者在实际应用中可以相互替代使用。

⑤ 速度线。速度线又称速度阻挡线，是一种趋势分析工具。当价格上升或下跌的第一波形态完成后，利用第二波的展开幅度推测出后市发展的几条速度线，可作为支撑和阻力位置。

在一个走势的确立、发展及停滞盘整的整个过程，股价的变化速度以一快一慢的形式发展。在一个主要上升趋势启动的时候，股价往往已经盘整了一段相当长的时间，以清理相当多的浮动筹码和获利筹码，这样才能使股价缓慢上升；主要的上升趋势一旦确立，则中长线资金相继涌入，使行情涨势步伐渐渐加快；当股价持续上升时，短线投资者也会争相涌入，促使股价暴涨；当股价持续涨升并进入高价区域后，这种上升的速度就逐渐放慢，渐渐地进入盘整阶段。而当股价由高位下降时，即主要的下降趋势形成之初，股价下跌的阻力较强，下降幅度较小；当下降趋势确立时，多数投资者开始争相抛售股票，使股价加速下滑；当股价下降到低价区域后，下降速度逐渐放慢，并进入盘整阶段。

速度线最为重要的功能是判断一个趋势是被暂时突破还是被持续突破。实际上，速度线与百分比线和黄金分割线大致类似，也是一种将趋势三分法的具体应用。不过它与百分线最大的区别在于，速度线描述的是趋势上升或下降的速率。另外，速度线又具有一些百分比线的含义，它将每个上升或下降的幅度分成三等分进行处理。

⑥ 扇形线。所谓扇形线，就是利用一个重要的高点或低点作为原始点，将该点与其后的各个明显高点或低点互相连线，组成一个类似于扇子的形状而得名。扇形线分为下降扇形线和上升扇形线两种。

扇形线原理依据的是三次突破的原则。在上升趋势中，先以两个低点画出上升趋势线，如果价格向下回挡，跌破了刚画的上升趋势线，则以新出现的低点与原来的第一个低点相连接，画出第二条上升趋势线。如果第二条趋势线又被向下突破，则同前面一样，用新的低点与最初的低点相连接，画出第三条上升趋势线。依次变得越来越平缓的这三条直线形如张开的扇子，扇形线和扇形原理由此而得名。下降趋势也可如法炮制，只是方向正好相反。

扇形线丰富了趋势线的内容，明确给出了趋势反转（不是局部短暂的反弹）的信号。趋势要反转必须突破层层阻力。股价要反转向上，必须突破很多条压在头上的压力线；股价要反转向下，必须突破多条横在下面的支撑线。微小的突破或短暂的突破都不能被认为是反转的开始。必须消除所有阻止反转的力量，才能最终确认反转的来临。

⑦ 甘氏线。甘氏线也叫甘氏角度线，是从江恩理论中发展而来的。江恩理论是由美国著名股市分析家江恩先生创立的一套独特理论。甘氏线就是他将百分比原理与几何角度原理结合起来的产物，所以甘氏线包含了角度线的内容。

甘氏线分上升甘氏线和下降甘氏线两种。它是从一个点出发，依一定的角度向后画出多条直线，每条直线都有一定的角度。得到这些角度都与百分比线中的那些数字有关。每个角度的正切或余切分别等于百分比数中的某个分数（或百分数）。

甘氏线利用形态将百分比原理和几何角度原理做精确的配合，它提供的不是一条或几条线，而是个扇形区域。作为市场的波动周期，股价在一定周期内都会出现明显的高点和低点。甘氏线一般以六个月作为画线的画面周期，选择明显的高点或低点作为基点画上下甘氏线。此种画法的前提是调整的幅度在此范围中。如果被选到的点是高点，则应画下降甘氏线，这些线将在未来起支撑和压力作用；如果被选到的点是低点，则应画上升甘氏线，这些线将在未来起压力和支撑作用。

8.3　K 线趋势线

按照开盘价、收盘价、最高价、最低价四个价位的关系不同，K 线有阴阳线之分，又有实体、上影线和下影线之分，因此，用 K 线画趋势线的方法有多种。我们可以从上升行情和下降行情两个方面入手，研究 K 线趋势线的画法和运用方法。

8.3.1　上升趋势线

一般情况下，K 线理论认为，阳线的收盘价对股价的走势具有较为重要的决定意义，而阳线的下影线对股价的走势具有较强的支撑作用。因此，画上升趋势线时就可以选择阳线的收盘价或最低价作为参考。

在一轮阴阳相夹的上升行情中，连接两个具有典型意义的阳线的收盘价，就可以形成一条向上倾斜、角度相对陡峭的直线，即上升趋势线。这种选用阳线收盘价作为参考的画法对中短期上升行情的判定具有较强的参考意义，如图 8-5 所示。

在一轮阴阳相夹的上升行情中，连接两个具有典型意义的阳线的最低点，可以形成一条向上倾斜、角度相对平缓的上升趋势线。这种上升趋势线的画法选取了阳线的最低点作为参照，其对中长期上升行情的判断具有较强的参考意义，如图 8-6 所示。

图 8-5　上升趋势线示例 1

图 8-6　上升趋势线示例 2

8.3.2　下降趋势线

K 线理论认为，阴线的开盘价对股价的走势具有较为重要的决定意义，而阴线的上影线对股价的走势具有较强的压制作用，因此画下降趋势线时通常参照这两个价位。

在一轮阴阳相夹的下降行情中，连接两个具有决定意义的阴线的开盘价，就可以形成一条向下倾斜、角度相对陡峭的直线，即下降趋势线。这是下降趋势线的一种画法，它选取阴线的开盘价作为参照，对中期下降行情的判定具有较强的参考作用，如图 8-7 所示。

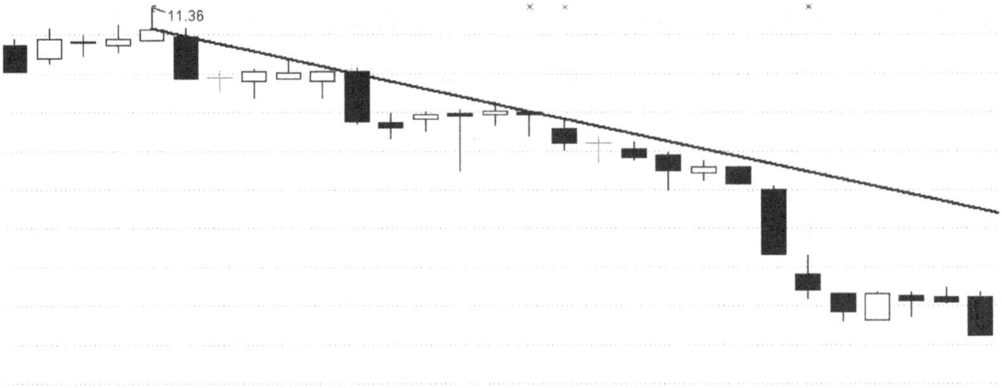

图 8-7　下降趋势线示例 1

在一轮阴阳相夹的下降行情中，连接两个具有决定意义的阴线的最高点，可以形成一条向下倾斜、角度相对平缓的直线，即下降趋势线。这是下降趋势线的另一种画法，它选取阴线的最高点，对中长期下降行情的判定具有一定的参考意义，如图 8-8 所示。

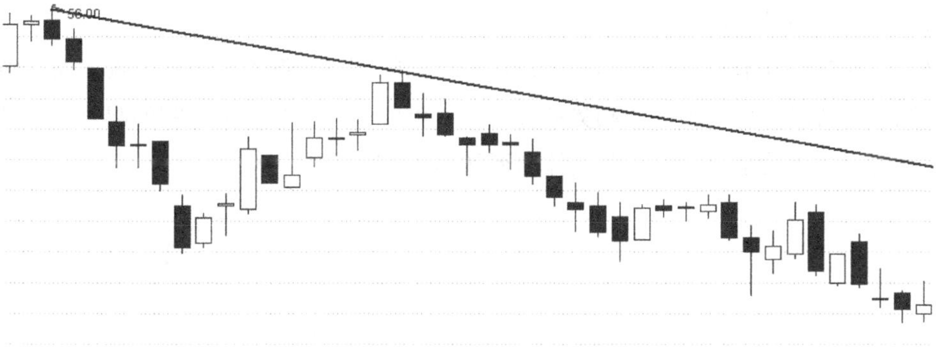

图 8-8　下降趋势线示例 2

8.4　黄金分割线

8.4.1　黄金分割线的定义

黄金分割线源于古老的“黄金分割率”，是股市中最常见、最受欢迎的趋势线分析工具之一。它主要运用黄金分割率的原理，揭示上涨行情中的调整支撑位或下跌行情中的反弹压力位。

黄金分割线是利用黄金分割比率的原理对行情进行分析，并依此给出各相应的压力或支撑位置的一种趋势线。黄金分割的原理源于斐波纳奇数列，众所周知的黄金分割比率 0.618 是斐波纳奇数列中相邻两个数值的比率，据此又推算出 0.191、0.382、0.809 等较为重要的比率。黄金分割中最常用的比率为 0.382 和 0.618，将此应用到股市行情的分析中，可以理解为上述比率所对应的位置一般容易产生较强的支撑与压力。

不过，黄金分割线没有考虑时间变化对股价的影响，所揭示出来的支撑位与压力位较为固定，投资者不知道什么时候会到达支撑位与压力位。因此，如果指数或股价在顶部或底部横盘运行的时间过长，其参考作用则要打一定的折扣，但这丝毫不影响黄金分割线的实用价值。

8.4.2　黄金分割线的画法

首先，记住若干特殊的数字，如 0.191、0.382、0.618、0.809、1.191、1.382，1.618 等。这些数字中，0.382、0.618 和 1.382、1.618 最为重要，价格极易在由这四个数产生的黄金分割线处构成支撑和压力。

其次，找到一个点。这个点是上升行情结束、股价调头向下的最高点，或者是下降行情结束、股价调头向上的最低点。

当然，这里的高点和低点都是指一定局部范围内的高点和低点。只要投资者能够确认一个趋势已经结束或暂时结束，则这个趋势的转折点就可以作为进行黄金分割的起点。这样的点一经选定，就可以画出黄金分割线，其具体图形如图 8-9 所示。

图 8-9　黄金分割线基本图形

8.4.3　黄金分割线的应用

1．利用回调和反弹幅度判断走势

可以依据股价向下回调的幅度和向上反弹的高度，利用黄金分割线判断行情的性质和股价未来的运行趋势。

① 从回调幅度判断。一轮真正的上升行情中会有几次级别比较大的回调整理过程，这种回调整理的第一目标位一般是前段上升行情高度的 0.382 线附近，第二目标位和第三目标位则是前段上升行情高度的 0.5 线和 0.618 线附近。

如果股价回调到 0.382 线上方或附近时，则重拾升势，表明股价的强势上升行情依旧。当股价向下击穿 0.382 这条重要的支撑线后，该段上升行情的 0.5 线是最重要的支撑位。

如果股价回调到 0.5 上方或附近时，则重新返身向上，说明股价的上升行情并未结束。当股价向下击穿 0.5 线这条重要的支撑线后，该段上升行情高度的 0.618 线就是最后一个支撑位。

如果股价有效向下击穿 0.618 线，则说明这段上升行情即将结束，股价的上升趋势将转为下降趋势或水平运动趋势。

② 从反弹幅度判断。在一轮大的下跌行情中，一般会有几次级别较大的反弹出货过程，这种反弹出货过程对于投资者逢高卖出股票有很大的帮助，同时可以用黄金分割线判断反弹行情的性质。

当股价从高位下跌的过程中，由于前期跌势过猛，股价会有一个比较大的反弹。当这种反弹高度未到 0.382 线处就又重新下跌时，意味着这种反弹是弱势反弹，股价未来的跌势可能会更加凶猛。

当股价的反弹高度未到 0.5 线处就重新下跌时，预示着这种反弹是下跌途中的中级抵抗，股价的下降趋势依旧，下跌行情尚未结束。

当股价的反弹高度达到 0.618 线处时，说明股价的下跌趋势即将趋缓，下跌行情也可能转向横向整理的行情。

不过，以上这些分析方法不适用于那些前期涨幅过高的庄股。

2. 判断支撑区和压力区

黄金分割线的另一个作用就是利用不同黄金分割线之间的距离，将股价的上升和下降行情划分为几个回调支撑区和反弹压力区，借以判断股价未来的运行趋势。

（1）回调支撑区。在一轮较大级别的上升行情中，按黄金分割标准划分，股价运行态势自上而下可分为四个区域，即无压力区、强力支撑区、最后支撑区和无支撑区。其具体图形如图 8-10 所示。

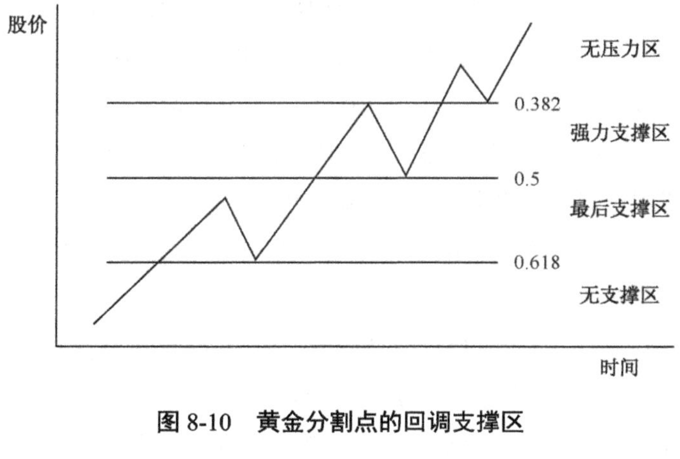

图 8-10　黄金分割点的回调支撑区

① 无压力区。上升行情中的无压力区是指股价上升过程中 0.382 这条黄金分割线以上的区域。在一轮大的上升行情里，股价一般都会出现几次比较大的回调走势，而在这种回调过程中，只要股价始终运行在 0.382 线以上的区域，股票的上升趋势就会持续下去，这对投资者的持股

待涨和逢低买入的决策很有帮助。

这里的无压力区并不是说股价的运行无压力，而是指股价在这个区域中重新向上运行时的压力相对比较小，其再度上冲的真正压力是在这一轮行情前期所创下的高点附近，换句话说，就是只有股价真正突破前期高点后继续向上运行时，才算没有真正的压力，即所谓的“涨不言顶”。

② 强力支撑区。上升行情中的强力支撑区是指股价上升过程中0.382与0.5这两条黄金分割线之间的区域。当股价经过一轮比较大的上升行情并开始向下回调整理时，如果回调至0.382 ~ 0.5线的区域就遇到比较强劲的支撑，只要股价始终运行在0.382 ~ 0.5线的区域，就表明此前股价从高位的回调整理是一种上升行情中的强势整理行情，股价的上升趋势并未发生改变。

强力支撑区是股价上升行情中的一个重要回调支撑区域，也是投资者持股观望或清仓出局的决策区域。一旦股价在这个区域运行一段时间后又返身向上，则可能意味着强势整理已经结束，股价将重拾升势，此时投资决策还是以持股待涨或逢低吸纳为主。而一旦股价向下突破这个强力支撑区，投资者就应高度警觉并随时清仓离场。

当这个强力支撑区被有效向下突破后，它就可能变成一个重要的压力区，并成为未来股价向上运行的强大压力区。

③ 最后支撑区。上升行情中的最后支撑区是指股价上升过程中0.5与0.618这两条黄金分割线之间的区域。这个区域是判断股价的上升行情是结束还是希望尚存的重要区域，也是主力可能护盘的最后区域。

当股价运行在0.5 ~ 0.618这个区域时，说明股价的上升行情尚未结束，股价再次向上的可能性仍在。而一旦股价有效向下突破0.5 ~ 0.618这个区域时，则说明股价的上升行情即将结束，股价向下运行的可能性增大，此时投资者决策应以持币观望为主。

④ 无支撑区。上升行情中的无支撑区是指股价在上升行情末期运行在0.618这个黄金分割线以下的区域。0.618这条黄金分割线是上升行情中比较重要的支撑线，它不仅可以显示上升行情中回调整理的极限位置，还决定了这种回调整理是上升行情中的正常整理还是新的一轮下跌行情的开始。如果股价向下有效突破0.618线，则意味着原来的股价上升行情已经结束，股价将由原来的上升趋势转变为下降趋势。

与无压力区相同，这里的无支撑区并不是说股价运行无支撑，而是指股价在这个区域运行时，该区域对其支撑力非常小，股价大多以阴跌为主。此后，股价运行的唯一支撑点就是这轮上升行情的起点。对于刚刚进入无支撑区的股票，投资者唯一的投资决策应该是持币观望。

（2）反弹压力区。在一轮较大级别的下跌行情中，按黄金分割标准划分，股票运行态势自下而上可分为四个区域，即无支撑区、强压力区、最后压力区和无压力区。其具体图形如

图 8-11 所示。

① 无支撑区。下跌行情中的无支撑区是指股价下跌过程中的 0.618 这条黄金分割线以下的区域。在一轮大的下跌行情里，股价一般都会出现几次比较大的反弹走势，而在这种向上反弹过程中，只要股价始终运行在 0.618 线以下的区域，股票的下降趋势就会持续下去，这时投资者的投资决策应以持币观望为主。

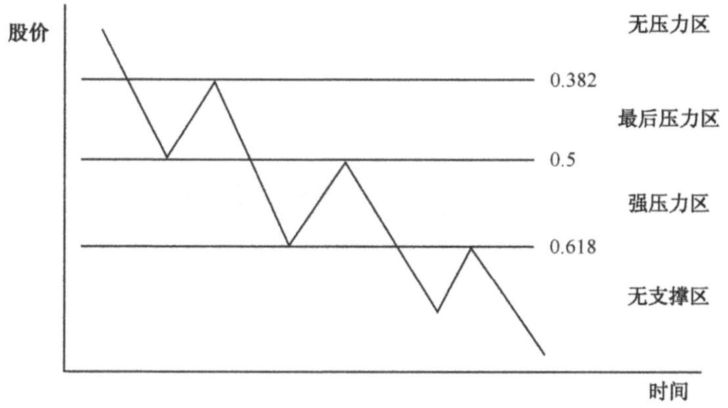

图 8-11　黄金分割线的反弹压力区间

下跌行情中的无支撑区对投资者来说是一个非常重要的区域。在价值投资盛行的行情中，对于那些基本面已经或开始恶化的个股，投资者不能因为其价低就买进，因为股谚有云“跌不言底”，即在股市下跌过程中不能轻易地判断其底部，因此面对那些运行在无支撑区的个股，投资者最好的操作策略就是持币观望。

② 强压力区。下跌行情中的强压力区是指股价下跌反弹过程中 0.618 与 0.5 这两条黄金分割线之间的区域。当股价经过一段跌幅比较大的行情且反弹到 0.618 ~ 0.5 的区域时，表明股价已经触及一个重要的强压力区。

如果股价能有效站稳或向上突破这个强压力区，则表明股价向上反弹的趋势还将继续；而如果股价触及这个区域后便重新掉头向下运行，则预示着股价的反弹行情即将结束，股价将开始新一轮的下跌行情。

对于大部分股票而言，经过一段幅度比较大的反弹行情后，在这个强压力区附近遇到强大阻力时，其重新下跌的概率相当大。因此，当股票运行到这个强大阻力区时，投资者应密切注意股价的运行趋势，随时做好短线卖出股票的准备。

③ 最后压力区。下跌行情中的最后压力区是指股价下跌过程中 0.5 与 0.382 这两条黄金分割线之间的区域。这个区域是判断股价反弹行情是结束还是将延续的重要区域，也是股价反弹重要的压力区域。

当股价运行在 0.5 ~ 0.382 这个区域时，说明股价的反弹行情尚未结束，股价再次向上的可能性仍然存在。而一旦股价有效向上突破 0.5 ～ 0.382 这个区域时，则说明股价的下跌即将结束，股价向上运行的可能性增大，此时的投资决策应以持股观望为主。

④ 无压力区。下跌行情中的无压力区是指股价在上升行情末期运行在 0.382 这个黄金分割线以上的区域。0.382 这条黄金分割线是下跌行情中比较重要的压力线，它不仅可以显示下跌行情中反弹的极限位置，还决定了这种反弹是下跌行情中的正常整理还是新的一轮上升行情的开始。如果股价向上有效突破 0.382 线，则意味着原来的股价下跌行情已经结束，股价将由原来的下降趋势转变为上升趋势。

8.5 百分比线

8.5.1 百分比线的定义

在对某一行情进行技术分析时，百分比线是比较常用的一种分析工具，其主要作用是运用百分比率预先给出股价的支撑位或压力位，以便在可能的目标位附近提前做好操作的准备。

百分比线与黄金分割线的分析原理基本相似，两者的不同之处仅在于所引用的比率不同，但在对同一行情或个股进行分析时，它们所揭示的关键性点位的位置比较接近，因此在实际应用中，两者可以相互补充使用。

8.5.2 百分比线的画法

作为市场的波动周期，股价在一定周期内都会出现明显的高点和低点。我们一般以 6 ～ 12 个月作为画线的画面周期，选择明显的高低点作为基点来画百分比线。此种画法的前提是调整的幅度在此范围中。

以某次上涨行情开始的最低点和开始向下回撤的最高点的差分别乘上几个特别的百分比数，就可以得到未来支撑位可能出现的位置。这些百分比数共有 9 个，分别是 1/8、1/4、3/8、1/2、5/8、3/4、7/8、1/3 和 2/3。这些百分比数又相对应一定的百分比比率，其中 1/8=12.5%、1/4=25%、3/8=37.5%、1/2=50%、5/8=62.5%、3/4=75%、7/8=87.5%、1/3=33.33%、2/3=66.67%。按上面所述方法我们将得到 9 个价位，这些价位就成为压力或支撑的参考价位。其具体图形如图 8-12 和图 8-13 所示。

图 8-12　上升百分比线

图 8-13　下降百分比线

对于下降行情中的向上反弹，百分比线同样适用。这里的百分比线中的 25%、50%、75% 三条线最为重要。在很大程度上，回撤到 25%、50%、75% 是人们的一种心理倾向。如果没有回落到 25%、50%、75% 以下，人们心里觉得好像没有回落够似的；如果已经回落到了 25%、50%、75%，人们自然会认为回落的深度已经够了。

8.5.3 百分比线的应用

1. 上升行情

在上升行情中，25% 线、50% 线和 75% 线这三条重要的百分比线对股价的向上运行起着不同的支撑作用。

① 25% 线。利用百分比线研究股票的上升行情走势时，25% 线属于上升行情中强势回调整理的一条重要支撑线。在上升趋势中，当股价经过一轮短时期的较大涨幅的上涨后，回调整理至 25% 这条重要的百分比线附近区域时，股价便迅速企稳并再度向上回升，这表明股价的回调整理是一种上升行情中的强势整理，股价快速上升趋势仍将继续。不过，这种 25% 线附近的回调整理是上升行情中的一种极强势整理，它在股市中并不多见，只有在那些牛股走势中才能出现。

② 50% 线。50% 线是上升行情中强势整理的一条重要支撑线，它是股价将属于上升还是下降（或横盘）走势的分水岭。在上升行情中，大部分股票在经历了一波比较大的上涨后，往往都会回调到 50% 线附近，然后再度上升。50% 线附近的回调整理是判断上升行情将继续还是可能夭折的一个重要标准。当股价从高位回调至 50% 线附近时便企稳上升，这表明股价的上升趋势仍将继续。但是一旦股价未能在 50% 线附近企稳上升，而是选择向下突破 50% 这条重要的百分比线，则意味着股价的上升趋势可能发生改变，投资者应给予足够的重视。

③ 75% 线。75% 线是上升行情中股价向下回调整理的最后一条支撑线，也是属于上升行情中弱势整理的回挡线。75% 线附近的回调整理是判断上升行情仍然存在还是即将结束的一个重要标准线。在上升行情中，也有小部分股票是在回调至 75% 这条线附近时才企稳向上。当股价从高位回调至 75% 线附近时企稳，说明股价的上升趋势仍然存在，股价的回调整理仍属于上升行情中的正常调整。不过，这种调整属于一种弱势整理，而且这种弱势整理持续的时间会比较长。而一旦股价未能在 75% 线处企稳，而是向下突破 75% 这条支撑线，则意味着股票这一轮上升趋势已经结束，股价将继续下跌，至少会回到这一轮行情启动的起点，甚至会跌破起点，展开另一轮比较大的下跌行情。

2. 下跌行情

在下跌行情中，25% 线、50% 线和 75% 线这三条重要的百分比线对股价的向上反弹起着不同的压制作用。

① 25% 线。25% 线属于下跌行情中弱势反弹的第一条压力线。在下跌行情中，当股价经过一轮短时期的幅度较大的下跌后，开始从底部反弹至 25% 这条比较重要的百分比线时，股价便又掉头向下，这表明股价的反弹是一种下跌行情中的弱势反弹，股价下跌趋势仍将继续。这种 25% 线附近的反弹是股市下跌行情中最常见的一种反弹形式。

② 50% 线。50% 线属于下跌行情中强势反弹的一条重要压力线。在下跌行情中，在经历了一波跌幅比较大的下跌后，一部分股票可能出现反弹至 50% 线附近、然后再度下跌的情况。50% 线是判断股价反弹是仍继续还是可能夭折的一条重要参考线。当股价从低位反弹至 50% 线附近、稍加整理便又继续向上时，这表明股价反弹行情仍将持续。而一旦股价未能在 50% 线附近反弹向上，而是未触及 50% 线或触及后便又向下跌破 50% 这条重要压力线，则意味着股价反弹行情即将结束，投资者应予以足够重视。

③ 75% 线。75% 线属于下跌行情中强势反弹的最后一条压力线，也是判断股价强势反弹行情即将结束还是行情已经反转的一条重要参考线。在下跌行情中，当股价经过一轮短时期的幅度较大的下跌后，强势反弹到 75% 这条百分比线附近区域时，股价又重新掉头向下，这表明这种强势反弹行情即将结束，股价将重新下跌或横向水平运动。而一旦股价反弹越过 75% 这条百分比线并在这条线上站稳后继续向上运行，就意味着反弹行情可能开始演变为反转行情。不过，这种反弹行情演变为反转行情的概率比较小，只有那些基本面发生重大改变的股票才有这种反转可能。

8.6 应用切线理论应注意的问题

8.6.1 支撑压力位是否会被突破

支撑线和压力线有突破和不突破两种可能性，在实际应用中会出现令人困惑的现象。以上升过程中的回落为例，当得到了某个支撑线后，我们能够在这个支撑线上做些什么事情呢？这就是一个令人烦恼的问题，因为我们将面对是否会被突破的问题。如果支撑住了，就应该开始买入；如果向下突破，就不应该买入，甚至要“逃命”。这个问题总结起来就是支撑压力是否会被突破。

实际中，如果价格真的达到我们事先计算的支撑位置，即使有下降突破的可能，有时也是可以买入的。因为我们可以认为下面的下降空间已经不多了，冒一点风险也是值得的。如果继续等待，那么就会因为价格飞涨而失去机会，使投资者的心态变坏。投资者心态的好坏对投资的成功起着不可估量的作用。因为没有人能够很准确地找到最低点和最高点，所以只能去试探，在试探的过程中找到最后的高点和低点。其实，最高点和最低点不是事先确定的，这要取决于当时具体的多空双方力量的对比，实际中只能确定大概的位置。

8.6.2 支撑压力位的真突破和假突破

这个问题是上一个问题的另一种说法，是在判断是否会突破时一定会遇到的问题。虽然有一些方法可以进行真假突破的判断，但效果都不能令人满意，因为市场是“强大的”，我们不可能战胜它，有时往往要等到价格已经离开很远的时候才能够肯定突破成功或真突破，而此时对投资行为的指导意义已经不大了。

8.6.3 得到的支撑线和压力线的多样性

用各种方法得到的直线都提供了支撑和压力可能出现的位置，在实际投资行为中，我们究竟应该相信其中的哪一条呢？这其实又成了上面的第一个问题，即哪一条是不会被突破的。当然，通过大量的实际观察和统计，我们可以得到一些有关的结论。比如，每种支撑压力线更适用的环境；支撑压力线被突破的概率问题；有些位置不容易被突破，有些位置被突破的可能性大。但是，这些结论的可靠性都是比较差的。

在结束本章之前，需要提醒读者的是，用本章介绍的支撑压力的方法得到的这些位置仅仅是可以参考的价格位置，不能把它们当成万能的工具而完全依赖。证券市场中影响价格波动的因素很多，支撑线和压力线仅仅是多方面因素中的一个，多方面同时考虑才能提高正确投资的概率。

8.7 波浪理论

8.7.1 波浪理论的形成

波浪理论的全称是艾略特波浪理论（Elliott wave Theory），是以美国股市分析家 R.N.Elliott 的名字命名的一种股市技术分析理论。波浪理论的形成和完善是几代人努力的结果。

波浪理论是由艾略特首先发现并应用于证券市场，他于 1938 年出版了《波浪理论》一书。在这本书里，他认为价格波动与波浪的波动相似，后浪推前浪，不断地重复出现，价格波动的起落是供求失去平衡的结果。1946 年，即在艾略特逝世两年前，他完成了关于波浪理论的集大成之作——《自然法则：宇宙的秘密》。但是，他的这些研究成果没有形成完整的体系，他在世的时候也没有得到投资者的广泛认可。直到 20 世纪 70 年代，柏彻特总结了艾略特和其他人的研究结果，并出版了专著《艾略特波浪理论》，奠定了波浪理论在股市技术分析理论中的地位。当然，在艾略特之后和柏彻特之前，也有很多研究人员为波浪理论的建立做出了突出贡献。柏彻特正是总结了艾略特及其后人的研究结果，并在此基础上逐步完善和发展了波浪理论。

8.7.2　波浪理论的基本思想

波浪理论强调股价的运动是按照有规律的波浪形态发展的，人们可以通过掌握和运用股价运动的周期规律预测股价的涨跌，把握投资的买卖时机。

股价的运动规律是按照上升和下跌的模式周期性交替演进的。股价运动周期一般由八个过程组成，即每个周期都包括上升（或下降）的五个过程和下降（或上升）的三个过程。这八个过程完成后，股价运动又将进入新的周期。新的周期也将遵循这个模式。

在周期性的运动中，股价没有永恒的上升波浪，也没有永恒的下跌波浪。只有上升过程中不断出现向下的调整波浪时，该上升趋势才可能保持下去。同样，在一个大的下降过程中不断出现向上的调整波浪时，该下降趋势才有可能保持下去。而每一个波浪又可分为小的波浪，这些小波浪又可细分为更小的波浪。

波浪理论中广泛地运用了斐波纳奇数列。这个数列是数学上很著名的数列，它有很多特殊的性质。对于这些数列的特殊性质，目前还没有数学上的严格解释，但是，这一数列中的数字对上升或下降的幅度与周期和发生转折的时间幅度的预测具有很强的实用性。

波浪理论以道氏理论为基础，又是对道氏理论的发展和完善。波浪理论中的大部分理论与道氏理论有相吻合之处。不过，两者比较明显的区别在于，道氏理论必须等到新的趋势确立以后才能发出信号，而波浪理论可以明确地知道目前是处在上升（或下降）的尽头，或者处在上升（或下降）的途中，而且可以及时地发出转向信号，这更有利于指导投资者的操作。

8.7.3　波浪理论考虑的三个因素

波浪理论主要考虑价格形态、高低点比率、价格变动的时间三个方面的因素。其中，价格形态最重要。

价格形态是指价格变动过程所形成的“轨迹”，在波浪理论中是指波浪的形状和构造。其主要内容是 8 浪结构，这是波浪理论赖以生存的基础，或许艾略特当初就是从价格走势的形态中得到启发才提出波浪理论的。

高低点比率是指价格走势图中各个高点和低点所处的相对位置，波浪理论中一般是指各个浪的长短之间的相对比率。通过计算，可以弄清楚各个波浪长度之间的相互关系，确定价格的回落点和将来价格上升有可能达到的位置。

价格变动的时间是指价格完成某个形态所经历的时间长短。在波浪理论中一般是指完成某个浪所需要经过的时间长短。知道了时间就可以预先知道何时出现何种趋势。波浪理论中各个波浪之间在时间上是相互联系的，用时间也可以验证某个波浪形态是否已经形成。

以上三个方面可以简单地说成形态、比例和时间。这三个方面是波浪理论首先应该考虑的。只注重形态和比例而忽视时间的做法是不正确的，因为时间因素在进行市场预测时是不可放弃的。

8.7.4 波浪理论的基本形态结构

1．波浪理论基本的 8 浪结构图

波浪理论认为证券价格应该遵循一定的周期周而复始地发展。价格上下波动是按照某种规律进行的。在波浪理论中，每个周期（无论是上升还是下降）可以分成 8 个小的过程。这 8 个小过程一结束，一次大的行动就结束了，紧接着将是另一次大的行动。下面以价格上升为例说明这 8 个小过程。图 8-14 为上升状态下的 8 浪结构图。

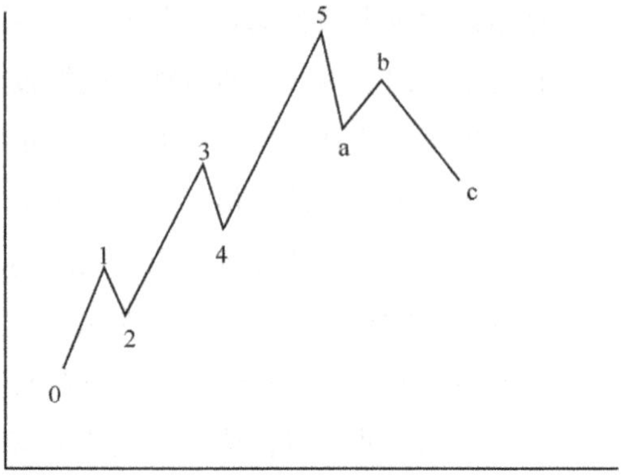

图 8-14 波浪理论的基本 8 浪结构（上升状态下）

2．主浪和调整浪

图 8-14 中，从 0 到 1 是第 1 浪，1 到 2 是第 2 浪，2 到 3 是第 3 浪，3 到 4 是第 4 浪，4 到 5 浪是第 5 浪。这 5 浪中，第 1 浪、第 3 浪和第 5 浪称为上升主浪，而第 2 浪和第 4 浪称为对第 1 和第 3 浪的调整浪。上述 5 浪完成后，紧接着会出现一个 a-b-c 三浪结构的向下调整，即从 5 到 a 的 a 浪，从 a 到 b 的 b 浪和从 b 到 c 的 c 浪。

3．8 浪结构与价格波动趋势的规模大小无关

考虑波浪理论必须弄清一个完整周期的规模大小，因为趋势是有层次的，每个层次的不同取法可能导致我们在使用波浪理论时发生混乱。但是，无论我们所研究的趋势是何种规模，是原始主要趋势还是日常小趋势，8 浪的基本形态结构是不会变化的。

图 8-14 中，我们可以认为，从 0 到 5 是一个大的上升趋势，从 5 到 c 是一个大的下降趋势。如果我们认为这是两浪，那么 c 之后一定还会有上升的过程，只不过可能要等很长时间。这里的两浪只不过是一个大的 8 浪中的前两浪，是更大的 8 浪结构的一部分。

8.7.5 波浪的层次——浪的合并和浪的细分

1．大浪套小浪——浪中有浪

波浪理论考虑股价形态的时间和空间跨度是可以随意的，是不受限制的，大到可以覆盖从有股票以来的全部时间跨度，小到可以只涉及数小时、数分钟的股价走势。

正是由于时间和空间跨度的不同，在数 8 浪时，必然涉及将一个大浪分成很多小浪和将很多小浪合并成一个大浪的问题，这就是每一个浪所处的层次的问题。处于层次较低的几个小浪可以合并成一个层次较高的大浪，而处于层次较高的一个大浪又可以细分成几个层次较低的小浪。当然，层次的高低和大浪、小浪的地位是相对的。一个浪对于其他层次高的浪来说可能是

小浪，而对于层次比它低的浪来说，它又是大浪。

下面以上升牛市为例说明波浪细分和合并的原则。图 8-15 是波浪的细分与合并的图形表示。

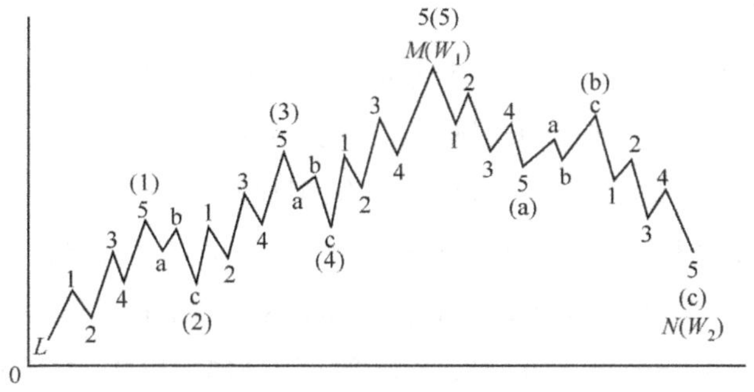

图 8-15　波浪的细分与合并

从图 8-15 中可以看出，规模最大的是处于第一层次的两个大浪，从起点 L 到顶点 M 是第一大浪 W_1，从顶点 M 到末点 N 是第二大浪 W_2，W_2 是第一大浪 W_1 的调整浪。第一大浪和第二大浪又可以细分成 5 浪和 3 浪，共 8 浪。

第一大浪可以分成（1），（2），（3），（4）和（5）五个浪，第二大浪可以分成（a），（b），（c）三个浪，这 8 浪是规模处于第二层次的大浪。

第二层次的大浪又可以细分成第三层次的小浪，这就是图中的各个 1，2，3，4，5 及 a，b，c，这样的小浪一共有 34 个。

2．合并和细分的原则

细分波浪时会遇到这样的问题，那就是将一个较大的浪分成 5 个较小的浪，还是分成 3 个较小的浪。解决这个问题要看这个较大的浪是上升还是下降，同时要看比这个较大的浪高一层次的波浪是上升还是下降。这两个因素决定这个较大的浪的细分是 3 浪还是 5 浪。

在这个大浪处于上升的情况下，如果上一层的大浪是上升，则这个大浪分成 5 浪；如果上一层的大浪是下降，则分成 3 浪。在这个大浪处于下降的情况下，如果上一层的大浪是上升，则分成 3 浪；如果上一层的大浪是下降，则分成 5 浪。

也就是说，如果这一浪的上升和下降方向与它上一层次的浪的上升和下降方向相同，则这个大浪分成 5 浪，如果不相同则分成 3 浪。例如，图 8-15 中的（2）浪，本身是下降，而（2）的上一层浪即第一大浪则是上升，所以（2）分成 3 浪；（8）浪本身是下降，（a）的上一层浪即第二大浪也是下降，所以（a）分成 5 浪。按照这一原则可以将任何一个浪进行细分。同样，不管是什么样的证券市场，按照这样的原则不断地合并下去，最终，整个过程就会被合并成 1 个浪或 2 个浪。

8.7.6 波浪理论的数学基础

1. 斐波纳奇数列

波浪理论的数学基础是里昂纳多·斐波纳奇在 13 世纪发现的一个数字序列，这个数列是 1，1，2，3，5，8，13，21，34，55，89，144 等，如此无穷无尽，它被称为斐波纳奇数列。

这些数字除了存在不变的关系，还有许多神奇的性质。

① 两个相邻的数字之和等于下一个更大的数字，如 3 加 5 等于 8。

② 一个数字与下一个更大数字之比趋向于 0.618，如 1/1 等于 1.00，1/2 等于 0.50，2/3 等于 0.67，3/5 等于 0.60，5/8 等于 0.625，8/13 等于 0.615，13/21 等于 0.619。此外，1.00，0.50，0.67 这三个数字也充满魔力。

③ 一个数字与前一个数字的比值接近 1.618，如 13/8 等于 1.625，21/13 等于 1.615，34/21 等于 1.619。

④ 一个数字与相邻的第二个数字比值接近 2.618 或其倒数 0.382，如 13/34 等于 0.382，34/13 等于 2.615。

2. 斐波纳奇数列的应用

波浪理论的循环全部是斐波纳奇数列，一个完整的循环包含 8 个浪，进一步细分可以产生 34 个浪和 144 个浪。除去数浪，斐波纳奇数列还可以用来判断浪与浪之间的比例关系及价格的时间目标。

波浪理论中，最重要的斐波纳奇比率有以下几条。

① 3 个推动浪中的某一浪经常会延长，一旦某一浪延长，其他 2 个浪的形成时间和波动幅度均相等，如 3 浪延长，则 1 浪和 5 浪应该相等。

② 将 1 浪的长度乘以 1.618，然后加在 2 浪的底部，可以测量出 3 浪顶部的最小目标位。

③ 将 1 浪乘以 3.236（2×1.618），然后分别加在 1 浪的顶部和底部，可以估算出 5 浪顶部的最大目标位和最小目标位。

④ 如果 1 浪和 3 浪大致相等，5 浪就极有可能延长，这时 5 浪的估算方法是先量出 1 浪底部到 3 浪顶部的距离，再乘以 1.618，并把结果加在 4 浪的底部上。

⑤ 在常态的锯齿形调整浪中，c 浪常与 a 浪的长度相等。

⑥ 用 a 浪的长度乘以 0.618，然后用 a 浪的底部减去所得结果则可得出 c 浪的目标位。

⑦ 在平台形调整浪中，b 浪如果达到甚至超过 a 浪的顶部，那么 c 浪的长度约等于 a 浪长度的 1.618。

⑧ 在对称三角形中，每个相继的浪都约等于前一个浪的 0.618。

在重要的顶部和底部用斐波纳奇数列向前数，可以得出斐波纳奇时间目标。有时，顶部和底部会在斐波纳奇日出现，如 13 日、21 日、34 日等。（在周线和月线中也可以用同样的方法，不同的是将日换成了周或月）

斐波纳奇百分比回撤在实际运用中是最有价值的。在强势市场中，股价在高位回调时一般幅度在前期股价最高点价位的 38% 或 50% 后就会再次反弹；在弱势市场中，一般回调至 62% 就会受到支撑反弹。

复习与实训

一、名词解释

1．趋势　2．趋势线　3．支撑线　4．压力线　5．黄金分割线

二、简述题

1．趋势的方向及其类型。
2．趋势线的特点及其分类。
3．黄金分割线及百分比线的画法。
4．波浪理论的理论基础。
5．波浪理论的基本形态结构。

三、实训题

1．趋势线运用练习

实训要求：选择任意目标股票，观察其历史走势，根据趋势线画法要求画出其趋势线，并反复练习。

2．黄金分割线运用练习

实训要求：选择任意目标股票，观察其历史走势，正确画出黄金分割线，并反复练习。

3．百分比线运用练习

实训要求：选择任意目标股票，观察其历史走势，正确画出百分比线，并反复练习。

4．波浪理论验证一

实训要求：选择典型股票，针对某一时间内的历史行情，观察验证其股价走势是否与波浪

理论相符，运用画图工具予以标明，并阐述原因。

5．波浪理论验证二

实训要求：对我国沪深两市有史以来股指的总体走势进行观察总结，利用波浪理论对各阶段的行情进行总结，验证波浪理论是否有效，运用画图工具予以标明，并阐述原因。

四、分析题

1．选择典型股票，尝试运用趋势线对其未来股价走势进行分析判断，并说明理由。

2．选择典型股票，尝试运用黄金分割线对其未来股价走势进行分析判断，并说明理由。

3．选择典型股票，尝试运用百分比线对其未来股价走势进行分析判断，并说明理由。

4．举例说明，应用切线理论应注意的问题。

5．在实训题 5 的基础上进一步利用波浪理论对我国沪深两市的股指走势进行分析预测，并对投资者做出投资操作建议。

第 9 章　形态理论——整理形态

9.1　三角形整理形态

三角形整理形态是股市整理形态中最常见的一种形态。当股价上涨或下跌到一定区域时，股价开始进入技术性盘整，形成一个价格震荡密集区。股价变动进入密集成交区后，有时开始是上下震荡幅度很大，随之越来越窄，从形态看，犹如三角形。依据震荡的特点和方向的不同，三角形形态又可以分为对称三角形、上升三角形和下降三角形三种。对称三角形有时也称正三角形，上升三角形和下降三角形合称直角三角形。

有些情况下，也可以把三角形划分为反转形态。其具体应该属于哪一种类型，应该根据三角形所处的位置，以及三角形自身震荡幅度的大小来确定。一般来说，三角形态的位置越高或越低，自身震荡的幅度越大，越倾向于反转形态。本书在讨论的时候，主要将三角形当作整理形态来对待。

9.1.1　对称三角形

当股价运动到某一特定的区域内进行调整时，股价的变动幅度开始缩小，高点逐次降低，低点依次抬高，如果把这些高点和低点分别以直线连接起来，则出现一种高点连线向下倾斜、低点连线向上倾斜、两线最终交会于一点的近乎对称的三角形形态，我们把这种形态整理叫作对称三角形整理。三角形的上下两边分别称作上斜边和下斜边。上斜边线也叫压力线，是过去股价波动过程中有意义的高点的连线；下斜边线也叫支撑线，是股价波动过程中有意义的低点的连线，如图 9-1 所示。

1．对称三角形的形成

在对称三角形形态形成之前，股价在多方力量占据优势的情况下上涨到或在空方的打压下下跌到了某一价格区域。

在这一价格区域中，当股价从第一个短期性高点回落到一定位置的时候，多方力量很快将股价拉升上来，但是多方的力量对后市没有太大的把握，对上涨的前景持观望态度，成交量没有明显放大，股价在前期短期高点下方再次掉头向下。

股价在掉头向下的过程中，股票的成交量明显萎缩，说明市场上惜售气氛甚浓，卖盘意愿不强，股价的下跌动能不大。

当股价回落到前期低点上方时，部分买盘开始进场，股价再次掉头向上，但股价在尚未触及第二个短期性高点时又掉头向下。

图 9-1　对称三角形

股价在上述价格区域来回震荡，股价的高点依次下移但低点依次抬高，如此反复，市场的观望气氛及多空双方力量的暂时平衡使股价的上下波动日渐狭窄，形成了对称三角形形态。

此后，随着多空双方力量悄悄发生变化，股价将最终打破平衡区，选择向上或向下突破。

2. 对称三角形的研判

① 对称三角形在大多数场合中是以整理形态出现的，但在有些情况下，对称三角形也可以作为反转形态出现，这需要投资者区别对待。判断对称三角形是整理形态还是反转形态的依据之一是股价已有的涨跌幅。当股价从底部上涨 30% ~ 50% 或从高位下跌 30% ~ 50% 时，则可以视为整理形态；而当股价从底部上涨或从高位下跌的幅度超过 70% 时，此时出现的对称三角形形态则可以初步视为反转形态。

② 对称三角形整理形态大多数发生在一个大趋势行进的途中，表示股价原有的运动趋势暂时处于休整状态，待股价进行充分调整后，还要沿着原来趋势的方向继续运动。由此可见，在股价长期运动途中形成对称三角形后，股价未来运动方向的最大可能是沿原有的大趋势运动。因此，在实际操作中，投资者应“顺势而为”，上升的对称三角形向上突破后应持股待涨，下降的对称三角形向下突破后应持币观望。具体运用如图 9-2 所示。

③ 对称三角形的有效突破以股价的收盘价为准。在上升趋势中，当股价的收盘价突破了三角形上边的压力线并有一定的涨幅（一般为超出三角形上边线的 3% 左右），同时伴随成交量放大的情况时，可初步确认对称三角形的向上突破有效；在下降趋势中，当股价的收盘价跌

破了三角形下边的支撑线并有明显跌幅（一般为超出三角形下边线的 3% 左右）时，可初步确认对称三角形向下突破有效。

图 9-2　对称三角形形态的研判

④ 对称三角形形态突破后有个理论上的突破高度。量度涨跌幅的测算方法有两种：第一种是量出对称三角形最宽部分的垂直高度，然后从突破点或顶点算起，向上或向下量出相等的距离，就是上涨或下跌的目标价位；第二种是画一条过对称三角形底边端点平行于对称三角形下（或上）边线的平行线，股价触及该平行线时的价格就是目标价位（见图 9-1）。

⑤ 对称三角形只是原有趋势运动的途中调整阶段，所以三角形整理持续的时间不应太长。持续时间越长，保持原有趋势的动能就会下降。一般情况下，股价突破形态整理向上或向下运动的时间尽量要早些，越靠近三角形顶点，形态的研判功能越弱。如果股价运动到三角形的尖端之外时仍然是横盘走势，这说明市场股价在这里已经丧失了维持既有趋势的动能，后市的走势需要积蓄更多的动能和更长的时间来确定。

⑥ 在上升趋势中，当股价有效突破形态的压力线后，通常意味着市场上一条重要的压力线被突破，大量新的买盘将进场，股价重新开始新的一轮上涨行情；在下降趋势中，当股价有效突破形态的支撑线后，通常意味着市场上一条重要的支撑线被突破，大量抛盘将涌出，股价重新开始新的一轮下跌行情。

⑦ 三角形整理形态还应参照均线理论一起研判，这样才能减少研判的失误。在上升趋势中，如果对称三角形出现在股价突破了长期均线的上方附近，则三角形形态向上突破的力度相当强，涨幅也相当可观；如果三角形整理出现在股价长期均线的上方较远的地方，则三角形形态向上

突破的力度和高度都将有限；如果三角形形态出现在股价长期均线下方附近，股价的向上有效突破不仅要突破三角形形态上方的压力线，还要向上突破长期均线，这样才是股价的真正向上突破；如果三角形形态出现在离均线下方较远的地方，股价突破后的高度和空间也比较有限，而且股价到达长期均线附近时将面临较强的压力。

在下降趋势中，如果三角形整理出现在长期均线上方附近，三角形向下有效突破的标志是股价既要跌破长期均线，又要跌破三角形下边的支撑线，这样才是股价的真正向下突破；如果三角形形态出现在长期均线上方较远的地方，三角形形态的突破是以股价跌破三角形的支撑线为主，但股价突破后的力度和跌幅暂时不会很大，当股价跌到长期均线附近时将有很强的支撑；如果三角形整理形态出现在长期均线下方，三角形的向下突破也是以股价跌破三角形的支撑线为主，股价下跌的空间和力度比较大。

⑧ 对称三角形整理形态的判定还可以结合其他常用技术分析指标一起进行。

9.1.2 上升三角形

在三角形形态的走势中，如果股价一时难以冲破某一上限价位，形成接近水平的高点，将这些高点相连，就会得到一条近似水平的压力线，作为三角形的一边；而股价回落到低位时，每个低点都比上次低点高，将这些低点相连就会形成一条倾斜向上的连线，作为三角形的另一边。这样，图形上就会出现一个上面几乎呈水平直线、下面为一条向上倾斜直线的三角形，我们把这种三角形称为上升三角形。三角形的上边线为形态的压力线，下边线为支撑线，如图 9-3 所示。

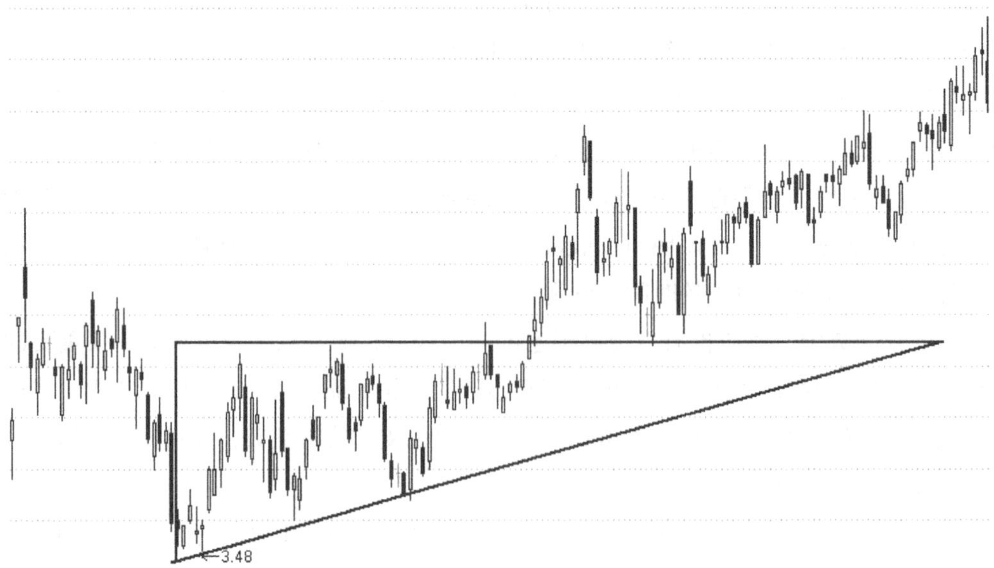

图 9-3　上升三角形

1．上升三角形的形成

股价从底部启动，经过一段时间的涨势到达某一高位时，由于升势比较快而且涨幅较大，获利筹码较多，主动性买盘逐渐减少，成交量开始萎缩，股价在高位滞涨。

股价滞涨后，一些获利的投资者开始纷纷卖出股票，而主力为了清洗浮筹也顺势打压，股价在抛盘的打压下迅速回落。

股价在回落途中，成交量没有明显放大，显示主力并没有出货，因此当股价回落到某一低点时，股价止跌企稳。

随着股价的止跌企稳，新的买盘开始进场，股价又迅速掉头向上，但在前期高点遇到较强的阻力，未能突破前期高点就又重新下跌。

股价下跌到前期低点上方时，在新的买盘的推动下重新止跌并掉头向上，但遇到前期压力区便又回落。

如此反复几次，股价的下跌动能开始衰弱，而上升动能重新积聚，股价在回升的途中，成交量明显慢慢放出。

当股价再一次上涨到压力区时，主力在完成洗筹后开始进场拉升股价。股价在大的成交量的配合下一举突破前期压力区，完成上升三角形整理。

股价突破压力区后，各种买盘大量涌出，股价开始一轮新的升势。

2．上升三角形的研判

① 上升三角形属于中期整理形态，与对称三角形相比，上升三角形的每个高点基本接近但每个低点依次上移，即压力几乎是水平的而支撑是越撑越高。由此可见，上升三角形与对称三角形相比有更明显的上升态势。

② 大多数情况下，上升三角形形态出现在股价的长期上升趋势中，上升三角形在形态形成之前，股价已经有了一段比较大的涨幅。一般而言，从股价启动的低位算起至少要达到 30% 以上的涨幅。

③ 少数情况下，上升三角形也会以顶部或底部反转形态出现。如果上升三角形出现在股价高位（以涨幅超过 70% 以上为准），标志着股价顶部的形态完成，接着股票将可能开始一轮较大的下跌行情；如果上升三角形出现在下降趋势的末期（以跌幅超过 70% 以上为准），则标志着股价底部的形态完成，股价将开始一轮新的上涨行情。

④ 上升三角形的有效突破是以股价的收盘价向上突破形态上边压力线的一定幅度（一般为 3% 以上）为准；上升三角形在突破上边的压力线时会构成一个短期的买入信号，但向上突破必须有大的成交量的配合；上升三角形形态突破后也有一个理论上的突破高度，测算的方法同对称三角形类似，如图 9-3 所示；突破的位置一般应在三角形横向宽度的 1/2 ～ 3/4 处，一旦超过横向宽度的 3/4 处才突破，那么该上升三角形形态的参考价值就会降低；股价突破形态

后可能有向下回抽压力线的过程，当回抽确认向上突破有效后，股价经常会出现一波快速上涨的行情，这时投资者应持股待涨或及时买入股票。具体运用如图 9-4 所示。

图 9-4 上升三角形形态的研判

⑤ 上升三角形整理的持续时间不能太长，否则它保持上升趋势的能力和力度将下降。一般而言，在牛市中，股票整理的时间最好不要超过 30 个交易日，而且在形态的形成过程中，成交量是逐渐减少的。

⑥ 上升三角形整理形态还应参照均线理论一起研判。如果上升三角形形态出现在股价突破长期均线的上方附近整理时，则三角形形态向上突破的力度相当强，涨幅也相当可观；如果上升三角形形态出现在股价长期均线上方较远的地方，则三角形形态向上突破的力度和高度都将有限；如果上升三角形形态出现在股价长期均线下方附近，股价的向上有效突破不仅要突破三角形形态上方的压力线，还要向上突破长期均线，这样才是股价的真正向上突破；如果三角形形态出现在离长期均线下方较远的地方，股价突破后的高度和空间也比较有限，而且股价到达长期均线附近时将面临较强的压力。

⑦ 上升三角形整理形态的判定还可以结合其他常用技术分析指标一起进行分析。

9.1.3 下降三角形

下降三角形的基本内容同上升三角形基本相似，只是方向相反。在股票下跌的走势中，如果股价每次回落到某一特定价位区时即告回升，形成接近水平的几个低点，将这些低点相连，就会得到一条近似水平的支撑线，作为三角形的底边；而股价每次回升时，每次高点都比上次高点低，将这些高点相连就会形成一条向下倾斜的连线，作为三角形的另一边。这样图形上就会出现一个下面呈水平直线而上面为一条向下倾斜的直线的三角形，我们把这种三角形称为下降三角形。三角形的上边线为形态的支撑线，下边线为压力线，如图 9-5 所示。

图 9-5　下降三角形

1．下降三角形的形成

股价从高位下跌，经过一段时间的跌势到达某一低位时，由于跌势比较猛烈且跌幅较大，抛盘逐渐减少，成交量开始萎缩，股价在低位获得暂时的支撑。

股价获得支撑而止跌企稳后，一些套牢的投资者和短线投机客开始进场买入股票，而一些中小主力为了出尽最后的筹码也托价入货，股价在买盘的推动下迅速回升。

股价在向上回升的过程中，由于上方套牢盘众多，股票上涨的压力较大，因此当股价回升到某一高点时便停滞不前。

随着股价在相对高位的滞涨，大量套牢盘和部分短线获利盘开始涌出，股价迅速掉头回落，但在前期低点处，股价受到场内主力的关照，遇到较强的支撑，未能跌破前期低点就又重新企稳回升。

当股价再次上涨到前期高点下方附近时，股价在新的卖盘抛压下重新掉头下跌，但下跌到前期支撑区时便又止跌回稳。

如此反复几次，股价的上涨动能开始衰弱，而下跌动能重新积聚，股价在回升的途中，主动性的买盘渐渐减少而卖盘逐渐增多。股价每次回升的高点依次下移，每次下跌到前期低点形成的支撑区时又会掉头向上，形成了下降三角形整理。

在形态整理接近尾声时，各种卖盘涌出，股价突破三角形下边的支撑线，主力在出尽最后的筹码后不再托价。由于无大的主力关照，股价一举向下突破支撑区，开始一轮新的跌势。

2．下降三角形的研判

① 下降三角形在形态形成之前，股价已经有了一段比较大的跌势。一般情况下，从股价开始下跌的高位算起至少要达到 30% 以上的跌幅。大多数情况下，下降三角形形态出现在股价长期下跌趋势中的中短期抵抗整理。出现下降三角形后，股价一般将向下突破。

② 少数情况下，下降三角形也会以顶部或底部反转形态出现。如果下降三角形出现在股价高位，标志着股价顶部的形态完成，接着将开始一轮比较大的跌势；如果下降三角形出现在下降趋势的末期，则标志着股价底部的形态完成，股价将开始一轮中级反弹行情。

③ 下降三角形的有效突破是以股价的收盘价向下突破形态下边的支撑线的一定幅度（一般为 3% 以上）为准；下降三角形的成交量一直较少且逐步萎缩，向下突破时不必有大的成交量的配合；下降三角形形态突破后有一个理论上的下跌幅度，测算的方法同对称三角形类似。当股价向下突破后，股价经常会出现一波快速下跌的行情，这时投资者应持币观望或尽快卖出股票。具体运用如图 9-6 所示。

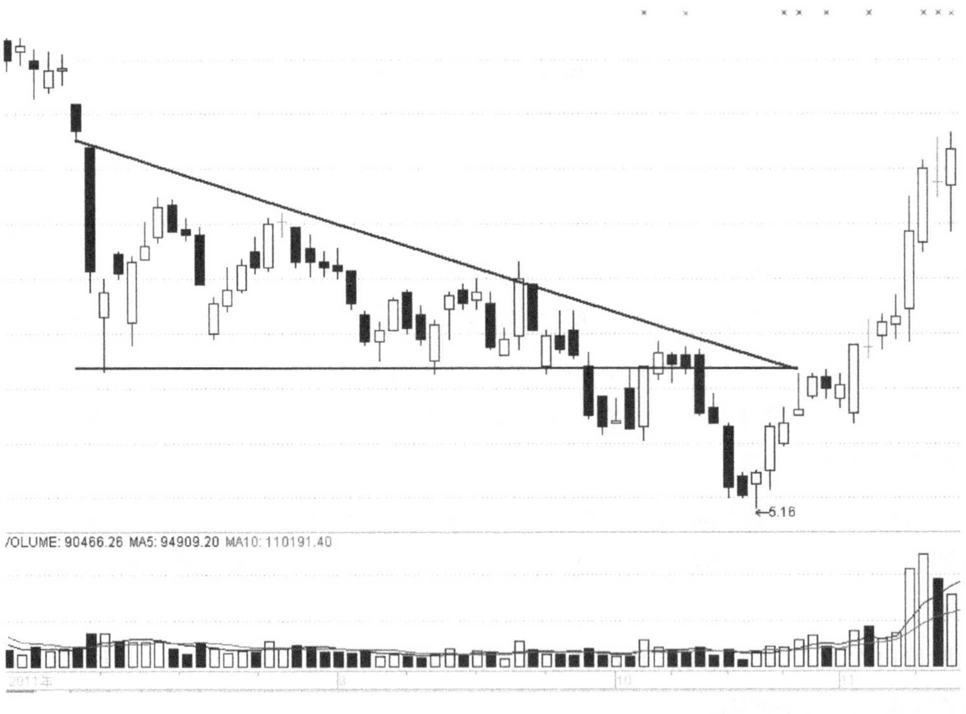

图 9-6　下降三角形形态的研判

④ 下降三角形整理的持续时间不能太长，否则就可能演变为其他横向整理形态。一般而言，在熊市中，股票整理的时间一般不会超过 30 个交易日。

⑤ 下降三角形整理形态还应参照均线理论。如果下降三角形形态出现在股价突破了长期均线的下方附近整理，则三角形形态向下突破的力度相当强，跌幅将较深；如果下降三角形形态出现在股价长期均线的下方较远的地方，则三角形形态向下突破的力度和幅度都将有限；如果下降三角形形态出现在股价长期均线上方附近，股价的向下有效突破不仅要突破三角形形态下方的压力线，还要向下突破长期均线，这样才是股价的真正向下突破；如果三角形形态出现在离长期均线上方较远的地方，股价突破后的力度和空间也比较有限，而且股价到达长期均线附近时将面临较强的支撑。

⑥ 下降三角形整理形态的判定还可以结合其他常用技术分析指标一起进行分析。

9.2 矩形整理形态

矩形整理形态又叫箱形整理形态，是股市中最典型、最常见的整理形态之一。矩形一般是出现在股价上升或下降中途的一种整理形态。在矩形走势中，当股票价格上升到某一水平时，遇到较大的阻力而掉头向下，但股价又很快在某一价位获得支撑而回升，回升到上次高点时再一次受阻，而当股价再次下跌到前期低点时又会再次获得支撑。将这些高点和低点分别连接起来，就可以得到一条近乎水平的价格轨道。这一轨道既不上倾，又不下斜，而是呈水平方向发展，这就是矩形形态。矩形上边高点的连线为矩形整理的压力线，下边低点的连线为矩形整理的支撑线，如图 9-7 和图 9-8 所示。

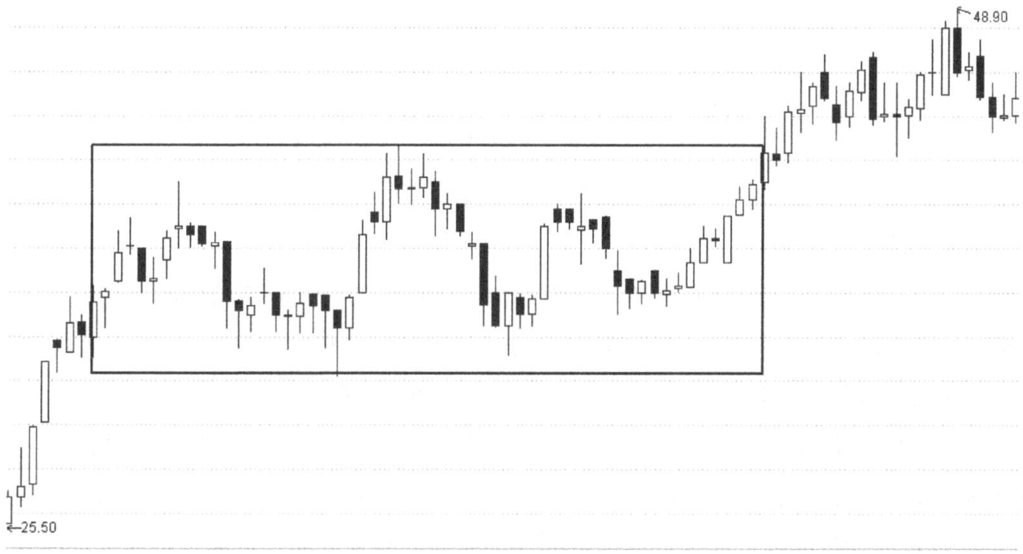

图 9-7　上升矩形

1．矩形的形成

矩形走势开始形成时，表示买卖双方全力交战，在多空主力的角斗中，双方互不相让，股价一直在某一特定的价格区域内徘徊。当股价上涨到这一价区的上限时就会有强劲的卖压出现，在顶部区域形成一条压力线；当股价下跌至下限时，又有强劲的买盘出现，使股价上升，在底部区域形成一条支撑线。

随着股价波动的平稳，成交量慢慢减少，股价维持暂时的多空平衡。

市场在维持一段时间的平衡后，由于多空力量的对比发生变化，股价将打破平衡，然后视多空力量对比的结果选择运行方向。

在上升趋势里，通过一段时间的休整，买方力量将逐渐占据优势，取得主动，放量突破上界线，行情继续上升；在下降趋势中，股价经过一段时间的盘整，卖方力量重新占据主动，股价突破矩形的下界线而继续下跌行情。

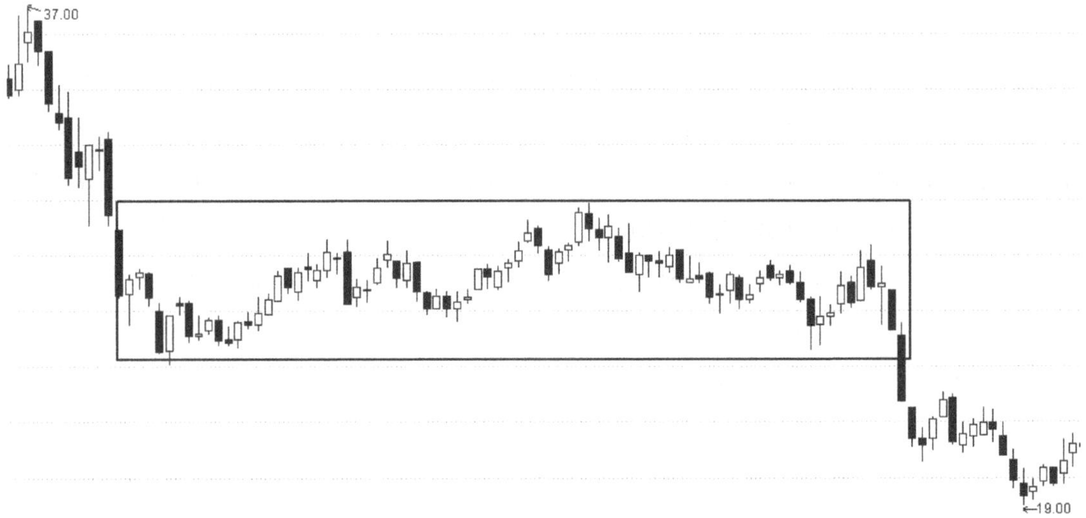

图 9-8　下降矩形

2．矩形的研判

① 空头行情里，矩形整理是股价下降中途的一次抵抗形态，它维持的时间越长，下跌的概率越大；多头行情中，矩形整理只是股价上涨过程中的一次暂时的盘整形态。矩形整理形态的整理周期在时间上属于中短期整理，它的形成时间一般在 30 个交易日以上。

② 投资者可利用矩形形态下有支撑线、上有压力线的特点，在矩形的下界线附近买入，在矩形的上界线附近抛出，来回做短线操作。但是，在做这种短线操作时要注意两点：一是矩形的上下界线相距要较远；二是一旦矩形形成有效突破，则需要审慎决策，即在上升趋势中，矩形带量向上突破盘局时要坚决捂股待涨；而在下降趋势中，矩形向下突破时则要尽快止损离

场。具体运用如图 9-9 和图 9-10 所示。

图 9-9　上升矩形形态的研判

图 9-10　下降矩形形态的研判

③ 矩形形态在大多数场合中是以整理形态出现的，但有些情况下，矩形也可以作为反转形态出现，这需要投资者区别对待。当矩形是整理形态时，矩形有效突破后，股价会按照原有

的趋势运行；当矩形是反转形态时，矩形有效突破后，股价会按照相反的趋势运行。

④ 一般情况下，判断矩形是整理形态还是突破形态的依据之一是股价已有的涨跌幅。当股价从底部上涨30% ～ 50%或从高位下跌30% ～ 50%时，可以视为整理形态；而当股价从底部上涨或从高位下跌的幅度超过80%以后，此时出现的矩形形态大多数是矩形反转形态。

⑤ 矩形的有效突破主要是以股价的收盘价为准。在上升（或下降）趋势中，当股价的收盘价突破了矩形上边（或下边）的压力线（或支撑线）并有一定的涨（或跌）幅[一般为越过矩形整理形态最高点（或最低点）的3%左右]，同时伴随成交量放大的情况时，可以视为矩形的有效突破；矩形整理形态在突破后的理论高度通常等于矩形本身的高度，即从矩形上边线或下边线起向上或向下量出相等距离处的价位，这就是股价上升或下降时理论上的目标位。

⑥ 矩形整理形态还应参照均线理论。在上升趋势中，如果上升矩形整理形态出现在股价突破了长期均线的上方附近，则矩形形态向上突破的力度比较强，涨幅也相当可观；如果上升矩形整理形态出现在股价长期均线上方较远的地方，则矩形形态向上突破后的力度和高度将有限；如果上升矩形整理形态出现在股价长期均线下方附近，股价的有效突破不仅要突破矩形形态上方的压力线，还要向上突破长期均线，这样才是股价的真正向上突破；如果上升矩形整理形态出现在离长期均线很远的下方，股价突破后的高度和空间也比较有限，而且股价在到达长期均线附近时将面临较强的压力。

在下降趋势中，如果下降矩形整理形态出现在长期均线上方附近，矩形向下有效突破的标志是以是否跌破长期均线为准，即股价即使跌破矩形下边线但没有跌破长期均线，矩形的向下突破还不能确认；但如果股价既跌破矩形的支撑线又跌破长期均线，则矩形向下突破为有效突破，而且股价向下突破后的力度和空间将非常大。如果下降矩形整理形态出现在长期均线上方较远的地方，矩形形态的突破是以股价跌破矩形支撑线为主，但股价突破后的力度和空间不大，股价跌到长期均线附近时将获得较强的支撑；如果下降矩形整理形态出现在长期均线下方，矩形形态的突破也是以股价跌破矩形支撑线为主，股价下跌的空间和力度比较大。

⑦ 矩形整理形态的判定还可以结合其他常用技术分析指标一起进行分析。

9.3 旗形整理形态

从形态上看，旗形走势就像一面挂在旗杆顶上的旗帜，旗形大多发生在急速而又大幅的市场波动中，此时市场极度活跃，股价运动剧烈，近乎直线上升或下降。这种剧烈运动的结果是旗形产生的条件。由于上升、下降得过于迅速，市场必然会有所休整，旗形就是完成这一休整过程的主要形式之一。股价经过一连串紧密的短期波动后，会形成一个稍微与原来趋势呈相反方向倾斜的长方形，这就是旗形走势。旗形形态根据股价运动方向的不同可分为上升旗形和下降旗形两种。

9.3.1 上升旗形

上升旗形一般是出现在股价经过一段比较急速的升势而又受阻后，股价开始在上升的途中缩量盘整，形成一个狭长、振幅不大的价格密集区域。把这个密集区域的几个相对高点和相对低点分别连接起来，就可以画出两条平行的直线，这就是上升旗形。由两条平行线形成的平行四边形是旗形的旗面，股价开始上涨的起点到股价开始进入整理前的第一个高点之间的距离是旗形的旗杆，如图 9-11 所示。

图 9-11 上升旗形

1. 上升旗形的形成

在股价上升过程中，随着成交量的逐渐增加，股价创出近期新高，大多数投资者获利不少，一些短线投资者纷纷卖出股票而获利了结，股价上升的压力开始加大，主力也顺势让股价进行调整，股价开始在一个相对震荡幅度较小的空间里小幅下跌，进入旗形整理。

由于主力没有离场，股价的回落速度和幅度都不大，成交量日渐萎缩，市场的抛压逐渐减少，主力资金和大部分投资者对后市依然看好。

经过一段时间的整理后，主力资金重新进场，股票的成交量也明显放大，投资者纷纷再次进场买入股票，股价再次大幅上升，上升旗形由此形成。

2. 上升旗形的研判

① 上升旗形出现前，一般应有一个旗杆。一般情况下，旗杆的高度应在股价涨幅的 30%

以上，但旗杆也不能太高。如果旗杆的高度很高，则未来旗形整理突破后的高度有限。

② 上升旗形整理的持续时间不能太长，否则它保持上升趋势的能力和力度将下降。一般而言，股票整理时间最好不要超过 30 个交易日。

③ 上升旗形整理形态在旗形形成之前和被突破之后，成交量都很大。在旗形形成过程中，成交量从左向右逐渐减少。

④ 上升旗形整理形态被突破以后还可以参照均线理论，选择适当的时机出货。上升旗形被突破后，股价至少要走到形态高度的距离（旗杆的高度），因此股价突破后，待股价达到旗杆高度时，如果股价掉头朝下跌破短期均线，即可卖出股票。

如果上升旗形整理形态出现在股价的长期均线上方附近，上升旗形形态的突破将比较强劲，突破高度也相对较高；如果上升旗形形态出现在股价长期均线的上方但远离均线，上升旗形的突破力度则会减弱，高度也将降低；如果上升旗形整理形态出现在股价的长期均线下方，上升旗形突破的高度将非常有限，有时可能还是失败的上升旗形。

⑤ 上升旗形整理形态的判定还可以结合其他常用技术分析指标进行分析。具体运用如图 9-12 所示。

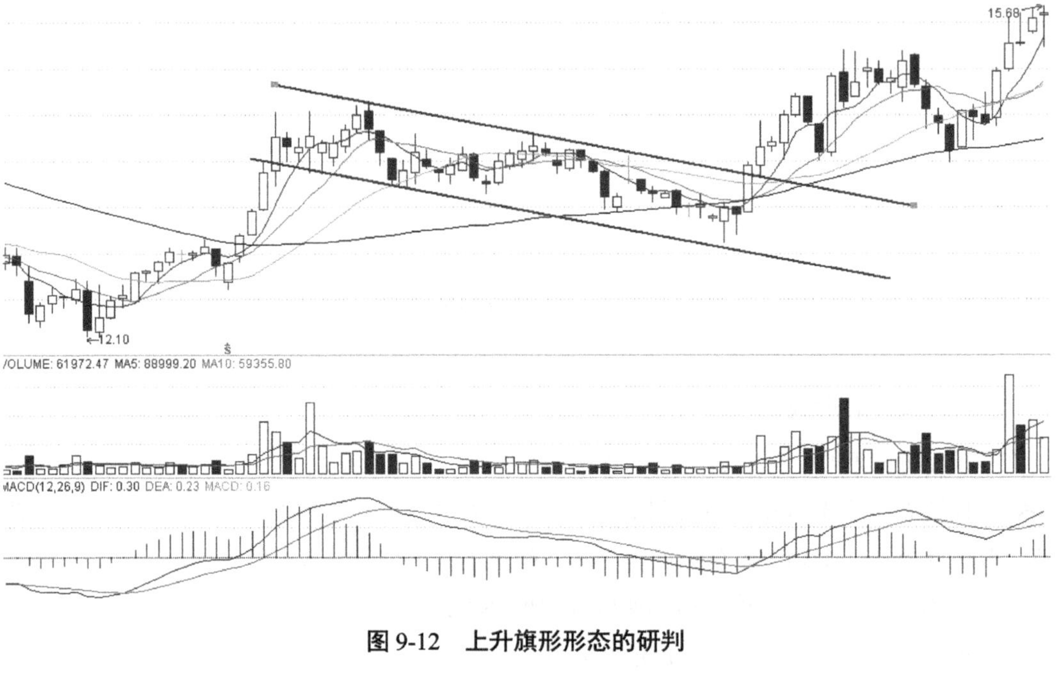

图 9-12　上升旗形形态的研判

9.3.2　下降旗形

下降旗形一般出现在股价经过一段比较急速的下跌中。股价从高点一路下跌，在某一价位段获得暂时的支撑并开始缩量整理，形成一个狭长的、稍微向上的价格密集区域。把这个密集区域的相对高点和相对低点分别连接起来，就可以画出两条近乎平行的直线，这就是下降旗形。由两条直线形成的近乎平行四边形的图形是旗形的旗面，股价开始下跌的高点到股价进行旗形整理的第一个低点之间的距离是旗形的旗杆，如图 9-13 所示。

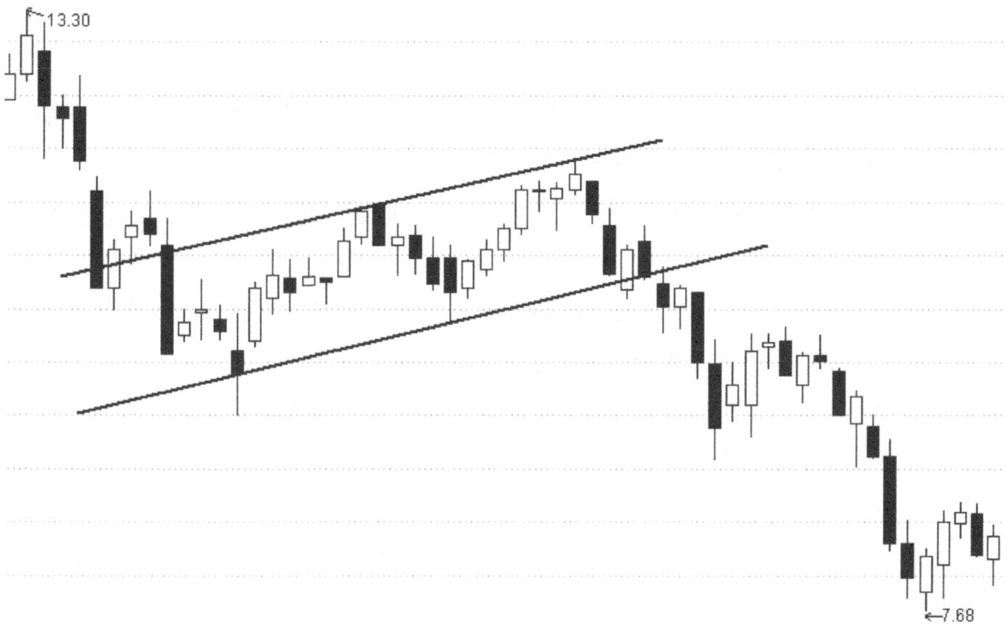

图 9-13　下降旗形

1. 下降旗形的形成

在股票下跌过程中，随着成交量的逐渐减少，股价开始无量下跌并创出近期新低，大部分投资者被套牢。由于股票的抛盘较少，股价的下跌动能衰竭，股价开始止跌企稳。

随着一些被套牢的投资者低位补仓和一些短线投资者的短线买入，股价小幅震荡向上，随着买盘的逐渐放大，股价开始反弹。

由于股价已经处于长期下降通道中，股价的反弹面临双重压力，一方面是上方为数众多的套牢盘期待解套，另一方面是低位买入的少数获利盘想尽快出局。因此，股价的反弹软弱无力，场外的资金观望气氛甚浓，股价在狭小的区域里反复震荡，形成旗形整理。

股价在两难中徘徊向上，但成交量没有明显放大，显然股票中缺少大的主力。部分投资者开始在股价来回震荡中逢高减仓，股价上涨乏力。

更多被套牢的投资者看到股价很难上升，他们也开始逐步减仓，而一些稍有获利的投资者更是赶紧卖出，因此股价突然放量下跌，跌破旗形整理的下边支撑线。

随着旗形整理形态的结束，股价放量下跌并重新进入长期下跌通道中，新一轮的下跌又开始了。

2. 下降旗形的研判

① 下降旗形是股价长期下降通道中途的一种短期抵抗整理形态，因此旗形整理形态的出现可能是投资者卖出股票的一次机会。一般而言，空仓的投资者应以观望为主，尽量不要去做短线，更不宜做中长线投资。已经买入或套牢的投资者应抓住这次整理机会，趁早逢高卖出股票。

② 在下降旗形出现前，一般应有个旗杆。通常情况下，旗杆的高度应在股价跌幅的 30% 以上。但旗杆的高度也不能太高，否则未来旗形整理向下突破后的突破空间有限。

③ 下降旗形整理的时间周期不会很长。在熊市里，股票整理时间一般不会超过 20 天，大多数在 10 天左右。

④ 下降旗形整理形态在旗形形成之前和突破之后，成交量可能比较大（但相比上升旗形整理而言要小）。在旗形形成过程中，成交量从左向右逐渐减少。

⑤ 下降旗形整理还可参照均线理论一起研判。如果旗形整理形态出现在股价的长期均线的上方附近，则旗形整理形态的突破应以有效跌破长期均线为标志，若股价跌破旗形下边的支撑线但没有跌破长期均线，下降旗形整理形态就不一定成立。如果旗形整理形态出现在股价的长期均线下方，所有短中长期均线都对股价构成压力，此时只要股价一碰到均线就掉头向下，则下降旗形突破更为有效。

⑥ 下降旗形整理形态的判定还可以结合其他常用技术分析指标一起进行分析。具体运用如图 9-14 所示。

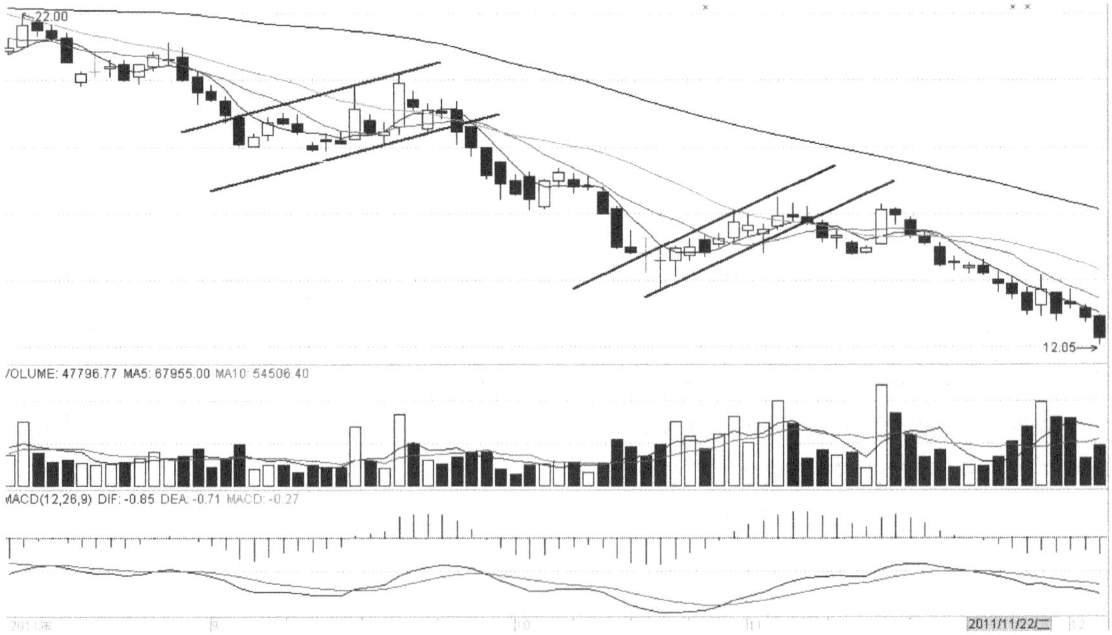

图 9-14 下降旗形形态的研判

9.4　楔形整理形态

楔形和旗形是两个极为相似的形态，楔形有时也被称为第二旗形。如果将旗形中上倾或下倾的平行四边形变成上倾和下倾的三角形，就会得到楔形。按股价运动的方向及特点，楔形可以分为上升楔形和下降楔形两种。

9.4.1　上升楔形

上升楔形一般是出现在股价经过一段比较急促的跌势后，股价开始反弹，当股价反弹至一定高度后开始掉头回落，但回落点比前期低点高，然后又升至新的高点，再回落，再上升，如此反复，在总体上形成短暂的一浪高于一浪的势头。把这些短期高点相连，则形成一条向上倾斜的直线，把低点连接也形成一条向上倾斜的直线，而且两者呈收敛之势，这就是上升楔形。高点连成的直线为楔形的压力线，低点连接而成的直线为楔形的支撑线，如图 9-15 所示。

图 9-15　上升楔形

1．上升楔形的形成

股价从高位经过一段比较快的跌势后，由于跌势较快且跌幅较深，股票的抛盘逐渐减少，成交量也大幅萎缩，随后股价在某一价位止跌企稳。

随着股价的止跌企稳，短线投资者开始进场，套牢的投资者也开始慢慢补仓，股票的成交量有所放大，股价在买盘的推动下缓步上升。

当股价上升到一定高度时，由于股价长期趋势趋弱，上方套牢盘太多，股价反弹受到强大的压力而开始重新回落。

当股价回落到前期低点上方时，股价受到支撑并重新开始掉头向上，股价在新的买盘配合下超过上次高点。

股价创出新的高位后，由于股价上方的压力沉重，而且成交量没有有效放出，股价又重新回落。

如此反复几次，股价的上升动能开始衰弱，短线投资者买卖的兴趣也明显减少，成交量重新逐步萎缩。

部分投资者发觉股价上升乏力，便纷纷开始卖出股票，股价在卖盘的抛压下慢慢下跌并跌破楔形整理的支撑线。此后，各种卖盘大量涌出，股价重新步入新一轮下跌行情。

2. 上升楔形的研判

① 上升楔形在形成之前，股价已经有了一段相当大的跌幅，一般情况下，从股价下跌的高位算起要达到30%以上的幅度；上升楔形整理的时间一般在20个交易日以上，而且在形成过程中成交量逐渐减少；理论上，上升楔形突破后的再次下跌幅度与下降旗形是一致的，即在出现上升楔形前的急跌幅度为楔形突破后的理论下跌幅度。

② 一般来说，作为中继形态的楔形的整理方向与股价的长期运行趋势方向相反，即上升楔形出现在股价长期下跌趋势中；但少数情况下楔形也会以底部形态出现。如果上升楔形出现在股价的低位（以跌幅超过100%以上为准），则标志着股价底部形态的完成，接着股票可能开始一轮较大的反弹行情。

③ 由于上升楔形形态出现在股价长期下跌的途中，而它的整理方向是向上的，因此这种形态具有一定的欺骗性，投资者遇到上升楔形整理形态时一定要谨慎。空仓者不可轻易在形态整理过程中买入股票，最多少量短线操作，快进快出；持有股票者最好能逢高减磅。

④ 上升楔形有效突破以股票的收盘价跌破形态下边的支撑线为准。当上升楔形有效跌破形态支撑线后，股价经常会出现一波急跌的行情，这时投资者应持币观望或尽快抛出股票。

⑤ 大多数情况下，楔形的突破一般发生在形态横向长度的2/3 ~ 3/4处，也有直到楔形末段才发生突破的情况，不过与三角形突破相比，楔形更倾向于在接近形态尖端的部分发生突破。

⑥ 上升楔形也有可能向相反的方向发展。如果上升楔形下跌前的幅度很大且股价向上突破时成交量明显放大，则楔形形态可能发生变异，股价运行趋势可能发展成为一条上升通道，此时投资者应相机行事，并结合其他技术理论和指标综合研判。

⑦ 在上升楔形研判中，如果上升楔形整理形态出现在股价从高位跌落至长期均线上方附近，则上升楔形的有效向下突破是以股价跌破长期均线为主，也就是说即使股价跌破上升楔形的下边线，但没有跌破长期均线，也不能就此判断楔形向下突破有效；只有当股价既跌破形态支撑线，又跌破长期均线，这才能算股价有效向下突破。如果上升楔形整理形态出现在长期均线的下方，形态的有效突破就只是以股价跌破支撑线为标志。

⑧ 上升楔形整理形态的判定还可以结合其他常用技术分析指标一起进行分析。具体运用如图 9-16 所示。

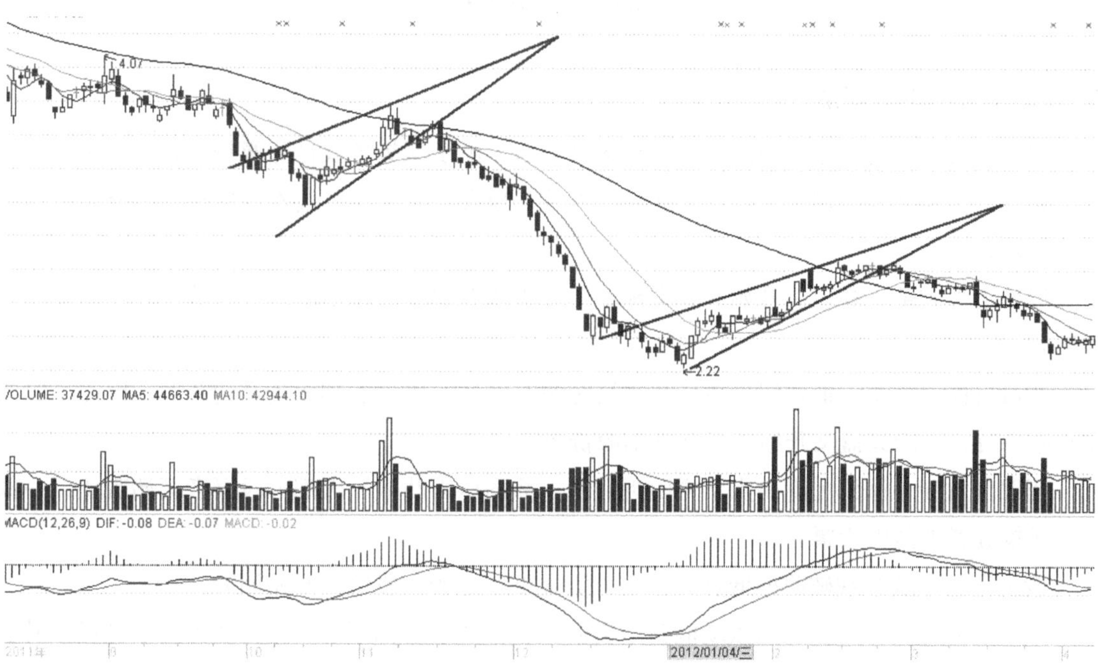

图 9-16　上升楔形形态的研判

9.4.2 下降楔形

下降楔形一般出现在股价经过一段比较快的升势后，股价开始技术性回调，当股价回落一定幅度后又掉头上冲，但上冲到的高点比前期高点低，然后又回落并创出新的低点，再上冲，再回落，如此反复，在总体上形成短暂的一浪低于一浪的势头。把这些短期高点相连，则形成一条向下倾斜的直线，把这些低点连接也形成一条向下倾斜的直线，而且两者呈向下收敛之势，这就是下降楔形。高点连成的直线为楔形的压力线，低点连接而成的直线为楔形的支撑线，如图 9-17 所示。

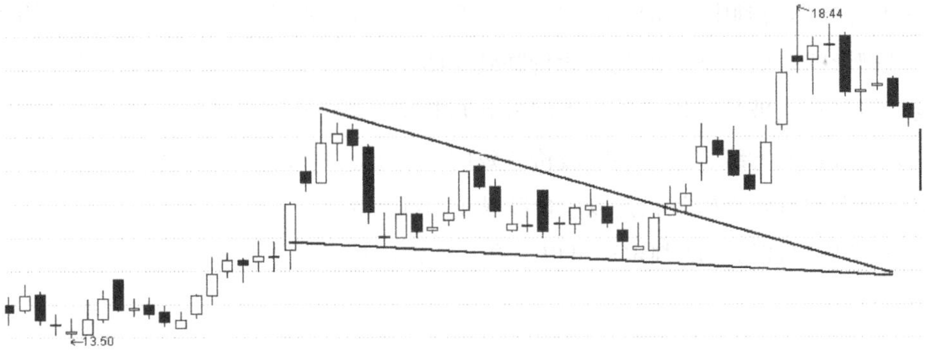

图 9-17　下降楔形

1．下降楔形的形成

股价从底部启动，经过一段时间较快的升势后，由于涨势较快且涨幅较大，各项技术指标处于高位，获利盘也比较多，股价上涨的压力越来越大，股价需要技术性的整理以修复指标，清洗浮筹。

股价上涨到某一高位后开始无力上涨，短线投资者便纷纷抛出股票，股价在各种抛盘的打压下开始回落。

当股价回落到某一低位时，由于主力资金没有退场，股价受到大资金的关照，因此当股票抛盘减少时，新的买盘又开始进场并推动股价重新上涨。

当股价重新上涨到前期高点下方附近时，上涨的压力凸显，大部分投资者开始观望，一部分短线投资者则抛出股票。

股价重新下跌并跌破前期低点后，主力资金重新进场，股价又开始回升。

这样反复几次，股价的杀跌动能开始衰弱，各种技术指标调整到位，主力开始进场拉升股票价格。

当股价突破楔形整理的压力线后，各种买盘蜂拥入场，股价在强大的买盘推动下重新进入一轮升势行情。

2．下降楔形的研判

① 下降楔形作为整理形态，在形态形成之前，股价已经有了一段相当大的涨幅。一般情况下，从股价上涨的低位算起要达到 30% 以上的涨幅；下降楔形整理的时间比上升楔形要长，一般在 20 个交易日以上，而且在形成过程中成交量逐渐减少，但在形态突破时必须有大的成交量放出。

② 大多数情况下，下降楔形形态是出现在股价上升途中的整理形态，但在少数情况下，楔形也会以顶部形态出现。如果下降楔形出现在股价的高位（股价涨幅已超过 70% 以上），则标志着股价顶部形态的完成，接着股价将开始一轮较长时间的下跌行情。

③ 由于下降楔形形态出现在长期上涨的途中，而它的整理方向是向下的，因此这种形态具有一定的欺骗性，投资者遇到下降楔形整理形态时也应谨慎对待，在股价缩量下跌中不要轻易抛出股票，在股价开始放量上涨时可短线买入操作。

④ 理论上，下降楔形的有效突破是以收盘价向上突破形态上边的压力线为准，但与上升楔形突破后的走势不同，下降楔形在往上突破阻力后，股价有时不会出现急涨的行情，而是先横向整理，过一段时间再放量向上突破。

⑤ 理论上，下降楔形突破后再次上涨的幅度与上升楔形一致，即在出现下降楔形前的上涨幅度为楔形突破后的理论上涨高度，但在现实走势中一般达不到这个高度；下降楔形的突破一般发生在形态横向长度的 2/3 ~ 3/4 处，也有部分走势在楔形末端才发生突破的情况。

⑥ 下降楔形还应参照均线理论。在下降楔形研判中，如果下降楔形形态出现在股价上涨到长期均线下方附近整理，下降楔形的有效突破则以股价既向上突破形态的压力线又同时突破长期均线为标志；如果下降楔形形态出现在股价突破长期均线后并在均线上方附近整理，形态的有效突破则是以股价放量向上突破形态的上边压力线为标志。

⑦ 下降楔形整理形态的判定还可以结合其他常用技术分析指标一起进行分析。具体运用如图 9-18 所示。

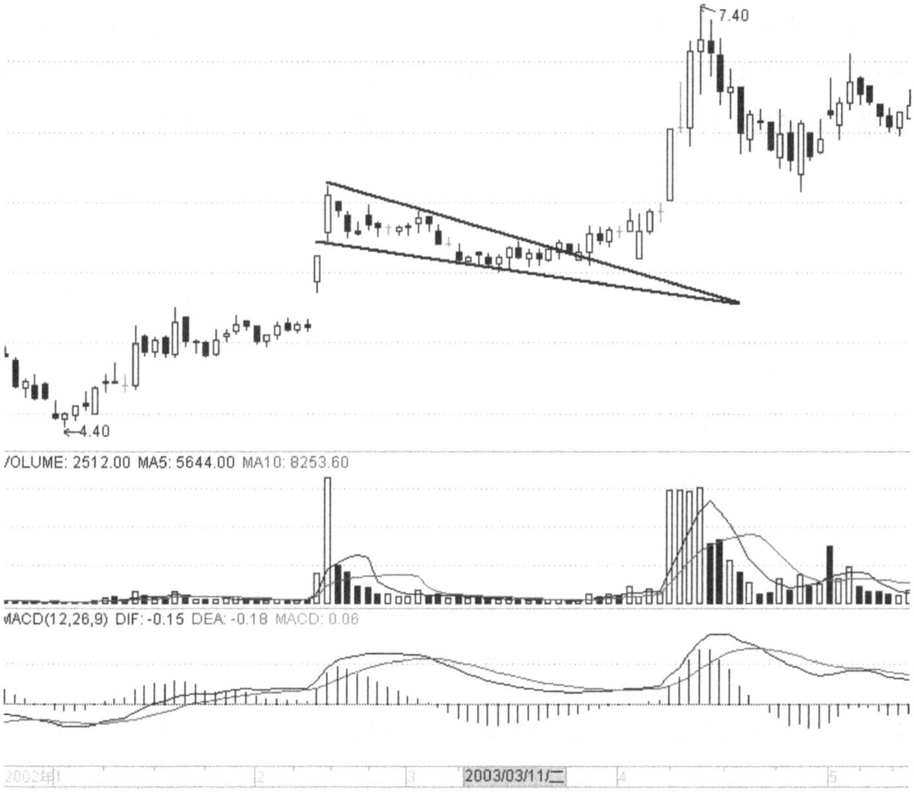

图 9-18 下降楔形形态的研判

9.5 缺口形态

缺口通常又称跳空，是指证券价格在快速大幅波动中没有留下任何交易的一段真空区域。从这个意义上说，缺口也属于形态的一种。缺口的出现往往伴随着向某个方向运动的一种较强动力。缺口的宽度表明这种运动的强弱。一般来说，缺口越宽，运动的动力越大；反之则越小。不论向何种方向运动所形成的缺口，它都将成为日后较强的支撑或阻力区域，不过这种支撑或阻力效能依不同形态的缺口而不同。

缺口分析是技术分析的重要手段之一。技术分析中通常将缺口划分为普通缺口、突破缺口、持续性缺口和消耗性缺口四种形态。由于缺口具有不同形态，每种形态又各具特点，人们可以根据不同的缺口形态预测行情走势的变化方向和变化力度。

1．普通缺口

普通缺口（见图 9-19）经常出现在股价整理形态中，特别是出现在矩形或对称三角形等整理形态中。由于股价仍处于盘整阶段，因此在形态内的缺口并不影响股价短期内的走势。普通缺口具有的一个比较明显特征，即它一般会在 3 日内回补，同时成交量很小，很少有主动的参与者。如果不具备这些特点，就应考虑该缺口是否不属于普通缺口形态。普通缺口的支撑或阻力效能一般较弱。

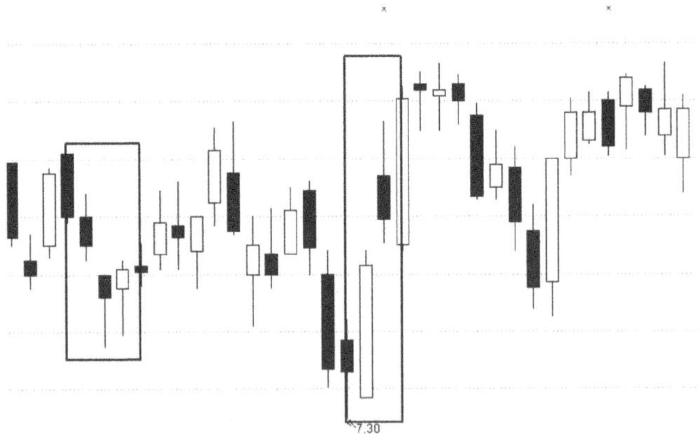

图 9-19　普通缺口

普通缺口的这种短期内必补的特征给投资者短线操作带来了一个简便机会，即当向上方向的普通缺口出现之后，在缺口上方的相对高点抛出证券，待普通缺口封闭之后买回证券；而当向下方向的普通缺口出现之后，在缺口下方的相对低点买入证券，待普通缺口封闭之后再卖出证券。这种操作方法的前提是必须判明缺口是否为普通缺口，且证券价格的涨跌是否达到一定的幅度。

2. 突破性缺口

突破性缺口（见图 9-20）是证券价格向某一方向急速运动并跳出原有形态所形成的缺口。突破性缺口蕴涵着较强的动能，常常表现为激烈的价格运动，具有极大的分析意义，一般预示行情走势将要发生重大变化。突破性缺口的形成在很大程度上取决于成交量的变化情况，特别是向上的突破缺口。若突破时成交量明显增大，且缺口未被封闭（至少未完全封闭），则这种突破形成的缺口是真突破缺口；若突破时成交量未明显增大，或者成交量虽大，但缺口短期内很快就被封闭，则这种缺口很可能是假突破缺口。

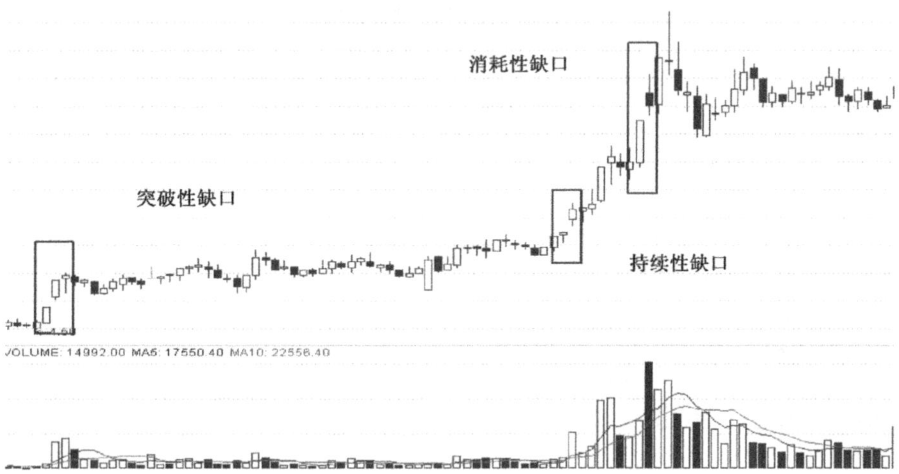

图 9-20　突破性缺口、持续性缺口、消耗性缺口

一般来说，突破性缺口形态确认以后，无论价位（指数）的升跌情况如何，投资者都必须立即做出买入或卖出的操作，即向上突破缺口被确认时立即买入，向下突破缺口被确认时立即卖出，因为突破缺口一旦形成，行情走势必将向突破方向纵深发展。

3. 持续性缺口

持续性缺口（见图 9-20）是在证券价格向某一方向有效突破之后，由于其急速运动而在途中出现的缺口，它是一个趋势的持续信号。缺口产生的时候，交易量可能不会增加，但如果交易量增加，则通常表明一个强烈的趋势。

持续性缺口的市场含义非常明显，它表明证券价格的变动将沿着既定的方向发展变化，并且这种变动距离大致等于突破性缺口至持续性缺口之间的距离，即缺口的测量功能。持续性缺口一般不会在短期内被封闭，因此投资者可在向上运动的持续性缺口附近买入证券，或者在向下运动的持续性缺口附近卖出证券，不必担心是否会套牢或踏空。

4. 消耗性缺口

消耗性缺口（见图 9-20）一般发生在行情趋势的末端，表明股价变动的结束。若一轮行情走势中已出现突破性缺口与持续性缺口，那么随后出现的缺口就很可能是消耗性缺口。判断消耗性缺口最简单的方法就是考察缺口是否会在短期内封闭，若缺口封闭，则消耗性缺口形态可以确立。消耗性缺口容易与持续性缺口相混淆，它们的最大区别在于消耗性缺口出现在行情趋势的末端，而且伴随着大的成交量。

由于消耗性缺口形态表明行情走势已接近尾声，因此投资者在上升行情出现消耗性缺口时应及时卖出证券，在下跌趋势中出现消耗性缺口时买入证券。

复习与实训

一、简述题

1. 不同类型三角形的形态与形成过程。
2. 矩形的形态与形成过程。
3. 不同类型旗形的形态与形成过程。
4. 不同类型楔形的形态与形成过程。
5. 典型缺口形态的特点。

二、实训题

1. 三角形形态的识别

实训要求：分别选择典型股票，从其历史行情中寻找各类典型的三角形形态，运用画图工具予以标明，验证其与形态判研要点是否相符，并阐述原因。

2. 矩形形态的识别

实训要求：分别选择典型股票，从其历史行情中寻找各类典型的矩形形态，运用画图工具予以标明，验证其与形态判研要点是否相符，并阐述原因。

3. 旗形形态的识别

实训要求：分别选择典型股票，从其历史行情中寻找各类典型的旗形形态，运用画图工具予以标明，验证其与形态判研要点是否相符，并阐述原因。

4. 楔形形态的识别

实训要求：分别选择典型股票，从其历史行情中寻找各类典型的楔形形态，运用画图工具予以标明，验证其与形态判研要点是否相符，并阐述原因。

5. 缺口形态的识别

实训要求：分别选择典型股票，从其历史行情中寻找各类典型的缺口形态，运用画图工具予以标明，验证其与形态判研要点是否相符，并阐述原因。

三、分析题

1. 选择典型股票，尝试运用三角形形态理论对其未来股价走势进行分析判断，并说明理由。
2. 选择典型股票，尝试运用矩形形态理论对其未来股价走势进行分析判断，并说明理由。
3. 选择典型股票，尝试运用旗形形态理论对其未来股价走势进行分析判断，并说明理由。
4. 选择典型股票，尝试运用楔形形态理论对其未来股价走势进行分析判断，并说明理由。
5. 选择典型股票，尝试运用缺口形态理论对其未来股价走势进行分析判断，并说明理由。

第 10 章　形态理论——反转形态

10.1　顶部反转形态

顶部反转形态是股价形态中重要的卖出形态，它在一定程度上可以发出股价走势已经到顶并即将反转向下的信号。一般而言，顶部反转形态主要有头肩顶、双重顶、三重顶、圆弧顶、V 形顶等多种形态。

10.1.1　头肩顶

头肩顶形态是一个可靠的卖出时机，一般通过连续的三次起落构成该形态的三个部分，也就是要出现三个局部的高点。中间的高点比另外两个都高，如同人头一般，两侧的次高点如同两个肩膀，这就是头肩形态名称的由来。头肩顶反转形态是股价最重要的顶部反转形态，也是在实际走势中出现最多的形态，如图 10-1 所示。

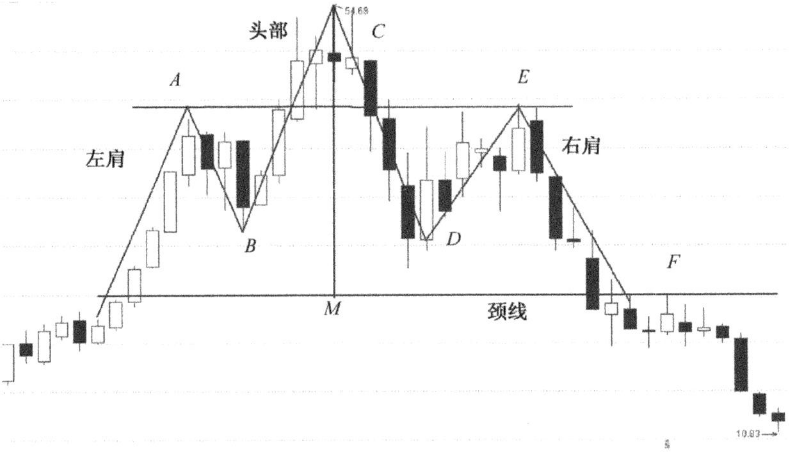

图 10-1　头肩顶

1．头肩顶的形成

从图 10-1 中可以看出，这种形态一共要出现三个顶，也就是要出现三个高点。一般情况下，中间的高点比两边的高点高，故称为头；左侧的升浪称为左肩，右侧的升浪称为右肩，由头部两侧低点连接而成的直线（图中 *B* 点和 *D* 点的连线附近区间）称为颈线。

股价从底部启动，经过一段涨势后，股价升至 *A* 点，成交量开始放大，此时股价涨幅已经很大，获利回吐的压力也慢慢加大，由于部分获利盘的涌出，股价开始回调；随着部分获利盘的出局和跟风盘的减少，股价开始回落，跌至 B 点，成交量逐渐减少，出现阶段性底部，即左肩形成。

股价构筑完阶段性底部后，随着主力资金的重新拉抬和新的跟风盘的涌入，成交量再度放大，股价继续上涨，并创出新高 C 点，然而过高的股价使主力获利丰厚，主力开始大肆出货，并且过高的股价使投资者产生恐慌心理，投资者也竞相抛售，股价在 C 点位又见顶回落，下挫至与 B 点水平接近的 D 点企稳，这样在形态上就形成了头部。

随着股价第二次回落，抛盘逐渐减少，股价在一定区域内盘整，前期获利盘和套牢盘逐渐消化，新的买盘开始再次介入，而且由于主力的获利筹码没有完全出光，主力资金再次逐步介入并第三次推高股价，股价又一次上升至与 A 点价位差不多的 E 点（有时低于 A 点），此时右肩形成。但由于主力一边慢慢推升股价，一边悄悄出货，市场跟风盘也逐步减少，股价无力再创新高，成交量也不能有效放出，市场观望气氛加强，股价在 E 点见顶后开始加快回落。

随着前期部分获利盘和套牢盘逐步离场，股价回落到前期低点附近暂时企稳，但由于前期主力的大部分筹码已经获利离场，股价失去主力的关照，在前期低点处只做几天停留后便向下跌穿颈线，并开始破位向下，虽然中间有短暂向上回抽颈线位的动作，但终因大势逆转，股价再次加速下跌，同时，各种投资者已经对股价失去信心，市场出现恐慌，人们纷纷卖出该股，整个下跌趋势基本形成。

2. 头肩顶的研判

① 头肩顶形态是一个长期趋势的反转形态。一般情况下，头肩顶的左肩高点与右肩高点大致相等，或者高于右肩；在头肩顶的左肩形成之前，股价从底部启动后已经有了相当大的涨幅，大部分头肩顶的形成周期在 3 ~ 6 个月，超过或少于这个周期都可能形成失败的头肩顶。

② 就成交量而言，左肩的量往往最大，头部次之，右肩的成交量最小。股价从左肩到达顶部时，成交量会有所放大；而股价在形成右肩时，成交量无法大幅度提高，表明市场缺乏强劲的买盘支持；股价向下突破颈线位时成交量不一定放大，但反抽失败后，在接下来的下跌过程中成交量会有所放大。

③ 头肩顶形态中的颈线位在实战中具有较强的参考意义。股价在颈线之上时，颈线就是一条重要的支撑线，颈线一旦被向下有效突破就成了极强的阻力线；当股票的收盘价向下突破颈线幅度超过 3% 以上，并有大的成交量放出时，颈线一旦被突破，股价将步入漫漫熊途；通常，股价在完成颈线突破后还有一次反弹向上并到达（或接近）颈线（图 10-1 中的 F 点）的机会，此时投资者应抓住这最后的出货机会，在此处卖出全部股票。

④ 头肩顶反转形态一旦形成，其准确性很高且杀伤力很大。当股价有效向下跌破颈线后，其下跌幅度最少相当于头部至颈线的距离，这就是基本量度跌幅（又叫基本下跌空间）。也就是说，图 10-1 中 C 点至 BD 连线（颈线）的垂直距离 CM 有多大，颈线之下股价也会有同样

的下跌空间，而且在实际走势中，头肩顶的下跌幅度会超过基本量度跌幅。

⑤ 头肩顶的形态要结合均线一起研判，这样就可以避免被形态的假突破所迷惑。当股价形成头肩顶的右肩后，一旦股价向下突破颈线位，同时该股的短期均线系统也开始成空头排列时，投资者就要密切注意股价形态是不是要形成头肩顶的形态。若股价接下来又开始跌破中期均线和长期均线，说明头肩顶形态真正形成，其后股价向下突破的杀伤力将比较大，投资者应坚决卖出全部股票，这一点对于投资者实际操作尤为重要，如图 10-2 所示。

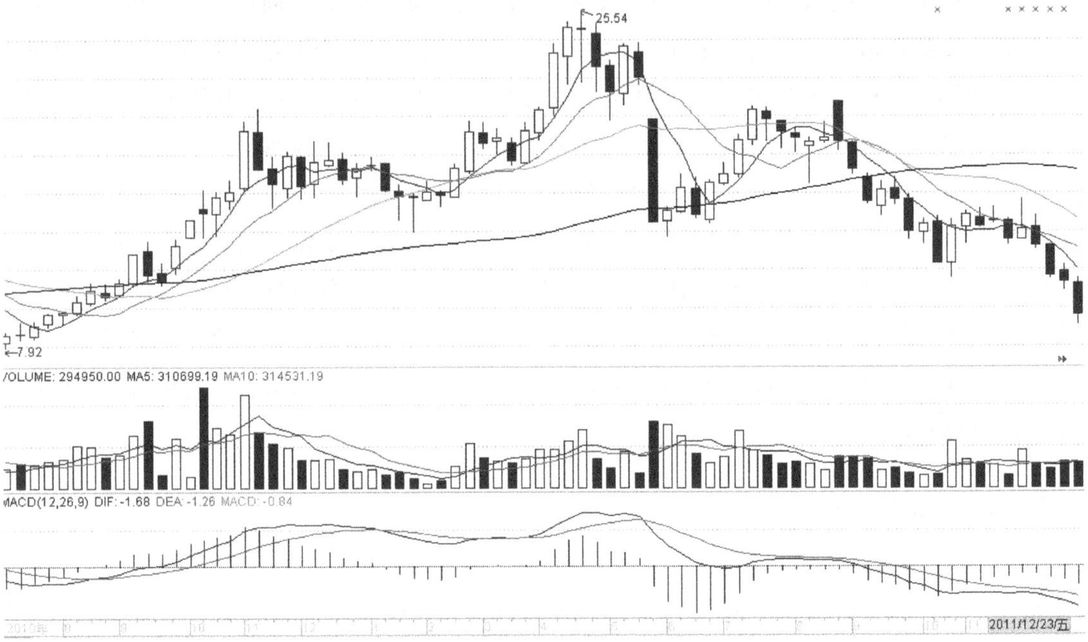

图 10-2 头肩顶形态的研判

⑥ 头肩顶的形态还可以结合 MACD、KDJ 等指标的卖出信号一起研判，从而提高实战操作的准确性和安全性。

10.1.2 双重顶

双重项也称 M 头（或双顶），一般由两个高点和一个低点构成，是股市中一种较为常见的出货形态，如图 10-3 所示。

从图 10-3 中可以看出，这种形态一共要出现两个顶和一个底，即要出现两个高点和一个低点。一般而言，形成两个高点的空间叫作波峰，形成一个低点的空间叫作波谷；以低点所做的水平线（图中在 *B* 点所做的平行线附近区间）称为颈线。

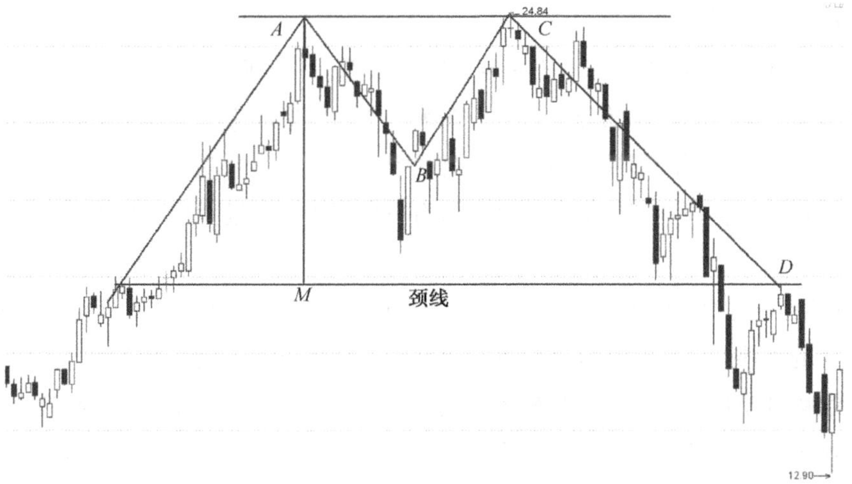

图 10-3　双重顶

1．双重顶的形成

如图 10-3 所示，股价从底部启动，经过一段持续上升攀升至 *A* 点，此时股价涨幅很大，已经给很多投资者带来了较好的回报，主力更是获利丰厚，从而部分获利盘（包括主力的部分筹码）大量涌出，股价开始急剧下跌。

股价下跌到一定位置后，随着部分获利盘的减少，其股价跌至 *B* 点站稳，开始构筑阶段性底部。股价的重新企稳吸引了一些短线客的兴趣，套牢的投资者可能也在低位补仓，并且部分主力资金重新进场，股价再次上涨。随着主力资金的重新拉抬和新的跟风盘的涌入，成交量再次慢慢放大，股价回升至与前期高点相当（或者高于前期高点）的 *C* 点。

由于前期高点的压力或成交量不能有效地放大，市场信心不足，部分短线客开始卖出股票，主力也抛出前期剩余的获利筹码和后期拉抬的筹码，市场在短线客和主力的双重出货压力下，投资者信心受损，股价再次急剧下跌。

股价跌至前期低点附近稍做停留，进入短期调整阶段，想在前期低点寻求支撑，但如果主力已经出掉绝大部分筹码或全部筹码，股价势必因无主力资金的关照而跌破重要的支撑线——颈线，双重顶形态初步形成。

股价跌破颈线一定幅度后（一般为 5% ~ 10%），由于还有其他一些没有来得及出货的部分中小主力的拼命护盘，股价重新返回到颈线位附近，但市场大主力已经完成出货，因此股价未能向上突破颈线（或突破后没有有效地在颈线上站稳），股价重新掉头向下，股价的再次下跌和颈线的失守加剧了市场上的悲观气氛，获利的和套牢的投资者纷纷抛出股票，股价开始放量大跌，双重顶形态即告形成。

2．双重顶的研判

① 双重顶的两个高点（顶部）不一定在同一水平，一般而言，只要两者相差不大于10%左右的幅度，就不会影响形态的分析意义；在第一个顶部形成之前，股价从底部启动后已经有了相当大的涨幅；双重顶的形成周期至少需要一个月以上，如果双顶形成的时间少于一个月，就很可能是失败的双重顶；就成交量而言，前面一个顶的成交量大多数会大于后面一个顶的成交量。

② 双重顶形态中的颈线位在实战中具有较强的参考意义。股价在颈线以上运行时，颈线就是一条重要的支撑线，颈线一旦被向下有效突破，它就成了极强的阻力线。当股票的收盘价向下突破颈线幅度超过30%，并有比较大的成交量放出，而且不能在三个交易日内重新回到颈线之上时，这种突破就是有效突破。颈线一旦被突破，股价将开始步入漫漫熊途。

通常，股价在完成颈线突破后还有一次反抽至颈线（图中的*D*点）的机会，此时投资者应抓住这最后的出货机会，卖出自己的部分或全部股票。

③ 双重顶反转形态一旦形成，其准确性很高且杀伤力很大。当股价有效向下跌破颈线后，其下跌幅度最少相当于从最高的一个顶点到颈线的垂直距离，这就是基本量度跌幅，即图10-4中*A*点或*C*点到颈线的垂直距离有多大，颈线以下的股价也会有幅度相等（或相近）的下跌空间，而且在实际中，双重顶的下跌幅度往往超过基本量度跌幅。

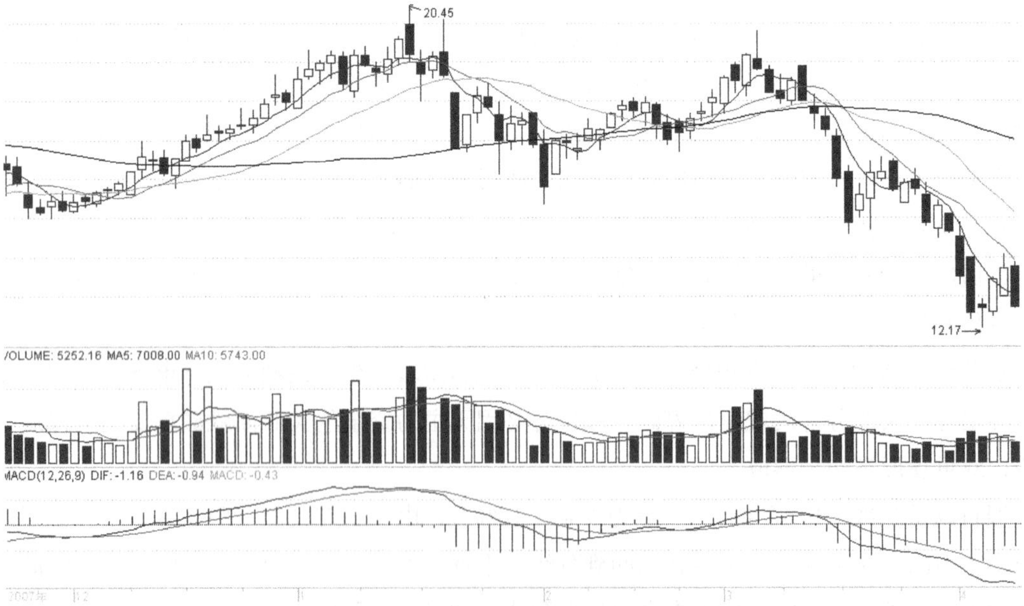

图10-4 双重顶形态的研判

④ 双重顶形态中有时也会出现“多头陷阱”情况，即股价在从波谷向上攀升过程中，冲过第一个波峰（顶部），但就在市场以为又一波大升势即将展开的时候，股价掉头向下，

构筑了第二个顶部，这就是多头陷阱。投资者遇到这种情况时应以双重顶形态的研判标准来操作。

⑤ 对于股价上升过程中的正常回调（哪怕跌幅在 20% 以上），投资者不能把它当作双重顶形态来对待，只有股价有效跌破颈线时才考虑是不是双重顶形态。双重顶形态中形成两个顶点的时间跨度越长，反转形态越能成立；如果两个顶点之间间隔时间很近，就可能是整理形态，而非大势反转。当股价从高位向下经过一段时间的回调整理后再次向上扬升时，一旦股价未能放量突破前期的高点或稍稍突破一点后又掉头朝下运行，此时投资者就要注意股价会不会形成双重顶的形态。

⑥ 双重顶的形态也要结合均线一起研判，这样才能更加准确地使用。一旦股价接着向下突破图形的颈线位，该股的短期均线也开始成空头排列，此时投资者就要密切注意是不是双重顶形态即将形成并要开始卖出股票，股价一旦接下来又开始跌破中期均线和长期均线，投资者就应坚决卖出全部股票，这一点对于投资者实际操作尤为重要（见图 10-4）。

⑦ 双重顶的形态还可以结合 MACD、KDJ 等指标的卖出信号一起研判，这样就可以提高实战中投资的准确性和安全性。

10.1.3　三重顶

三重顶形态也是比较常见的顶部反转形态之一。它是双重顶和头肩顶的扩展形式，一般是由三个高点和两个低点构成，如图 10-5 所示。

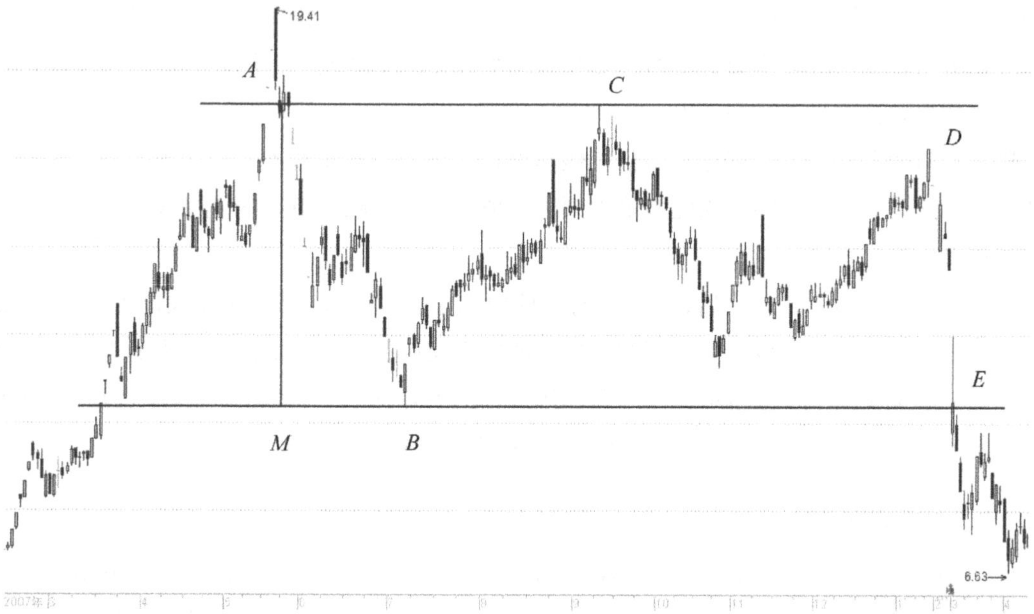

图 10-5　三重顶

从图 10-5 中可以看出，这种形态一共要出现三个顶和两个底，即出现三个高点和两个低点。形成三个高点的空间叫作波峰，形成两个低点的空间叫作波谷；以两个低点中的最低点所做的水平线（图中以 *B* 点所做的平行线）称为颈线。

1. 三重顶的形成

股价从底部启动，经过一段时间的涨势后攀升至 *A* 点，此时涨幅已经很大。由于经过前面一段的持续涨升，不少前期短线客已经获利丰厚，股价继续涨升的压力较大，主力在此位借机洗盘，股价顺势下跌。

股价下跌到 *B* 点后，开始构筑阶段性底部。股价的重新企稳使一些新的资金开始进场，主力也趁机再次拉抬股价，成交量也开始再次放大，股价进入第二波拉升阶段。

市场部分短线投资者发觉股价重新上涨便急于进场，股价在成交量的配合下又冲至前期高点附近（*C* 点），市场投机气氛开始加强。而此时股价的涨幅已经使主力资金获利丰厚，市场的投机气氛使主力更容易出货。主力在此高点处出掉了大部分筹码，成交量也开始急剧放出，股价大幅下跌，价跌量增的走势使投资者也纷纷卖出股票。在主力和其他投资者双重出货压力的作用下，股价再次快速跌到前期低点附近。

由于还有部分筹码没有来得及卖出，主力便在前期低点处积极护盘，股价在此获得支撑并进入盘整阶段。

经过一段时间的盘整，股价开始慢慢企稳向上，主力也开始再次慢慢推升股价，市场的气氛开始转暖，一些大胆的短线投资者也重新进场，股价在双重作用的推动下开始加快反转朝上，并到达前两个高点附近（*D* 点）。由于前期高点压力巨大，很多投资者不敢贸然进场，成交量不能有效放大，股价停滞不前。主力开始在第三个高点处出掉剩余筹码，股价迅速掉头朝下，前期的获利盘和套牢盘也蜂拥而出。

随着股价急跌至颈线位附近，股价稍做盘整，市场观望气氛浓烈。但由于主力已经完成出货任务，股价失去主力关照，因此股价立刻再次掉头向下并跌破重要的支撑线——颈线，三重顶形态初步形成。

股价跌破颈线位一定幅度后，由于还有一些中小主力没有来得及出货，股价重新反抽颈线，但由于大部分主力已经完成出货，因此股价未能向上突破颈线位（或突破后未能有效地站在颈线上）就重新掉头向下，股价的再次下跌和颈线位的失守加剧了市场上的悲观气氛，获利的和套牢的投资者纷纷卖出股票，股价开始大跌，三重顶形态即告形成。

2. 三重顶的研判

① 三重顶的三个顶部的高度相差不多，幅度不超过 10% 就不会影响形态的分析。在实际走势中，常见的是第三个顶最高，第一个顶高度最低；在第一个顶部形成之前，股价从底部启动已经有了相当大的涨幅，涨幅越大越可靠；在三重顶中，第一个顶的成交量可能最大，第二

个顶的成交量次之，最后一个顶的成交量最少，最好是成交量呈明显萎缩状态；三重顶的形成周期从第一个顶算起至少需要两个月以上的时间，如果三顶形成时间少于两个月，则很可能就是失败的三重顶。

② 三重顶形态中的颈线位在实战中具有重要的参考意义。股价在颈线以上时就有强劲的支撑，此时投资者可以持股或买入股票；股价一旦有效向下突破颈线位，此时应及时卖出股票或持币观望，而这条颈线位会对股价的反弹构成较强的压力。当股票的收盘价向下跌破颈线幅度超过 3% 以上，并有比较大的成交量放出，而且不能在三个交易日内重新站上颈线时，这种突破为有效突破。颈线位一旦被有效跌破，股价将开始进入一个较长时期的下跌过程。

部分股票在完成颈线突破后可能会有一个反抽颈线（图 10-5 中的 *E* 点）的机会，此时投资者应抓住机会卖出部分或全部股票。

③ 三重顶形态一旦形成，其准确性很高且杀伤力很强。与头肩顶和双重顶一样，基本量度跌幅也是三重顶形态中很关键的一点。三重顶的基本量度跌幅是指三重顶中的最高顶到颈线的垂直距离有多高，颈线以下的股价最少有与其相等的跌幅，即图 10-5 中的 *A* 点到颈线的垂直距离有多大，颈线以下的股价也会有幅度相等（或相近）的下跌空间。由于在股价实际走势中三重顶的下跌幅度往往超过基本量度跌幅，因此投资者更应予以重视。

④ 在三重顶形态中，如果在股价从第一个顶下跌至第一个底的过程中，成交量出现极度萎缩，说明主力只是洗盘，投资者可以放心买入，等待股价拉升；从第二个顶下跌至第二个底的过程中成交量没有很大萎缩，说明主力开始出货，投资者只可少量买入并做短线操作；从第三个顶下跌过程中成交量并没有萎缩多少，说明主力在大肆出货，投资者应及时卖出股票，且不可轻易买入。

⑤ 三重顶形态中，如果一个顶比一个顶低，可能就是失败的三重顶，投资者对其的研判可参照三角形等整理形态来进行。三重顶形态中形成三个顶点的时间跨度越长，反转形态就越成立。如果三个顶点之间的间隔时间很近，就可能是整理形态，而非大势反转。

⑥ 三重顶的研判还可以结合均线理论，这样更加准确实用。当股价连续形成高度相对一致的三个高点后，股价无法再向上扬升而是再次向下考验颈线位，此时投资者就要密切留意是不是股价将形成三重顶的形态。

一旦股价向下跌破颈线位时，短期均线已经向下空头排列，投资者就应开始卖出股票；一旦股价接着向下跌破股价的中长期均线，这就意味着三重顶的形态更加被确认，投资者应坚决卖出全部股票。这一点对投资者实际操作尤为重要，如图 10-6 所示。

⑦ 三重顶形态的卖出也可以结合 MACD、KDJ 等技术指标的卖出信号一起研判，这样可以提高实战中投资的准确性和安全性。

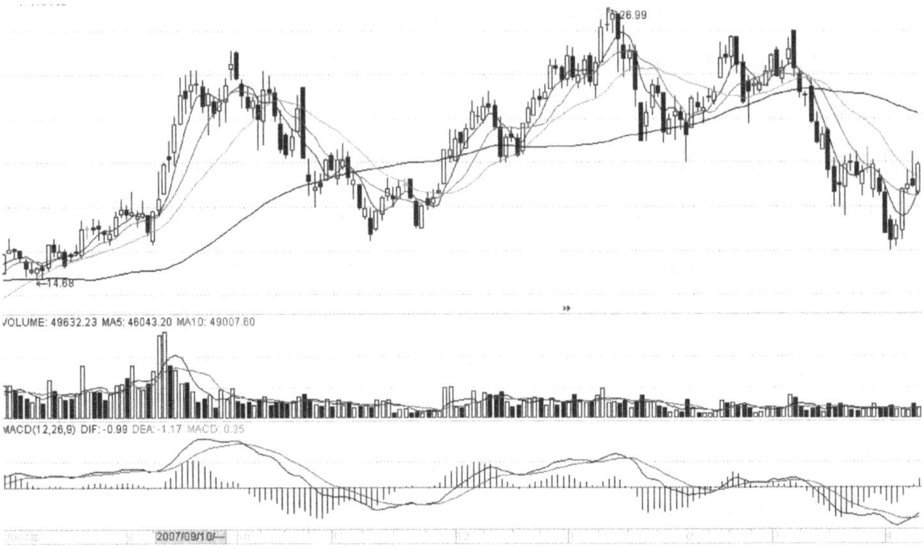

图 10-6　三重顶形态的研判

10.1.4　圆弧顶

圆弧顶也叫圆形顶、蝶形顶。和其他反转形态构成形式不同的是，圆弧顶的顶部由若干高度相近的高点构成，如图 10-7 所示。

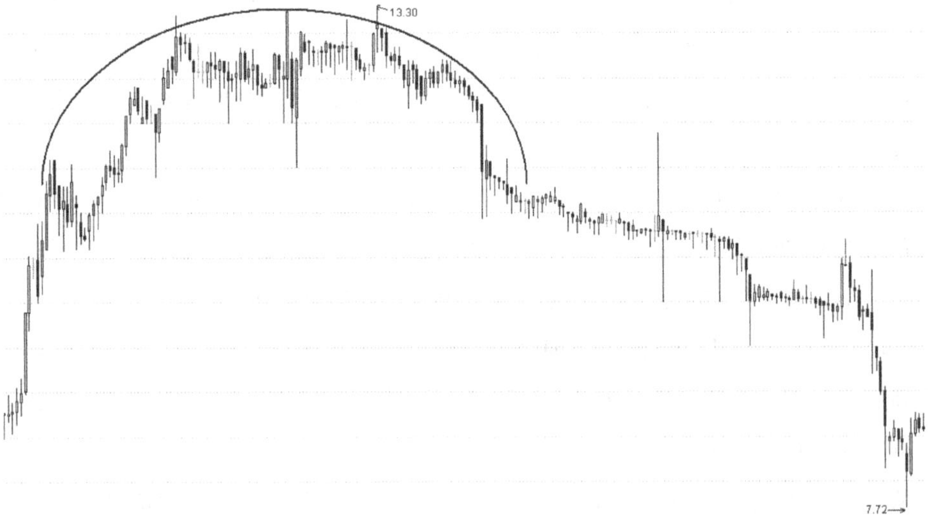

图 10-7　圆弧顶

从图 10-7 中我们可以看出，将股价在一段时间内顶部的若干局部高点用折线连接起来，可以得到一条类似于圆弧的不规则弧线，这条弧线盖在股价上面，这样就形成了圆弧顶。

1．圆弧顶的形成

圆弧顶的形成过程与头肩顶及多重顶的复合形态有许多相似的地方，只是圆弧顶形态的各个顶高度相差无几且数目较多。

股价从底部启动，经过一段比较快速的涨升后到达一定高度，其涨幅已经相当可观，主力获利比较丰厚，开始酝酿出货。

由于主力手头持有的股票比较多，如果一下子将股票全部抛出，势必会造成股价在短时间内暴跌，因此主力采用分批出货的方法，边出货边护盘。

由于主力是一点点地出货，股价走势形成众多的拉锯局面，出现数目较多但上涨和下跌幅度相差不大的高点和低点。

当主力手中的股票大部分都顺利卖出后，由于缺少主力资金的关照，股价就会出现快速的下跌，但场内没有来得及出货的中小主力可能也会护盘，因此股价形成头部后，在离头部稍低的一个价格区域内再次横盘，但此时市场跌势已经形成，股价缺少大资金的关照，获利盘和套牢盘大量涌出，股价再次掉头向下，市场进入一个放量下跌的过程，圆弧顶形态即告形成。

2．圆弧顶的研判

① 圆弧顶的各个高点不在同一水平，一般而言，只要相连的两个高点彼此之间的幅度相差不大于 10%，就不会影响形态的分析意义。在第一个顶部形成之前，股价从底部启动后已经有了相当大的涨幅；圆弧顶形态的走势多属于爆发性行情产生后的反转行情，在形成圆弧顶之前，股价涨势凶猛且快速，往往在短短十几个交易日内就可以形成第一个顶，而且股价在涨升过程中很少出现回挡；圆弧顶形成之后，其出货的周期远远大于拉升的周期，同期最少要在一个月以上，最长可超过半年时间，而且圆弧顶形态形成的周期越长，其以后的反转力度越大；就成交量而言，圆弧顶的形态在形成过程中往往会两头多、中间少，即在股价拉升后期和圆弧顶形成之初，成交量会急剧放出，随后成交量慢慢递减，到达顶部时成交量达到最少，而当圆弧顶形态向下反转时成交量又会放出，但比圆弧顶形成之初时的量要少。

② 圆弧顶形态没有严格意义上的颈线，最多以在股价高位区域内的最低点作为重要的支撑点，一旦股价有效跌破这个重要的支撑点位，投资者就应密切注意。

由于没有颈线这条重要的参考线，圆弧顶的研判更多的是从成交量和股价的涨幅程度等方面进行分析判断。

③ 圆弧顶形态一旦形成，其杀伤力非常强。与其他顶部反转形态一样，基本量度跌幅也是圆弧顶形态中很关键的一点。圆弧顶的基本量度跌幅是指圆弧顶中的最高点到股价启动前平台区的垂直距离，圆弧顶最高点以下股价最少有与其相等的跌幅。在股价实际走势中，圆弧顶的下跌幅度往往超过基本量度跌幅，因此投资者更应予以重视。

④ 当股价在高位的狭窄区域盘整了较长一段时间（最少 10 个交易日以上）后，股价再也无法创出新高，而且成交量没有出现明显萎缩，如果股价开始缓缓下滑，从而使股价前期的高位盘整区间变成了酷似圆弧线的顶部时，投资者就要密切留意股价是否将形成圆弧顶的形态。

⑤ 圆弧顶的研判也要结合均线理论进行判断。一旦股价向下突破高位盘整区域，短期均线已经向下空头排列，此时投资者就应开始卖出股票；一旦股价接着向下跌破股价的中长期均线，这意味着圆弧顶的形态更加被确认，投资者应坚决卖出全部股票。这一点对投资者实际操作尤为重要，如图 10-8 所示。

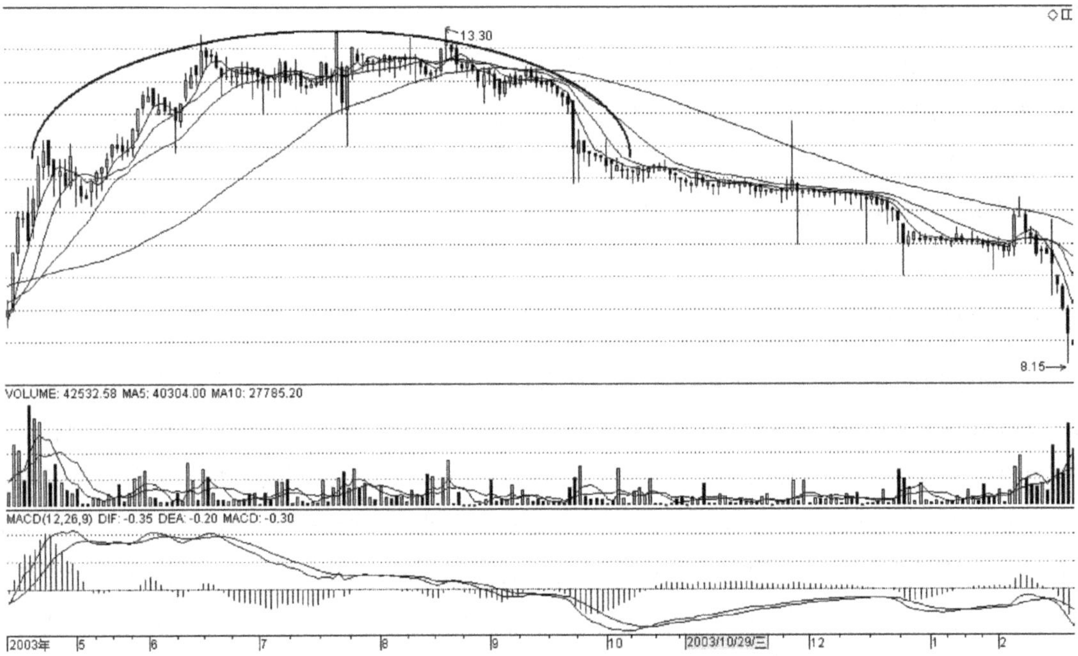

图 10-8　圆弧顶形态的研判

⑥ 圆弧顶形态的卖出还可以结合 MACD、KDJ 等技术指标的卖出信号一起研判，这样就可以提高实战中投资的准确性和安全性。

10.1.5　V 形顶

V 形顶也是股市中比较常见的一种反转形态，它出现在激剧动荡的市场中。V 形顶一般只有一个高点，即它的顶只出现一次，如图 10-9 所示。

从图 10-9 中可以看出，这种形态是股价在很短时间内攀升到一定高度后形成顶部，然后又在较短时间内急速下跌，形成类似于倒写的英文字母 V 的一种股市反转走势。

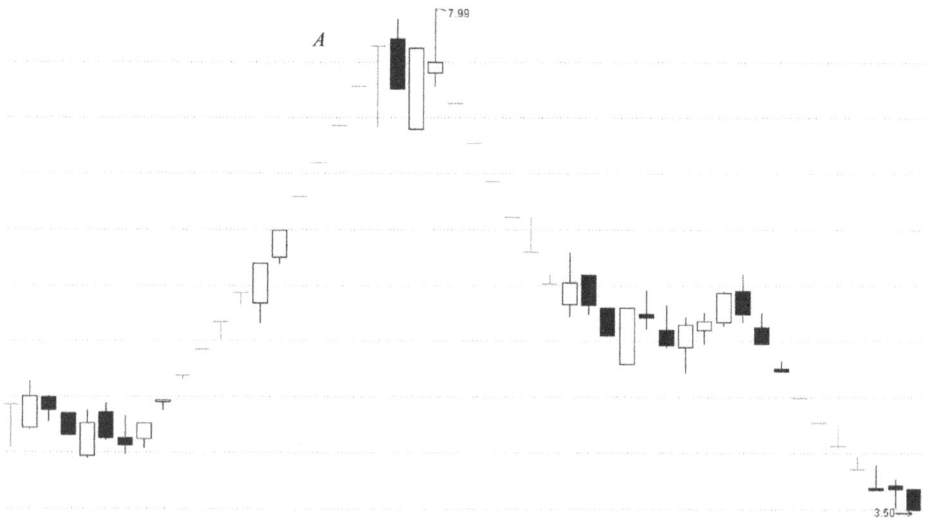

图 10-9　V 形顶

1．V 形顶的形成

一般情况下，V 形顶的形成有两种原因。一种是由于市场上预期可能出现某种极大的利好消息，股价在买盘的推动下，在很短的时间内出现快速而凶猛的涨升，然而这种预期的利好没有出现或利好的消息已提前消化，在前期蛰伏吸货的主力大肆出货的情况下，股价很快一泻千里。另一种是由于股价经过前期一段长时间的横盘整理，主力清洗完市场上的浮动筹码后，为了在比较高的价位出货，便通过对倒拉升等手段，在较短时间内将股价推升至高位，然后利用市场上投资者的盲目乐观情绪而大肆出货，主力出货后，股价失去大资金的关照，加上其他获利盘和套牢盘也蜂拥而出，股价进入了一个急速的下跌行情。

2．V 形顶的研判

① V 形顶形态在其顶部形成之前，股价从底部启动后已经有了相当大的涨幅；V 形顶形态的走势多属于在重大消息刺激下的爆发性行情产生后的反转行情；在形成 V 形顶之前，股价涨势凶猛且快速，往往只需短短十几个交易日就可以完成巨幅拉升过程，而且股价在涨升过程中很少出现回调；V 形顶形成之后，其出货的周期远远小于进货的周期，一般在 10 个左右的交易日内就可以完成出货过程，最长也不会超过 1 个月；就成交量而言，V 形顶形态形成的过程中往往会出现底部和顶部的成交量都比较多的情况，但一般顶部的量要大于底部的量，即在行情爆发之初，成交量会急剧放出，随后成交量慢慢递减，而到达顶部时成交量又会大量放出。

② V 形顶形态一旦形成，其杀伤力非常强。与其他顶部反转形态一样，基本量度跌幅也是 V 形顶形态中很关键的一点。V 形顶的基本量度跌幅是指 V 形顶中的最高点到股价启动前平台区的垂直距离，顶点以下股价最少有与其相等的跌幅，即行情从哪里来，又会回到哪里去。

在股价实际走势中，V 形顶的下跌幅度往往超过基本量度跌幅，因此投资者更应予以重视。

③ 股价在近期很短的交易日（最多 10 个交易日）内经过连续的快速拉升，其短期涨幅已经相当惊人，此时投资者就要开始注意股价形态会不会形成 V 形顶反转，如图 10-10 所示。

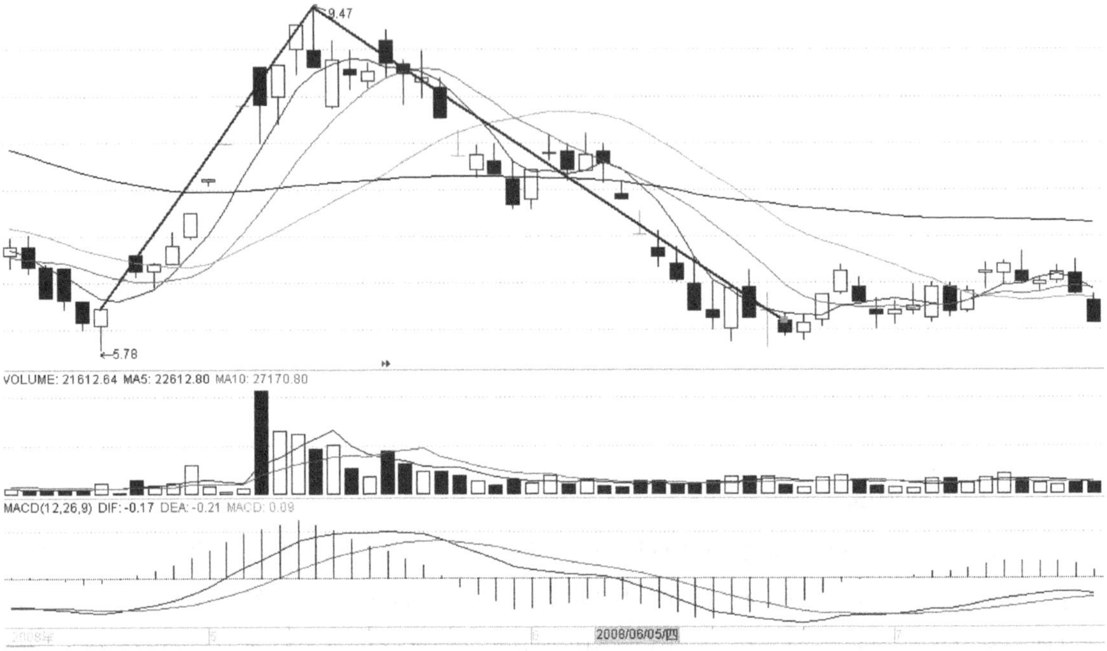

图 10-10 V 形顶形态的判研

④ 当股价经过短期快速拉升后，其 K 线形态出现大阴线或上影线很长的 K 线时，此时如果成交量也明显放大，投资者就应开始卖出股票；一旦股价接下来向下突破中短期均线的支撑，股价的顶部反转形态基本确定，投资者就应及时卖出全部股票。

10.2 底部反转形态

底部反转形态也是股价形态中最重要的形态之一，它在一定程度上可以发出股价走势已经筑底成功的信号，这对于我们研判股价走势、确定买入时机有很大的帮助。底部反转形态主要有头肩底、双重底、三重底、圆弧底、V 形底等多种形态。

10.2.1 头肩底

头肩底是一种典型的进货形态。这一形态的构成与头肩顶类似，一般也是由连续三次的起落构成该形态的三个部分，如图 10-11 所示。

图 10-11　头肩底

从图 10-11 中可以看出，和头肩顶形态相反，这种形态一共出现三个底，即三个不同的低点。一般而言，中间的低点比两边的低点低，是最低点，也被称为头；左侧的低谷称为左肩，右侧的低谷称为右肩，头部两侧高点连接而成的直线（图中 *B* 点和 *D* 点的连线）称为颈线。

1．头肩底的形成

股价从高位下来，经过较长一段时期的大跌，成交量越来越少，买卖股票的人也很少，市场出现低量低价的特征，而且经过前期的大幅下跌，股价已经跌无可跌，但此时股票的投资或投机价值凸显，一些先知先觉的主力开始悄悄进场吸货，成交量开始慢慢放大，股价小幅上升。

在股价上升途中，一些短线资金也开始买入，这使主力很难买到更多的便宜筹码，而且随着股价的上升，其所遇到的短线压力越来越大，因此当股价上涨到一定高度（左肩的高价点 *B* 点）遇到阻力后，股价在本身压力和主力故意打压的双重压力下再次下跌，跌破前面一个低点（左肩的低价点 *A* 点），并随着最后恐慌盘的抛出而创出新的低价（头肩底的头部最低价 *C* 点）。但在股价创出新低的过程中，主力一边打压一边吸筹，因而成交量不仅没有减少，反而有所增加。

随着股价的第二次探低企稳，股价在低位盘旋，成交量也慢慢萎缩，买卖盘相对比较平衡，股价又进入一个短暂的低量低价的交易平衡时期。但这种短暂的平衡会随着主力资金的再次进场而很快被打破，股价在主力和其他资金买盘的推动下迅速向上攀升，成交量再次放大。

股价上升到前期左肩高价点附近时遇到股价的前期高价区，股价再次遇到阻力并开始顺势回调。但股价下跌回调的过程中，成交量并没有明显萎缩，这是因为有大资金的关照；当股价下跌到前期左肩的低价点上方附近时，股价再次企稳并形成股价的次低价（右肩的低价点 E 点），头肩底的形态初步形成。

当股价再次向上攀升时，买盘纷纷涌入，成交量明显放大，在各种资金的强劲推升下，股价迅速冲过由左肩和右肩高点连成的颈线强压力位，从而突破所有的中短期阻力，头肩底形态基本形成。此后，股价将进入一个长期的上升通道。

2．头肩底的研判

① 在头肩底的左肩形成之前，股价从高位回落已经有相当大的跌幅；一般而言，头肩底的右肩低点要比左肩低点高，头部的低点最低，右肩的高点比左肩的高点高，这种情况更容易被判断是头肩底形态；就成交量而言，左肩的成交量最小，头部次之，右肩特别是突破颈线位时的成交量最大；大部分头肩底形态的双肩和头部的形成周期应在三个月以上。

② 头肩底形态中的颈线在实战中具有较强的参考意义。股价在颈线之下时，颈线就是一条重要的长期压力线，颈线一旦被有效向上突破，它就成了一条极重要的长期支撑线。

当股价的收盘价向上突破颈线幅度超过 3% 以上，并伴有大的成交量放出时，颈线一旦被有效突破，股价将进入一个较长的上涨时期。

一般情况下，股价在完成突破后有一个向下回落以确认颈线是否被有效突破的动作。而股价只要不跌破颈线，它就会很快加速向上扬升，投资者应抓住这次最好的中短线机会，大部分或全部买入股票。

股价向上突破颈线时一定要有比较大的成交量配合，而在以后的股价上升过程中，成交量不一定会大量放出，只要成交量不过度萎缩就没有太大关系。

③ 头肩底形态一旦形成，其准确性很高且向上突破的力度很强。股价有效向上突破颈线后，其上升幅度最少相当于头部至颈线的距离，这就是基本量度升幅（又叫基本上涨空间）。在图 10-11 中，C 点至 B、D 点连线（颈线）的垂直距离有多大，颈线以上股价也会有同样类似的上升空间。而在实际中，头肩底的上升幅度往往会超过基本量度升幅，特别是中小盘股。

④ 一般而言，头肩底形态中都存在三个买入点。第一个买入点出现在股价经过一段较长时间的大幅下跌后，此时如果股价开始缩量横向盘整，投资者即可少量逢低买入，进行中长期投资；第二个买入点出现在股价形成右肩时，此时如果股价向下突破了股价短期均线，投资者即可买入，进行中短期投资；第三个买入点出现在股价向上突破头肩底的颈线后，此时如果股价在颈线上方明显缩量回抽颈线，不久即再度放量上冲并突破了股价的中期均线，投资者即可及时买入，进行短期投资，如图 10-12 所示。

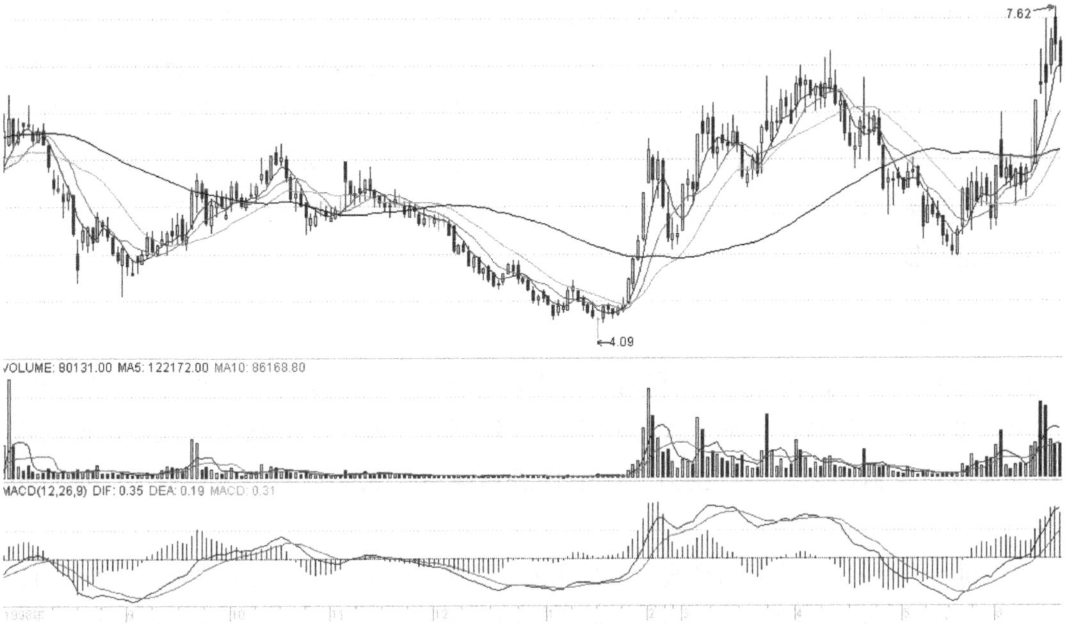

图 10-12　头肩底形态的研判

对于投资者来说，第一个买入点的不确定性比较大，因此重点要抓住后两个买入点。

⑤ 头肩底的研判还可以结合均线理论及 MACD、KDJ 等常用指标一起研判。

10.2.2 双重底

双重底也叫 W 底，是指股价连续两次下跌的低点大致相同的形态，如图 10-13 所示。

百利电气（日线）

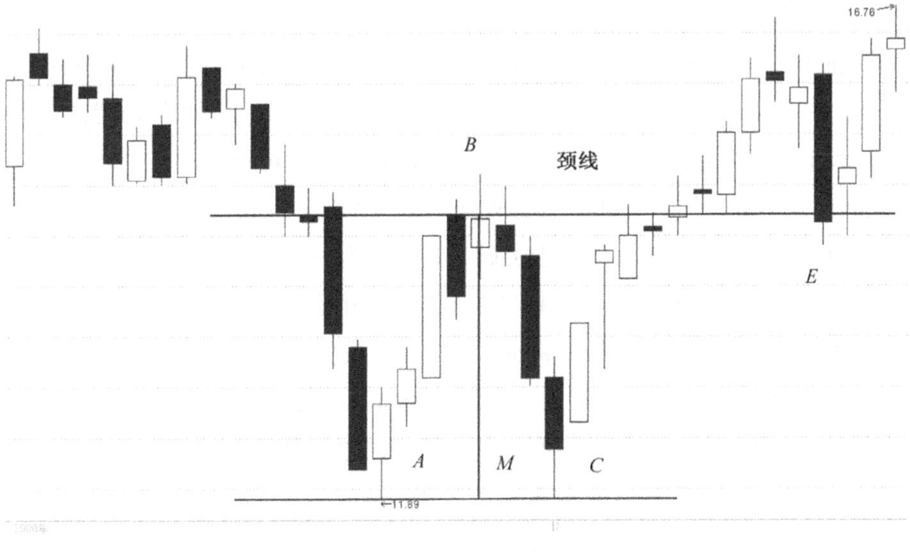

图 10-13　双重底

从图 10-13 中可以看出，和双重顶相反，这种形态一共出现两个底和一个顶，即两个大致相等的低点 *A* 点、*C* 点和一个高点 *B* 点。当股价经过一段下跌趋势后，股价下跌到第一个谷底（*A* 点），股价在此价位止跌企稳，然后又回升到某一价位（*B* 点），并在此受阻回落，当股价再次到达第一谷底附近的 *C* 点时，股价第二次上升。连接两谷底（*A*，*C*）画一条水平线，再通过两底之间的高点 *B* 画一条 AC 线的平行线，这条平行线就是颈线。当股价有效向上突破颈线时，双重底形态形成。

1．双重底的形成

股价从高位下来，经过较长一段时期的大跌，成交量越来越少，买卖股票的人也很少，市场出现低量低价的特征，而且经过前期的大幅下跌，股价已经跌无可跌，但此时股票的投资或投机价值凸显，一些主力开始悄悄进场吸货，成交量开始慢慢放大，股价小幅上升。

在股价上升途中，一些短线资金也开始买入，这使主力很难买到更多的便宜筹码，而且随着股价的上升，它所遇到的短线压力越来越大，因此当股价涨到一定高度并遇到阻力后，股价在本身压力和主力故意打压的双重压力下再次下跌。

随着股价的第二次探低企稳，股价在低位盘旋，成交量也慢慢萎缩。买卖盘相对比较平衡，股价又进入一个短暂的低价低量的交易平衡时期。但这种短暂的平衡会随着主力资金的再次进场而很快被打破，股价在主力和其他资金买盘的推动下迅速向上攀升，成交量再次放大。

在买盘的推动下，股价一举冲过前期高点，经过短暂的调整并确认双重底突破有效后，在大的成交量的配合下，股价重新开始新的一轮涨势。

2．双重底的研判

① 双重底的两个低点（底部）往往不在同一水平，两者之间幅度相差不超过 10% 就不影响形态的分析。一般情况下，双重底形态中的后一个底应该比前一个底的位置高，而且后一个底的成交量要大于前一个底的成交量，这样的双重底形态更为可靠。

② 双重底形态中的颈线在实战中具有较强的参考意义。股价在颈线之下，颈线就是一条重要的长期压力线，颈线一旦被有效向上突破，它就成为一条极重要的长期支撑线。

当股价的收盘价向上突破颈线幅度超过 3% 以上，并伴有大的成交量放出时，这种突破为有效突破。颈线一旦被有效突破，股价将进入一个较长的上涨时期。

一般情况下，股价完成颈线突破后有一个短暂的向下回落过程（一般为三个交易周期时间），以确认颈线是否被有效突破。而股价只要不跌破颈线，它就会很快加速向上扬升，投资者应抓住这次最好的中短线机会，大部分或全部买入股票。

股价在向上突破颈线时一定要有比较大的成交量配合，而在以后的股价上升过程中，成交量不一定会大量放出，只要成交量不过度萎缩就没有太大关系。

③ 双重底形态一旦形成，其准确性很高且向上突破的力度很强。股价有效向上突破颈线后，其上升幅度最少相当于底部至颈线的垂直距离，即基本量度升幅（又叫基本上涨空间）。也就是说，图 10-13 中 A 点至颈线的垂直距离有多大，颈线以上股价也会有类似的上升空间。而在实际中，双重底的上升幅度往往会超过基本量度升幅，特别是中小盘股。

④ 双重底形态中基本都存在三个买入点。第一个买入点出现在股价反弹后下跌至前期低点附近，此时如果股价在此位置缩量盘整而未能向下跌破前期低点，投资者即可少量逢低买入，进行中长期投资；第二个买入点出现在股价上涨突破颈线时，此时如果股价在此位置放量突破颈线并突破股价短期均线，投资者即可及时买入，进行中短期投资；第三个买入点出现在股价向上突破颈线后，此时如果股价在颈线上方明显缩量回抽颈线，不久即再度放量上冲并突破中期均线，投资者即可及时买入，进行短期投资，如图 10-14 所示。

图 10-14　双重底形态的研判

对于投资者来说，第一个买入点的不确定性比较大，因此在实战操作中重点要抓住后两个买入点。

⑤ 双重底形态结合均线理论或其他常用指标进行判定将更加准确可靠。

10.2.3　三重底

三重底图形一般由底部三个高度相近的低点和顶部两个高度相近的高点构成。这种形态一共出现三个底和两个顶，如图 10-15 所示。

图 10-15　三重底

从图 10-15 中可以看出，和三重顶相反，这种形态一共出现三个底和两个顶，即三个大致相等的低点 *A* 点、*C* 点、*E* 点和两个高点 *B* 点、*D* 点。经过一段下跌趋势后，股价下跌到第一个谷底（*A* 点），并在此价位止跌，然后又回升到某一价位（*B* 点），且在此受阻回落；股价再次到达第一谷底附近的 *C* 点时第二次上升，但上升到前期高点附近的 *D* 点再次向下滑落；股价滑落到前期低点附近的 *E* 点时再次扬升并一举突破前期高点的阻力位，从此展开一轮上升行情。连接三个低点（*A*、*C*、*E*）画一条水平线，并通过两个高点 *B* 点和 *D* 点画一条 *AE* 线的平行线，这条平行线即颈线。当股价有效向上突破颈线时，三重底形态形成。

1．三重底的形成

股价从高位下来，经过较长一段时期的大跌，成交量越来越少，买卖股票的人也很少，市场出现低量低价的特征，而且经过前期的大幅下跌，股价已经跌无可跌，但此时股票的投资或投机价值凸显，一些主力开始悄悄进场吸货，成交量开始慢慢放大，股价小幅上升。

股价在上升途中，一些短线资金也开始买入，这使主力很难买到更多的便宜筹码，而且随着股价的上升，它所遇到的短线压力越来越大，因此当股价上涨到一定高度并遇到阻力后，股价在本身压力和主力故意打压的双重压力下再次下跌。

随着股价的第二次探低企稳，股价在低位盘旋，成交量也慢慢萎缩，买卖盘相对比较平衡，股价又进入一个短暂的低价低量的交易平衡时期。但这种短暂的平衡会随着主力资金的再次进场而很快被打破，在主力和其他资金买盘的推动下，股价温和攀升，成交量慢慢增大。

当股价再次上升到前期高点附近时，主力为清洗浮筹而对股价进行再次打压，但股价回落到前期底部时又止跌回稳，成交量再次放出。

在买盘的推动下，股价一举冲过前期高点，经过短暂的调整，确认三重底突破有效后，股价在大的成交量的配合下重新开始新一轮的涨势。

2．三重底的研判

① 三重底的三个低点（底部）往往不在同一水平，只要其幅度相差不超过 10%，就不影响形态的分析。一般情况下，三重底形态中后面的底应该比前面的底的位置高，而且后面底的成交量要大于前面底的成交量，这样的三重底形态更为可靠。

② 三重底中的颈线在实战中具有比双重底更强的参考意义。股价在颈线之下，颈线就是一条重要的长期压力线；当颈线一旦被有效向上突破后，它就成为一条极重要的长期支撑线。

当股价的收盘价向上突破颈线幅度超过 3%，并伴有大的成交量放出时，颈线一旦被有效突破，股价将进入一个较长的上涨时期。

一般情况下，股价在完成颈线突破后有一个短暂的向下回落过程（一般为三个交易周期时间），以确认颈线是否被有效突破。而股价只要不跌破颈线，它就会很快加速向上扬升，投资者应抓住这次最好的中短线机会，大部分或全部买入股票。

股价在向上突破颈线时一定要有比较大的成交量配合，而在以后的股价上升过程中，成交量不一定会大量放出，只要成交量不过度萎缩就没有太大关系。

③ 三重底形态一旦形成，其准确性很高且向上突破的力度很强。股价有效向上突破颈线后，其上升幅度最少相当于底部至颈线的垂直距离，即基本量度升幅（又叫基本上涨空间）。基本量度升幅是三重底形态揭示的一条重要规律。也就是说，图 10-15 中 A 点至 B、D 点连线（颈线）的垂直距离有多大，颈线以上股价也会有类似的上升空间。而在实际中，三重底的上升幅度往往会超过基本量度升幅，并且构筑三重底的时间越长，其未来的上升空间就越大，这一点是三重底形态和其他形态不同的地方。

④ 在三重底形态中存在四个买入点。第一个买入点出现在股价经过较长时间的大幅下跌后，此时如果股价开始缩量盘整而没有继续下跌，投资者即可少量逢低买入，做反弹行情；第二个买入点出现在股价第一次回落到前期低点附近（图 10-15 中 C 点）时，此时如果股价在此位置反身向上，投资者即可逢低买入，进行中短期投资；第三个买入点出现在股价第二次回落到前期低点附近（图 10-15 中 E 点）时，此时如果股价未能跌破前期两个低点而反身向上，投资者即可再次加仓，进行中短期投资；第四个买入点出现在股价第三次向上真正突破颈线后，此时如果股价在颈线上方明显缩量回抽颈线，不久即再度放量上冲并突破中期均线，投资者即可及时买入，进行短期投资，如图 10-16 所示。

对于投资者来说，第一个和第二个买入点的不确定性比较大，因此在实战操作中重点要抓住后两个买入点。

⑤ 三重底形态结合均线理论及其常用指标进行分析判定将更加准确可靠。

图 10-16　三重底形态的研判

10.2.4　圆弧底

圆弧底也叫圆形底、蝶形底、碗形底。和其他底部反转形态构成形式不同的是，圆弧底的底部由若干高度相近的低点构成，如图 10-17 所示。

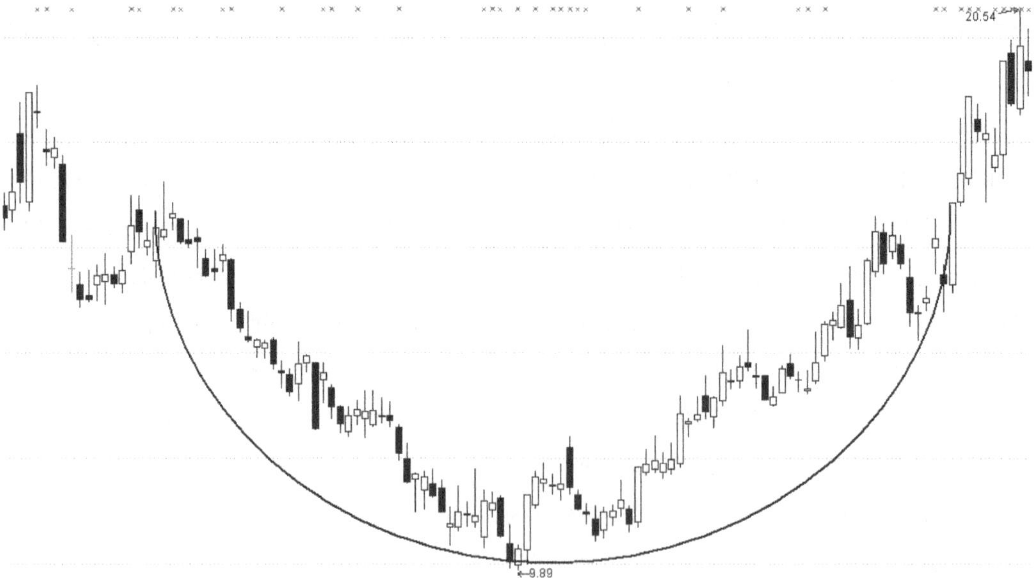

图 10-17　圆弧底

从图 10-17 中我们可以看出，将股价在一段时间内底部的若干局部低点用折线连接起来，就可以得到一条类似于圆弧的不规则弧线，这条弧线托在股价下面，这样就形成了圆弧底。

1. 圆弧底的形成

股价从顶部一路下跌，经过一段快速而有力的跌势，跌幅已经非常大，股票的投资或投机价值开始凸显。

股价下跌到底部时，主力手头持有的股票很少，主力在股价底部开始慢慢建仓，因此股价走势在底部形成很长一段时间的来回拉锯局面，并出现数目较多但下跌和回升幅度相差不大的低点和高点。

主力手中吸纳到足够的筹码后，股价在主力资金的关照下就会出现快速上涨，由于股价在长期下跌途中套牢盘众多，股价脱离底部上涨后会在离底部稍高的一个价格区域内再次横盘调整，但由于股价涨势已经形成，在大资金的关照下，各种买盘大量涌入，股价再次掉头向上，市场进入一个放量上升的过程，圆弧底形态即告形成。

2. 圆弧底的研判

① 圆弧底的各个低点不在同一水平，一般而言，只要相连的两个低点彼此之间的幅度不大于 10%，就不会影响形态的分析意义。在第一个小的底部形成之前，股价从高位下跌后已经有了相当大的跌幅和相当长的时间的下跌过程；圆弧底形态的走势形成后，大部分情况下，股价将展开一轮爆发性的上涨行情，股价在未来涨升过程中将很少出现回挡；圆弧底形的进货周期比较长，最少需要六个月以上的时间，最长可超过一年，而且圆弧底形态形成的周期越长，其以后的反转力度越大，即股市中谚语“横有多长，竖有多高”；就成交量而言，圆弧底的形态在形成过程中往往两头多、中间少，即在圆弧底形成之初，成交量比较大，随后慢慢递减，而到达底部时达到最少。当圆弧底形态在向上反转时，成交量急剧放出，而且比股价从高位下跌时的量要大得多。

② 圆弧底形态中没有颈线位这一重要的参考线，因此判断行情反转有一定难度，但投资者可以选取有特殊研判意义的高点和低点作为自己买卖股票的依据之一。如果股价向下突破圆弧底相对较高的一个高点的价位，投资者就可以试探性地买入股票；如果股价跌破圆弧底最低的一个低点，投资者就应以观望为主。

③ 在圆弧底的形态下，对于投资者来说，股票操作有不同的方法。在股价刚刚探底企稳的初期到圆弧底还没有形成之前的这段走势中，投资者只能持币观望；在圆弧底的底部形态形成以后，投资者就不要轻易买卖股票做短差，而要以分批建仓为主；在圆弧底向上突破的形态形成的时候，投资者应积极买入股票或以持筹待涨为主。

④ 在圆弧底形态中有两个买入点。第一个买入点出现在股价经过很长一段时间的大幅下跌后，此时如果股价的下跌速度明显减缓并开始横向运动，同时成交量也极度稀少，投资者可

以少量逢低买入，进行中长期投资；第二个买入点出现在股价经过较长时间的低位横盘后。随着逢低买盘的逐渐增加，成交量也温和放大，股价缓慢爬升，此时一旦股价开始放量向上突破短中期均线，投资者可以开始逐步加仓，进行中短期投资，如图 10-18 所示。

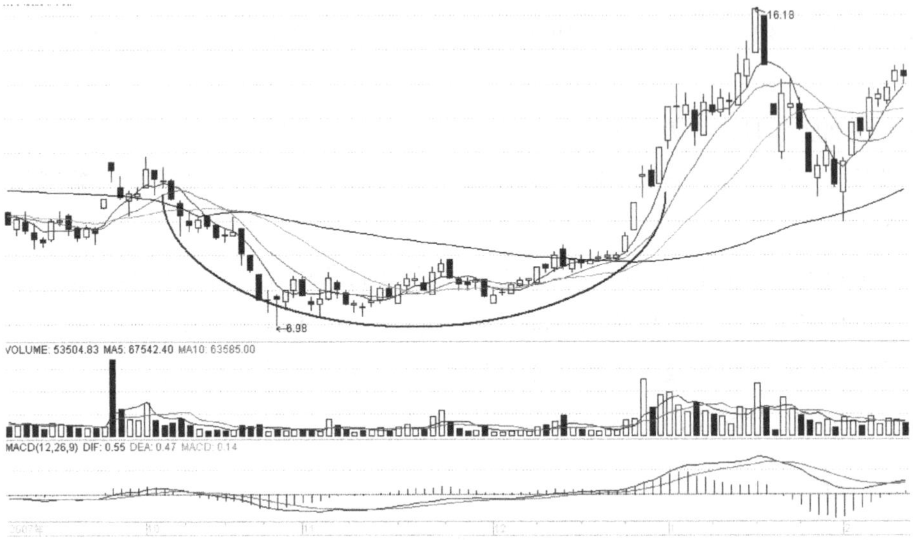

图 10-18　圆弧底形态的研判

⑤ 圆弧底形态也可以结合均线理论及其他常用指标一起研判，这样更加准确可靠。

10.2.5　V 形底

V 形底是股市中不常见的一种反转形态，它一般出现在激剧动荡的市场中。V 形底一般只有一个低点，即它的底只出现一次，如图 10-19 所示。

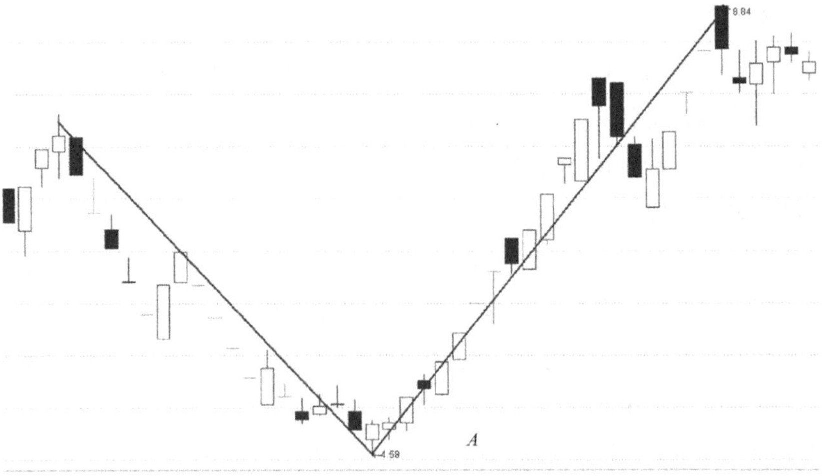

图 10-19　V 形底

从图 10-19 中可以看出，这种形态是股价在经过较长一段时间的大幅下跌后，又很快在底部开始企稳并在较短时间内迅速向上攀升，形成类似于英文字母 V 的一种股市反转走势。

1. V 形底的形成

如图 10-19 所示，V 形底的形成是股价从顶部下跌，经过一段较长时间的大幅下跌之后，下跌至 *A* 点附近却再无力下跌，然后在低位稍做停留之后，便在消息面和成交量的配合下快速扬升，形成一种变化快、力度强的反转形态。

一般情况下，V 形底形成的原因有两种。一种是由于市场上预期可能出现某种极大的利好消息，从而使股价在买盘的推动下很快进入快速而凶猛的涨升行情。另一种是由于股价经过前期一段很长时间的下跌后，为了在比较低的价位进货，主力便通过对倒打压等手段，在较短时间内将股价打压至低位，然后利用市场上投资者的悲观情绪而大肆吸货。主力完成建仓后，在大资金的关照下，成交量明显放大，股价很快拔地而起。

2. V 形底的研判

① V 形底是一种短期趋势的反转形态，在 V 形底形态的底部形成之前，股价从顶部下跌已经有了相当大的跌幅；V 形底形态的走势多属于在重大利好消息刺激下产生的爆发性反转行情，在 V 形底形成之前，股价跌势凶猛而快速，而且股价在下跌过程中很少出现反弹；V 形底形成之后，其拉升的周期远远小于出货的周期，一般在 10 个交易日左右就完成了其拉升过程，最长不会超过 1 个月；就成交量而言，V 形底形态的形成过程中往往会出现底部和顶部的成交量都比较多的情况，但一般底部的量要远远大于顶部的量，即在行情爆发之初，成交量会急剧放出，随后成交量慢慢递减，而到达顶部时成交量又会大量放出。

② V 形底的底部只出现一次，而且在低位停留的时间一般很短。V 形底形态一旦形成，其涨升力度非常强。与其他底部反转一样，基本量度涨幅也是 V 形底形态中很关键的一点。V 形底的基本量度涨幅是指 V 形底中的最低点到股价下跌前的平台区的垂直距离，V 形底反转后股价最少有与其相等的涨幅，即行情从哪里来，又会回到哪里去。在股价实际走势中，V 形底的涨幅往往超过基本量度涨幅，因此投资者更应予以重视。

③ 当股价在近期较长的交易日（最少 3 个交易月）内经过连续的大幅下跌，且其中短期跌幅已经相当惊人时，投资者就要开始注意股价形态会不会形成 V 形底的反转，如图 10-20 所示。

④ 当股价经过一段时间的大幅下跌后，其 K 线形态出现大阳线或下影线很长的 K 线，此时如果成交量也明显放大，投资者就应考虑买入股票；一旦股价接下来向上突破中短期均线的支撑，并且成交量急剧放大，股价的底部反转形态基本确定，此时投资者应及时买入股票。

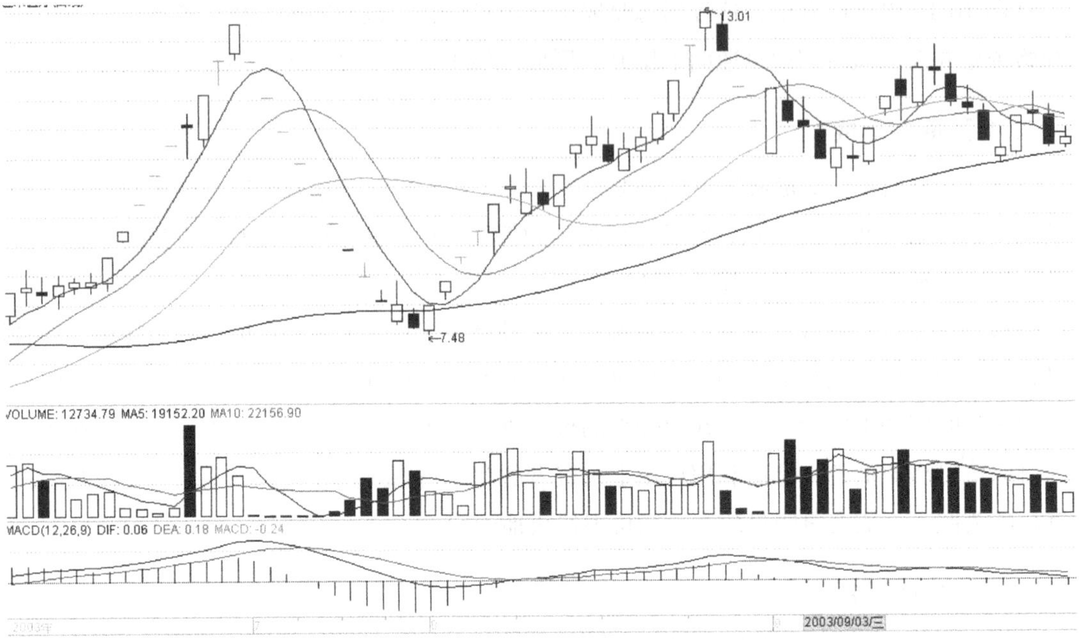

图 10-20　V 形底形态的研判

复习与实训

一、简述题

1．简述头肩顶、双重顶、三重顶、圆弧顶及 V 形顶等不同类型顶部反转形态的形成过程。

2．简述头肩底、双重底、三重底、圆弧底及 V 形底等不同类型底部反转形态的形成过程。

二、实训题

1．顶部反转形态的识别

实训要求：分别选择典型股票，从其历史行情中寻找头肩顶、双重顶、三重顶、圆弧顶及 V 形顶等各类典型的顶部反转形态，运用画图工具予以标明，验证其与形态判研要点是否相符，并阐述原因。

2．底部反转形态的识别

实训要求：分别选择典型股票，从其历史行情中寻找头肩底、双重底、三重底、圆弧底及

V 形底等各类典型的底部反转形态，运用画图工具予以标明，验证其与形态判研要点是否相符，并阐述原因。

三、分析题

1. 选择典型股票，尝试运用头肩顶、双重顶、三重顶、圆弧顶及 V 形顶等顶部反转形态理论对其未来股价走势进行分析判断，并说明理由。

2. 选择典型股票，尝试运用头肩底、双重底、三重底、圆弧底及 V 形底等底部反转形态理论对其未来股价走势进行分析判断，并说明理由。

第 11 章　技术指标（一）

11.1　超买超卖型指标

11.1.1　随机指标——KDJ 指标

KDJ 指标又叫随机指标（Stochastics），是由乔治·蓝恩博士（George Lane）最早提出的。该指标被广泛应用于中短期趋势分析，是证券市场上最常用的技术分析工具。

KDJ 指标通过一个特定周期内出现过的最高价、最低价及最后一个计算周期的收盘价，以及三者之间的比例关系，计算最后一个计算周期的未成熟随机值 RSV，然后根据平滑移动平均线的方法计算 K 值、D 值与 J 值，并绘成曲线图来研判股票走势。KDJ 指标主要是利用价格波动的真实波幅反映价格走势的强弱和超买超卖现象，在价格尚未上升或下降之前发出买卖的信号。它能够比较迅速、快捷、直观地研判行情。

1. KDJ 指标的计算方法

KDJ指标的计算比较复杂，首先要计算周期（n日、n周等）的RSV值，即未成熟随机指标值，然后再计算 K 值、D 值、J 值等。

以日 KDJ 数值的计算为例，RSV 的计算公式为：

$$n\text{日 RSV}=(C_n-L_n)\div(H_n-L_n)\times 100$$

式中，C_n 为第 n 日收盘价；L_n 为 n 日内的最低价；H_n 为 n 日内的最高价。

RSV 值始终在 1 ～ 100 之间波动。

其次，计算 K 值与 D 值：

$$\text{当日 K 值}=2/3\times\text{前一日 K 值}+1/3\times\text{当日 RSV}$$

$$\text{当日 D 值}=2/3\times\text{前一日 D 值}+1/3\times\text{当日 K 值}$$

若无前一日 K 值与 D 值，则可用 50 分别代替。

需要说明的是，式中的平滑因子 1/3 和 2/3 是可以人为选定的，不过目前已经约定俗成，固定为 1/3 和 2/3。在大多数股市分析软件中，平滑因子已经被设定为 1/3 和 2/3，不需要做改动。另外，一般在介绍 KD 时，往往还附带一个 J 指标。J 指标的计算公式为：

$$J=3D-2K$$

实际上，J 的实质是反映 K 值和 D 值的乖离程度，从而先于 KD 值找出头部或底部。J 值范围可超过 100。

J 指标是个辅助指标，最早的 KDJ 指标只有两条线，即 K 线和 D 线，指标当时也被称为 KD 指标。随着股市分析技术的发展，KD 指标逐渐演变成 KDJ 指标，从而提高了 KDJ 指标分析行情的能力。另外，在一些重要的股市分析软件中，KDJ 指标的 K、D、J 参数已经被简化成一个，即周期数（如日、周、月等）。

KDJ 指标包括日 KDJ 指标、周 KDJ 指标、月 KDJ 指标、年 KDJ 指标及分钟 KDJ 指标等各种类型。经常被用于股市研判的是日 KDJ 指标和周 KDJ 指标。虽然它们在计算时的取值有所不同，但基本的计算方法一样。

2. KDJ 的应用法则

KDJ 指标是三条曲线，应用时主要从 KD 取值的绝对数字、KD 曲线的形态、KD 指标的交叉、KD 指标的背离和 J 指标的取值大小五个方面进行考虑。

① 从 KD 的取值方面考虑。KD 的取值范围在 0 ~ 100，将其划分为三个区域，即 80 以上为超买区，20 以下为超卖区，其余为徘徊区。当 KD 超过 80 时，这是卖出信号；低于 20 时，这是买入信号。应该说明的是，上述划分只是 KD 指标应用的初步过程，仅仅是一个信号，完全按这种方法进行操作很容易招致损失。

② 从 KD 指标曲线的形态方面考虑。当 KD 指标在较高或较低的位置形成头肩形和多重顶（底）时，这是采取行动的信号。这些形态一定要在较高位置或较低位置出现，位置越高或越低，结论越可靠。

对于 KD 的曲线，也可以画趋势线，以明确 KD 的趋势。在 KD 的曲线图中仍然可以引进支撑和压力的概念。某一条支撑线和压力线被突破也是采取行动的信号。

③ 从 KD 指标的交叉方面考虑。K 线与 D 线的关系如同股价与 MA 的关系，也存在死亡交叉和黄金交叉的问题。不过这里的交叉应用较为复杂，还附带很多其他条件。

以 K 线从下向上与 D 线交叉为例，K 线上穿 D 线是金叉，为买入信号。但出现金叉后是否应该买入，还要看其他条件。

第一个条件是金叉的位置应该比较低，在超卖区的位置，越低越好。

第二个条件是与 D 线相交的次数。在低位，K 线与 D 线有时要来回交叉好几次。交叉的次数至少要有两次，越多越好。

第三个条件是交叉点处于 KD 线相对低点的位置，这就是常说的“右侧相交”原则。K 线是在 D 线已经抬头向上时才同 D 线相交，这比与 D 线下降时相交要可靠得多。

④ 从 KD 指标的背离方面考虑。当 KD 处在高位或低位时，如果出现与股价走向的背离，则是采取行动的信号。

当 KD 处在高位，并形成两个依次向下的峰，而此时股价还在不断上涨，这叫顶背离，是卖出的信号；当 KD 处在低位，并形成一底比一底高，而此时股价还继续下跌，这构成底背离，是买入信号。

⑤ 从 J 指标的取值大小考虑。J 指标常先于 KD 值显示曲线的底部和头部。J 指标的取值超过 100 和低于 0 都属于价格的非正常区域，即大于 100 为超买，小于 0 为超卖。

另外，随机指数还有一些理论上的转向讯号。当 K 线和 D 线上升或下跌的速度减弱，出现屈曲，这通常表示短期内会转势；当 K 线在上升或下跌一段时期后，突然急速穿越 D 线，这显示市势短期内会转向；K 线跌至 0 时通常会出现反弹至 20 ～ 50 之间，短期内应回落至 0 附近，然后市势才开始反弹；如果 K 线升至 100，情况则刚好相反。

3. 图文实例

图 11-1 所示为 KDJ 曲线的高位死亡交叉，图 11-2 所示为 KDJ 曲线的低位黄金交叉。

图 11-1　KDJ 曲线的高位死亡交叉

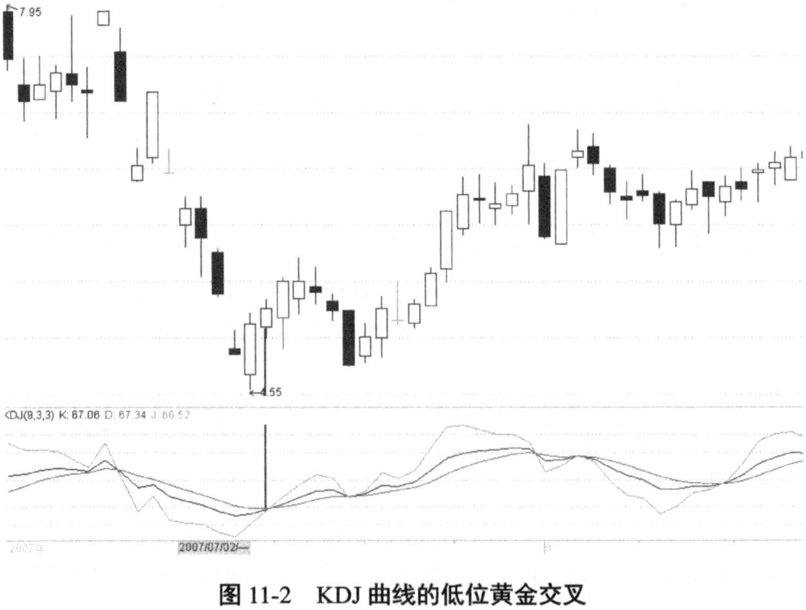

图 11-2　KDJ 曲线的低位黄金交叉

11.1.2 相对强弱指标——RSI

相对强弱指标（Relative Strength Index，RSI）又叫力度指标，由威尔斯·魏尔德（Welles Wilder）创造，是目前股市技术分析中比较常用的中短线指标。

RSI 是根据股票市场上供求关系平衡的原理，通过比较一段时期内单个股票价格的涨跌幅度或整个市场指数涨跌的大小分析，判断市场上多空双方买卖力量的强弱程度，从而判断未来市场走势的一种技术指标。

1. RSI 的计算方法

RSI 的计算公式有两种。

一种是假设 A 为 n 日内收盘价的正数之和，B 为 n 日内收盘价的负数之和乘以（−1），A 和 B 均为正数。将 A、B 代入 RSI 计算公式，则

$$\text{RSI}(n)=A\div(A+B)\times 100$$

另一种是按照以下公式计算：

$$\text{RS（相对强度）}=n\text{ 日内收盘价涨数和之均值}\div n\text{ 日内收盘价跌数和之均值}$$

$$\text{RSI（相对强弱指标）}=100-100\div(1+\text{RS})$$

这两个公式虽然不同，但计算的结果一样。

RSI 的计算公式实际上反映了某一阶段价格上涨所产生的波动占总波动的百分比率，百分比越大，强势越明显；百分比越小，弱势越明显。RSI 的取值介于 0 ~ 100。计算出某一日的 RSI 值以后，可采用平滑运算法计算以后的 RSI 值，再根据 RSI 值在坐标图上连成曲线，即 RSI 线。

由于选用的计算周期不同，RSI 也包括日 RSI、周 RSI、月 RSI、年 RSI 及分钟 RSI 等各种类型。经常用于股市研判的是日 RSI 和周 RSI。虽然它们计算时的取值有所不同，但基本的计算方法一样。

2. RSI 的应用法则

① RSI 数值发出的信号。将 0 ~ 100 分成四个区域，根据 RSI 取值落入的区域，发出相应的操作信号，如表 11-1 所示。

表 11-1 RSI 取值与操作信号的关系

RSI 值	市场特征	投资操作信号
80 ~ 100	极强	卖出信号
50 ~ 80	强	买入信号
20 ~ 50	弱	卖出信号
0 ~ 20	极弱	买入信号

“极强”与“强”的分界线和“极弱”与“弱”的分界线是不明确的，它们实际上是一个区域，如可以取 30、70 或 25、75 等。分界线位置的确定与 RSI 的参数和选择的股票有关。一般而言，参数越大，分界线离 50 越近；股票越活跃，RSI 所能达到的高度越高，分界线离 50 应该越远。

② 两条或多条 RSI 曲线的交叉信号。我们称参数小的 RSI 为短期 RSI，参数大的 RSI 为长期 RSI。两条或多条 RSI 曲线的联合使用法则与两条均线的使用法则相同，即短期 RSI 上穿长期 RSI，属于多头市场；短期 RSI 下穿长期 RSI，则属空头市场。

当然，这只是参考，不能完全照此操作。

③ 背离信号。RSI 发出的背离信号一般发生在超买区或超卖区。当股价处于升势时，在收盘线的头部形成一峰比一峰高的峰，而 RSI 图中出现后一个波谷低于前一个波谷，此现象为“顶背离”，是比较强烈的卖出信号。当股价处于跌势时，在收盘线的底部形成一底比一底低的谷，RSI 图中却出现后一个波峰高于前一个波峰，此现象为“底背离”，此时是比较强烈的买入信号。

④ RSI 曲线的形态信号。当 RSI 在较高的位置形成头肩顶与 M 头时，是卖出的信号；当 RSI 在较低的位置形成头肩底与 W 底时，是买入的信号。

这些形态一定要出现在较高位置和较低位置，一般来说，离 50 越远，结论越可靠。

不过，RSI 图的各种形态所出现的时间和展示的形状与对应的 K 线图形态有所差异。这是因为股价可在 0 ~ ∞ 这个开区间任意变化，而 RSI 只能在 0 ~ 100 这个闭区间内取值，导致 RSI 值在不同区域和不同方向上的变化的敏感度不一样，从而产生 RSI 图与 K 线图之间的差异。这有助于理解为什么在超买或超卖区内会出现“背离信号”。

另外，还可以利用 RSI 上升和下降的轨迹画趋势线，此时，起支撑线和压力线作用的切线理论同样适用。

3. 图文实例

RSI 的买入、卖出信号分别如图 11-3、图 11-4 所示。

图 11-3 RSI 的买入信号

图 11-4 RSI 的卖出信号

11.1.3 威廉指标——WR 指标

威廉指标又叫威廉超买超卖指标，是由拉瑞·威廉（Larry William）在 1973 年发明的。该指标是目前股市技术分析中比较常用的短期研判指标。

WR 指标主要是通过分析一段时间内股价最高价、最低价和收盘价之间的关系，判断股市的超买超卖现象，预测股价中短期的走势。它主要是利用震荡点反映市场的超买超卖行为，分析多空双方力量的对比，从而发出有效的信号，以研判市场中短期行为的走势。

1. WR 指标的计算方法

WR 指标的计算主要是利用分析周期内的最高价、最低价及周期结束的收盘价三者之间的关系展开的。以日 WR 指标为例，其计算公式为：

$$WR=(H_n-C)\div(H_n-L_n)\times 100$$

式中，C 为计算日的收盘价；L_n 为 n 周期内的最低价；H_n 为 n 周期内的最高价；n 为可以自由选定的计算时间参数。

根据选用的计算周期不同，WR 指标可分为日 WR 指标、周 WR 指标、月 WR 指标、年 WR 指标及分钟 WR 指标等各种类型。经常用于股市研判的是日 WR 指标和周 WR 指标。虽然它们计算时的取值有所不同，但基本的计算方法一样。

2. WR 指标的应用法则

（1）从 WR 指标的取值方面考虑。

① 当 WR 指标的值高于 80 时，处于超卖状态，行情即将见底，应当考虑买进。

② 当 WR 指标的值低于 20 时，处于超买状态，行情即将见顶，应当考虑卖出。

这里的 80 和 20 只是一个经验数字，并不是绝对的。

同时，WR 指标在使用过程中应该注意与其他技术指标相配合。在盘整过程中，WR 指标的准确性较高；而在上升或下降趋势中，则不能只以 WR 指标超买超卖信号作为行情判断的依据。

（2）从 WR 曲线的曲线形状考虑。这里介绍背离原则及撞顶和撞底次数原则。

① 在 WR 曲线进入低数值区位后（此时为超买），股价一般要回头。如果这时股价仍继续上升，就会产生背离，是卖出的信号。

② 在 WR 曲线进入高数值区位后（此时为超卖），股价一般要反弹。如果这时股价仍继续下降，就会产生背离，是买进的信号。

③ WR 曲线连续几次撞顶（底），局部形成双重或多重顶（底），则是卖出（买进）的信号。

3. 图文实例

WR 指标的买入、卖出信号分别如图 11-5、图 11-6 所示。

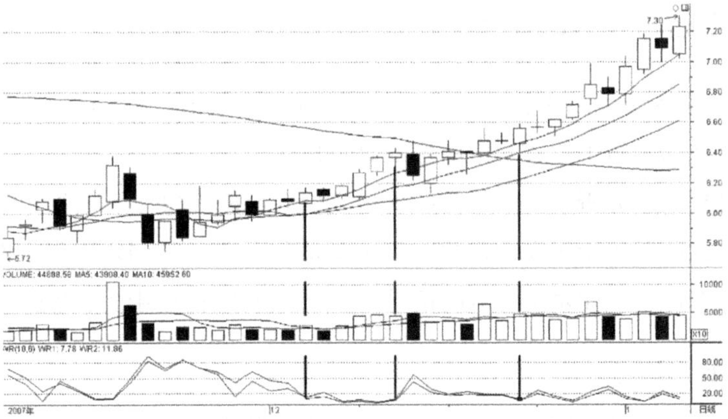

图 11-5　WR 指标的买入信号

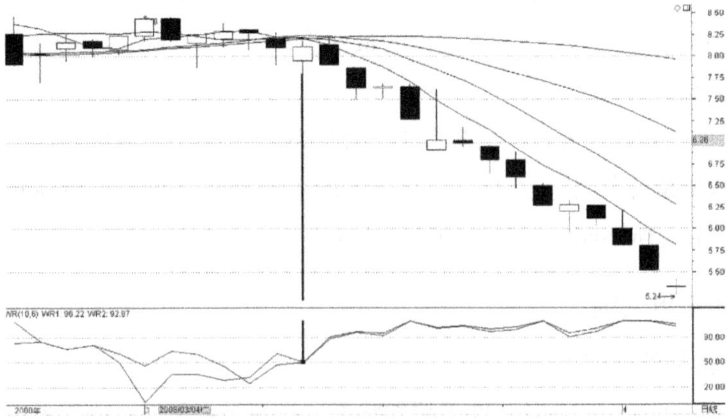

图 11-6　WR 指标的卖出信号

11.1.4　变动速率指标——ROC 指标

变动速率（Rate of Change，ROC）指标，是由查拉尔·阿佩尔（Gerald Apple）和福雷德·海期尔（Fred Hitschler）共同创造的。该指标是一种重点研究股价变动动力大小的中短期技术分析工具。

ROC 指标是以当前周期的收盘价和 n 周期前的收盘价做比较，通过计算股价在某一段时间内收盘价变动的速率，应用价格的波动测量股价移动的动量，衡量多空双方买卖力量的强弱，以达到分析预测股价的趋势及其是否有转势意愿的目的。

1. ROC 指标的计算方法

以日 ROC 指标为例，其计算公式为：

$$\mathrm{ROC}\ (n)=\frac{\mathrm{AX}}{\mathrm{BX}}$$

式中，AX 为今日的收盘价 $-n$ 日前的收盘价；BX 为 n 日前的收盘价；n 为计算参数，原始参数为 10 日。

2. ROC 的应用法则

为了更好地应用 ROC，在此引入另一个技术指标——MAROC，这个技术指标是 ROC 的移动平均值。ROC 的使用通常从下面三个方面考虑。

① 从 ROC 的取值方面考虑。ROC 自上而下跌破 0，是卖出信号；ROC 自下而上穿过 0，是买进信号。或者说，ROC 由正变负卖出，ROC 由负变正买入。

② 从 ROC 与 MAROC 的相对取值方面考虑。后者是前者的移动平均值，这两个指标的关系如同价格与 MA 的关系。正是由于这个原因，ROC 上穿 MAROC 且 ROC 为正值时，是买入信号；同理，ROC 下穿 MAROC 且 ROC 为负值时，是卖出信号。

③ 从 ROC 与价格的背离方向考虑。ROC 有领先于价格的特性，所以可以考虑使用技术指标的背离。如果从高向低，ROC 曲线出现两个依次下降的峰，而此时价格出现新的高峰，这就形成“顶背离”现象，这是卖出的信号。ROC 从低向高形成依次上升的两个谷，而此时的价格出现了新的更深的低谷，这就形成“底背离”现象，是买入的信号。

3. 图文实例

ROC 指标的买入、卖出信号分别如图 11-7、图 11-8 所示。

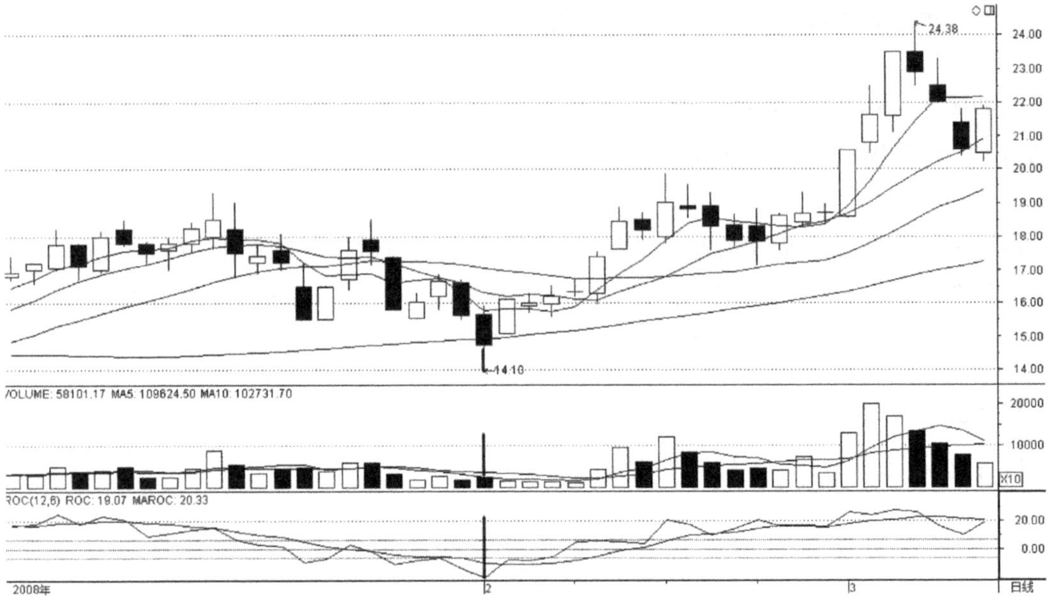

图 11-7 ROC 指标的买入信号

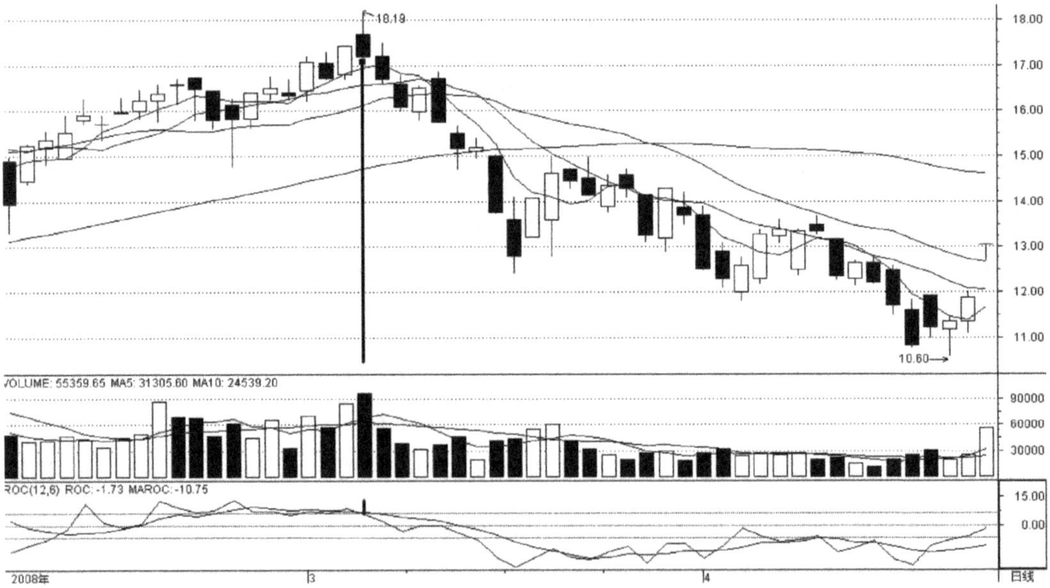

图 11-8 ROC 指标的卖出信号

11.1.5 乖离率指标——BIAS 指标

乖离率指标又称 Y 值，它是由移动平均原理派生出来的一种技术分析指标。该指标是目前股市技术分析中一种短中长期皆可用的技术分析工具。

BIAS 指标是依据葛兰碧移动均线八大法则而派生出来的一项技术分析指标，它通过一定的数学公式，计算和总结出当价格偏离移动平均线的程度，指出买卖时机。

BIAS 指标是表示计算期的股价指数或个股的收盘价与移动平均线之间的差距的技术指标。它是对移动平均线理论的重要补充，其功能在于测算股价在变动过程中与移动平均线的偏离程度，从而得出股价在剧烈变动时，因偏离移动趋势过远而可能造成的回档和反弹。

BIAS 指标认为，如果股价离移动平均线太远，不管是在移动平均线之上，还是在移动平均线之下，股价都不会保持太长的时间，而且随时会有反转现象发生，使股价再次趋向移动平均线。

1. BIAS 指标的计算方法

由于选用的计算周期不同，BIAS 指标包括 N 日乖离率、N 周乖离率、N 月乖离率、N 年乖离率及 N 分钟乖离率等多种类型。经常用于股市研判的是日乖离率和周乖离率。虽然它们计算时的取值有所不同，但基本的计算方法一样。

以日乖离率为例，其计算公式为：

$$N\text{日 BIAS}=(\text{当日收盘价}-n\text{日移动平均价})\div n\text{日移动平均价}\times 100$$

n 的数值有很多种，常见的有两大种。一种是以 5 日、10 日、30 日、60 日等以 5 为倍数的数值；一种是以 6 日、12 日、18 日、24 日、72 日等以 6 为倍数的数值。尽管它们数值不同，但分析方法和研判功能相差不大。

2. BIAS 指标的应用法则

（1）从 BIAS 指标的取值大小方面考虑。这个方面是产生 BIAS 的最初的想法。找到一个正数或负数，只要 BIAS 指标一超过这个正数，我们就应该感到危险而考虑抛出；只要 BIAS 低于这个负数，我们就感到机会可能来了而考虑买入。这样看来，问题的关键就成了如何找到这个正数或负数，它是采取行动与保持沉默的分界线。

应该说明的是，这条分界线与三个因素有关：一是 BIAS 指标选择的参数的大小，选择的参数越大，确定采取行动的分界线就越大；二是具体选择哪只股票，越活跃的股票，选择的分界线也越大；三是不同时期分界线的高低也可能不同。

下面给出这些分界线选择的参考数值。这些分界线仅仅是参考，投资者应该根据具体情况对它们进行适当的调整。

BIAS（5）> 3.5%，BIAS（10）> 5%，BIAS（20）> 8% 及 BIAS（60）> 10% 是卖出时机；BIAS（5）< −3%，BIAS（10）< −4.5%，BIAS（20）< −7% 及 BIAS（60）< −10% 是买入时机。

从上面的数字中可以看出，正数和负数的选择是不对称的，一般说来，正数的绝对值要比负数的绝对值大一些，如 3.5 > 3，5 > 4.5 等。对 BIAS 来说，这种正数的绝对值偏大是进行分界线选择的一般规律。

如果遇到由于突发的利多或利空消息产生的暴涨暴跌情况，上面的参考数字则没有作用，应该考虑其他应急措施。经有关人员的经验总结，暴涨暴跌时，数字应该做如下调整。

① 对于综合指数而言，BIAS(10) > 30% 为抛出时机；BIAS(10) < −15% 为买入时机。

② 对于个股而言，BIAS(10) > 35% 为抛出时机；BIAS(10) < −20% 为买入时机。

（2）从 BIAS 指标的曲线形状方面考虑。形态学和切线理论在 BIAS 指标上也能得到应用。不过需要注意的是，形态和切线在这里不如通常意义下那么标准，很多形态和切线的确认需要丰富的想象力。

① BIAS 曲线形成从上到下的两个或多个下降的峰，而此时股价还在继续上升，则这是抛出的信号。

② BIAS 曲线形成从下到上的两个或多个上升的谷，而此时股价还在继续下跌，则这是买入的信号。

③ 从两条 BIAS 曲线结合方面考虑。当短期 BIAS 在高位下穿长期 BIAS 时，是卖出信号；在低位，短期 BIAS 上穿长期 BIAS 时是买入信号。短期和长期在这里是针对参数而言的，参数大的为长期 BIAS，参数小的为短期 BIAS。

3. 图文实例

BIAS 指标的买入、卖出信号分别如图 11-9、图 11-10 所示。

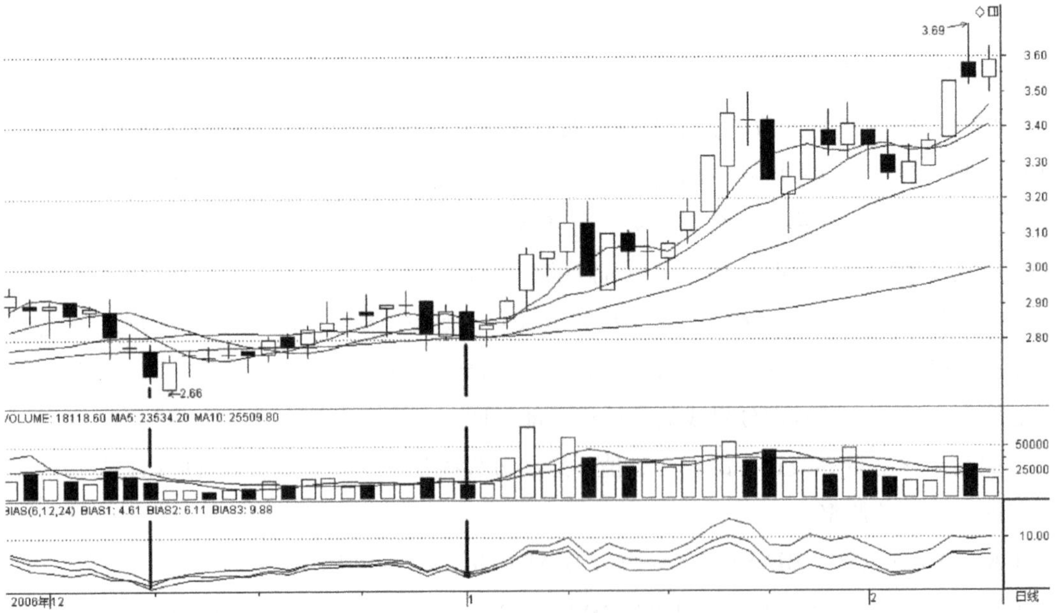

图 11-9　BIAS 指标的买入信号

图 11-10　BIAS 指标的卖出信号

11.1.6　顺势指标——CCI

顺势指标（Commodity Channel Index，CCI）由美国股市分析家唐纳德·蓝伯特（Donald Lambert）于 20 世纪 80 年代所创，是一种重点研判股价偏离度的股市分析工具。

CCI 专门衡量股价是否超出常态分布范围，属于超买超卖类指标的一种，但与其他超买超卖型指标相比，它又有自己的独特之处。CCI 波动于正无穷大到负无穷大之间，因此不会出现指标钝化现象，这样有利于投资者更好地研判行情，特别是那些短期内暴涨暴跌的非常态行情。

1．CCI 的计算方法

由于选用的计算周期不同，CCI 也包括日 CCI、周 CCI、年 CCI 及分钟 CCI 等多种类型。经常用于股市研判的是日 CCI 和周 CCI。虽然它们计算时的取值有所不同，但基本计算方法一样。

以日 CCI 计算为例，其计算方法有两种。

第一种计算过程如下：

$$\text{CCI}（N\text{日}）=（\text{TP}-\text{MA}）\div \text{MD}\times 0.015$$

式中，TP 为（最高价 + 最低价 + 收盘价）÷3；MA 为最近 N 日收盘价的累计之和 ÷n；MD 为最近 N 日（MA- 收盘价）的累计之和 ÷n；0.015 为计算系数；N 为计算周期。

第二种计算方法表述为中价与中价的 N 日内移动平均的差除以 N 日内中价的平均绝对偏差。其中，中价等于最高价、最低价和收盘价之和除以3，平均绝对偏差为统计函数。

从上面的计算过程中我们可以看出，相对于其他技术分析指标，CCI计算是比较复杂的。

2. CCI 的应用法则

① 当CCI上升并高于+100的时候，应该持做多的观点，行动上是买入；当CCI下降并低于+100的时候，应该短期卖出多头。

② 当CCI下降并低于-100的时候，应该持做空的观点，行动上是卖出；当CCI上升并高于-100的时候，此时应做多轧空或买入。

使用CCI有一个选择参数的问题，我们要找到效果最好的参数 n。实际上，对于涉及参数的技术指标都存在这个问题。常见的做法是，参数的选择取决于每个参数“在历史上的实际表现”，即参数在过去某段时间里的赢利和亏损的记录。交易者可以选择自己认为是好的参数。

3. 图文实例

CCI的买入、卖出信号分别如图11-11、图11-12所示。

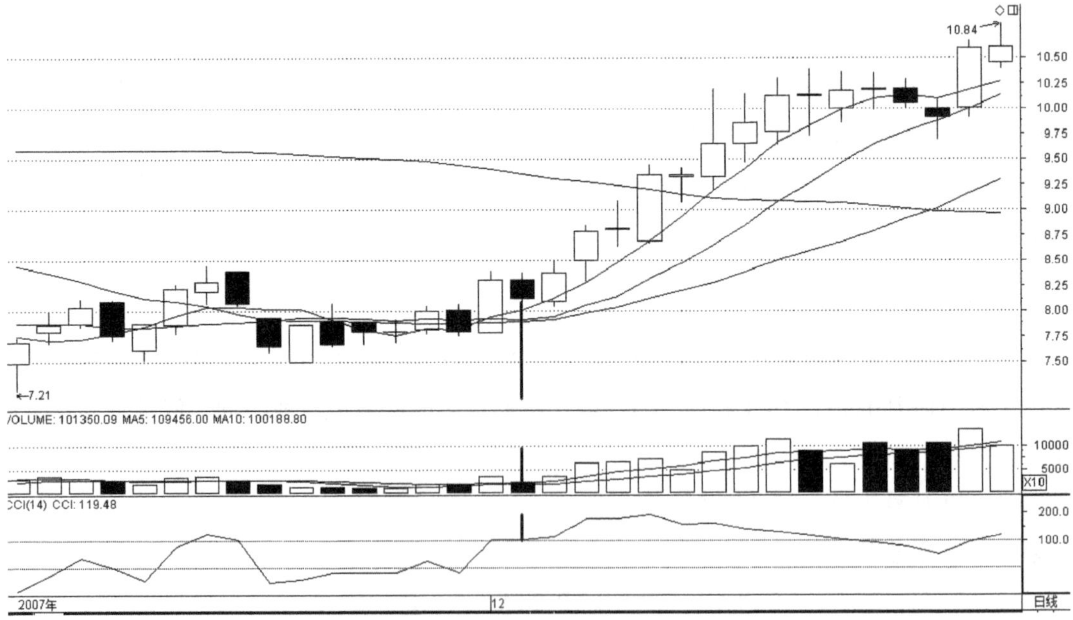

图11-11 CCI的买入信号

图 11-12　CCI 的卖出信号

11.2　趋势型指标

11.2.1　移动平均线指标——MA

1．MA 指标的计算方法

移动平均线可分为算术移动平均线（Simple Moving Average，SMA）、加权移动平均线（Weighted Moving Average，WMA）和指数移动平均线（Exponential Moving Average，EMA）三种。实际应用中常使用的是指数移动平均线。其计算公式为：

$$\mathrm{EMA}_t(n)=\mathrm{C}_t\times\frac{1}{n}+\mathrm{EMA}_{t-1}\times\frac{(n-1)}{n}$$

式中，C_t 为计算期中第 t 日的收盘价；EMA_{t-1} 为第 $t-1$ 日的移动平均数。

天数 n 是 MA 的参数，如 10 日的 MA 简称为 10 日线 [MA(10)] 。同理，有 5 日线、15 日线等概念。起点的移动平均值可用起点的收盘价来代替。

根据计算期的长短，MA 又可分为短期、中期和长期移动平均线。通常以 5 日、10 日线观察证券市场的短期走势，称为短期移动平均线；以 30 日、60 日线观察中期走势，称为中期移动平均线；以 13 周、21 周研判长期趋势，称为长期移动平均线。西方投资机构非常看重 200 天移动平均线，并将此作为长期投资的依据，即若行情价格在 200 天均线以下时，属空头市场；反之则为多头市场。

由于短期移动平均线较长期移动平均线更易于反映行情价格的涨跌，所以一般又把短期移动平均线称为"快速 MA"，长期移动平均线则称为"慢速 MA"。

2. MA 的应用法则

在 MA 的应用上，最常见的是葛兰威尔的"移动平均线八大买卖法则"，简称葛氏法则。此法则以证券价格（或指数）与移动平均线之间的偏离关系作为研判的依据。八大法则中四条是买进法则，四条是卖出法则，如图 11-13 所示。

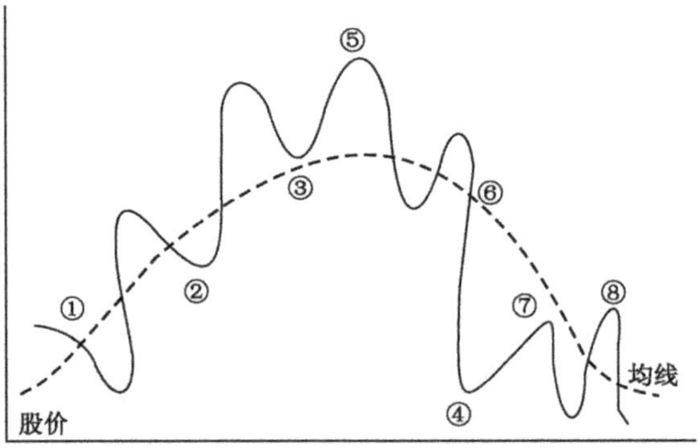

图 11-13 葛氏法则

葛氏法则主要包括两方面内容。

一方面，平均线从下降开始走平，股价从下上穿平均钱（① 点处）；股价跌破平均线，但平均线呈上升态势（② 点处）；股价连续上升远离平均线，突然下跌，但在平均线附近再度上升（③ 点处）；股价跌破平均线，并连续攀跌，远离平均线（④ 点处）。这四种情况均为买入信号。

另一方面，移动平均线呈上升状态，股价突然攀涨且远离平均线（⑤ 点处）；平均线从上升转为盘局或下跌，而股价向下跌破平均线（⑥ 点处）；股价走在平均线之下，且朝着平均线方向上升，但未突破平均线又开始下跌（⑦ 点处）；股价向上突破平均线，但又立刻向平均线回跌，此时平均线仍持续下降（⑧ 点处）。这四种情况均为卖出信号。

3. 图文实例

MA 指标的买入、卖出信号分别如图 11-14、图 11-15 所示。

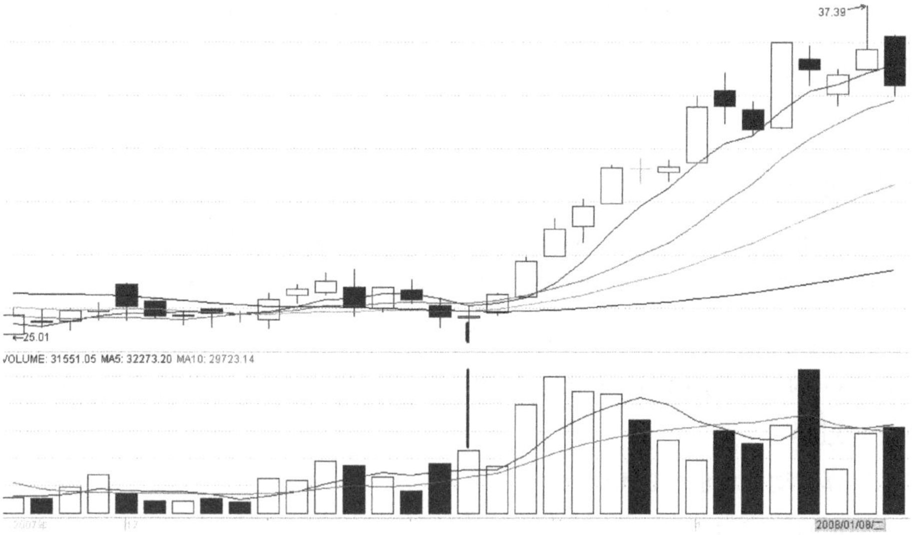

图 11-14　MA 指标的买入信号

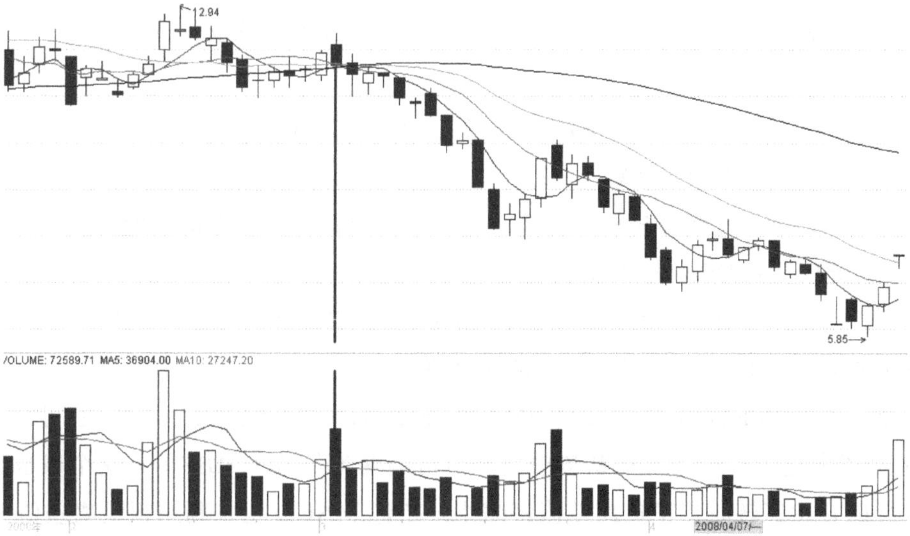

图 11-15　MA 指标的卖出信号

11.2.2　平滑移动平均线指标——MACD 指标

平滑移动平均线（Moving Average Convergence and Divergence，MACD）指标由查拉尔·阿佩尔（Gerald Apple）所创造，是一种研判股票买卖时机、跟踪股价运行趋势的技术分析工具。

MACD 指标运用快速（短期）和慢速（长期）移动平均线及其聚合与分离的征兆，加以双重平滑运算。根据移动平均线原理发展出来的 MACD，一则去除了移动平均线频繁发出假信号的缺陷，二则保留了移动平均线的效果，因此 MACD 指标具有均线趋势性、稳重性、安定性等特点，是用来研判买卖股票的时机、预测股票价格涨跌的技术分析指标。

1．MACD 指标的计算方法

应用 MACD 时，首先要计算出快速移动平均线（EMA1）和慢速移动平均线（EMA2），以这两个数值作为测量两者（快慢速线）间离差值（DIF）的依据，然后再求 DIF 的 n 周期的平滑移动平均线 DEA（也叫 MACD、DEM）线。

假设 EMA1 的参数为 12 日，EMA2 的参数为 26 日，DIF 的参数为 9 日，以此为例了解 MACD 的计算过程。

首先，计算移动平均值（EMA）。

12 日 EMA 的算式为：

EMA（12）= 前一日 EMA（12）×11/13+ 今日收盘价 ×2/13

26 日 EMA 的算式为：

EMA（26）= 前一日 EMA（26）×25/27+ 今日收盘价 ×2/27

其次，计算离差值（DIF）。

DIF= 今日 EMA（12）− 今日 EMA（26）

最后，计算 DIF 的 9 日 EMA。

根据离差值计算其 9 日的 EMA，即离差平均值，也就是所求的 MACD 值。为了不与指标原名相混淆，此值又名 DEA 或 DEM。

今日 DEA（MACD）= 前一日 DEA×8/10+ 今日 DIF×2/10

计算出的 DIF 和 DEA 的数值均为正值或负值。

理论上，在持续的涨势中，12 日 EMA 线在 26 日 EMA 线之上，它们之间的正离差值（+DIF）会越来越大；反之，在跌势中离差值可能变为负数（−DIF），这个值也会越来越大。而在行情开始好转时，正负离差值将缩小。指标 MACD 正是利用正负离差值（±DIF）与离差值的 N 日平均线（N 日 EMA）的交叉信号作为买卖信号的依据，即再度以快慢速移动线的交叉原理来分析买卖信号。另外，MACD 指标在股市软件上还有一个辅助指标——BAR 柱状线，其公式为：BAR=2×（DIF−DEA）。我们还可以利用 BAR 柱状线的收缩来决定买卖时机。

由于选用的计算周期不同，MACD 指标也包括日 MACD 指标、周 MACD 指标、月 MACD 指标、年 MACD 指标及分钟 MACD 指标等各种类型。经常用于股市研判的是日 MACD 指标和周 MACD 指标。虽然它们计算时的取值有所不同，但基本的计算方法一样。

在实践中，将各点的 DIF 和 DEA（MACD）连接起来就会形成在零轴上下移动的两条快速（短期）和慢速（长期）线，这就是 MACD 图。

2．MACD 的应用法则

（1）以 DIF 和 DEA 的取值及其两者之间的相对取值对行情进行预测。

其应用法则如下。

① DIF 和 DEA 均为正值时，属多头市场。DIF 向上突破 DEA 时是买入信号；DIF 向下跌破 DEA 时只能认为是回落，做获利了结。

② DIF 和 DEF 均为负值时，属空头市场。DIF 向下突破 DEA 时是卖出信号；DIF 向上穿破 DEA 时只能认为是反弹，做暂时补空。

③ 当 DIF 向下跌破零轴线时，为卖出信号，即 12 日 EMA 与 26 日 EMA 发生死亡交叉；当 DIF 上穿零轴线时，为买入信号，即 12 日 EMA 与 26 日 EMA 发生黄金交叉。

（2）指标背离原则。如果 DIF 的走向与股价走向相背离，则这是采取行动的信号。

① 当股价走势出现 2 个或 3 个近期低点，而 DIF（DEA）并不配合出现新低点，此时可做买。

② 当股价走势出现 2 个或 3 个近期高点，而 DIF（DEA）并不配合出现新高点，此时可做卖。

MACD 的优点是除掉了移动平均线产生的频繁出现买入与卖出的信号，避免一部分假信号的出现，使用起来比移动平均线更有把握。

MACD 的缺点与移动平均线相同。在股市没有明显趋势而进入盘整时，发生失误的时候较多。另外，对未来股价的上升和下降的深度无法提供有效的建议。

3．图文实例

MACD 指标的买入、卖出信号分别如图 11-16、图 11-17 所示。

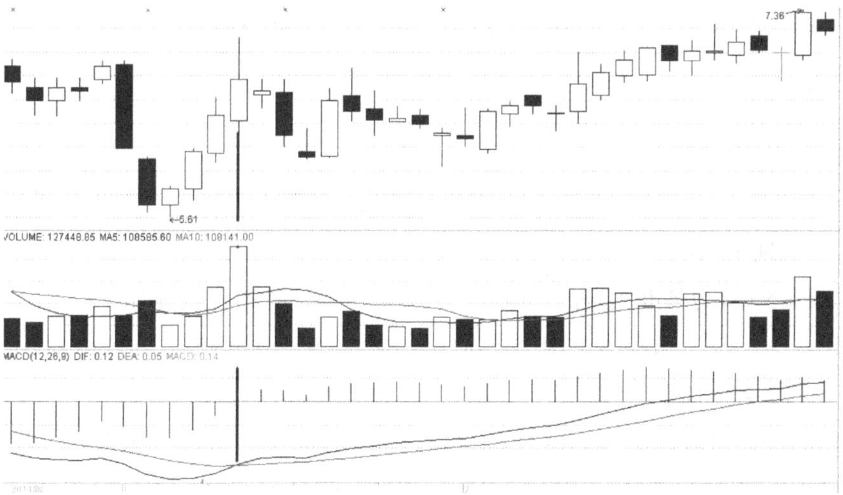

图 11-16　MACD 指标的买入信号

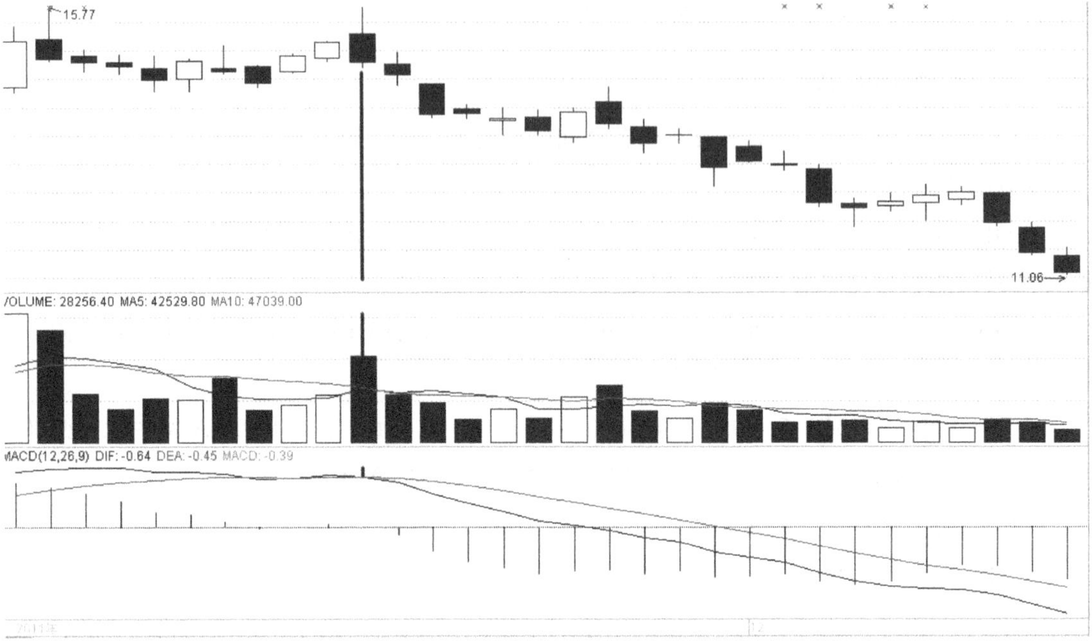

图 11-17　MACD 指标的卖出信号

11.2.3　平行线差指标——DMA 指标

平行线差（Different of Moving Average，DMA）指标，是股市分析技术指标中的一种中短期指标，常用于大盘指数和个股的研判。

DMA 指标属于趋向类指标，也是一种趋势分析指标。它是依据快慢两条移动平均线的差值情况来分析价格趋势的一种技术分析指标。DMA 主要通过计算两条基准周期不同的移动平均线的差值，判断当前买入卖出能量的大小和未来价格走势的趋势。

1．DMA 指标的计算方法

DMA 指标的计算公式为：

$$DMA=AMA-\text{长期平均值}$$

式中，AMA 为短期平均值。

以求 10 日、50 日为基准周期的 DMA 指标为例，其计算过程具体如下：

$$DMA(10)=AMA(10)-50\text{日平均值}$$

其中，AMA（10）=10 日平均值。

由于选用的计算周期不同，DMA 指标也包括日 DMA 指标、周 DMA 指标、月 DMA 指标、年 DMA 指标及分钟 DMA 指标等各种类型。经常用于股市研判的是日 DMA 指标和周 DMA 指标。虽然它们计算时的取值有所不同，但基本的计算方法一样。

2. DMA 的应用法则

① DMA 冲高卖出，探底买入。这是比较粗略的说法。具体的说法是，当 DMA 冲高并达到我们认为的极端值之后，在回落的第 2 天或第 3 天卖出；当 DMA 探底并达到极端值后，在其反弹的第 2 天或第 3 天买进。这样的使用方式属于技术指标的极端值范畴。因此，投资者将面临主观判断极端值的问题，即当 DMA 的值达到何种程度才能被当成极端值。

② DMA 的形态和 DMA 与价格的背离。当 DMA 曲线在实际波动过程中与价格曲线形成背离现象的时候，此信号是行动的信号，即底背离买入、顶背离卖出。DMA 在波动的过程中，自身的曲线如果出现双重顶（底）与头肩顶（底）的形态，这也是行动的信号，即出现顶应该卖出、出现底应该买入。不过，顶或底出现的位置应该是比较高或比较低的。一般来说，顶和底的位置都应该是 DMA 取极端值的位置。

DMA 的应用不是一两句话就能说得清楚的。随着 DMA 参数取法的不同，其操作方法也会有相应的改变。DMA 在实际中的使用并不广泛，它的作用经常是作为旁证而不是作为主角。

3. 图文实例

DMA 指标的买入、卖出信号分别如图 11-18、图 11-19 所示。

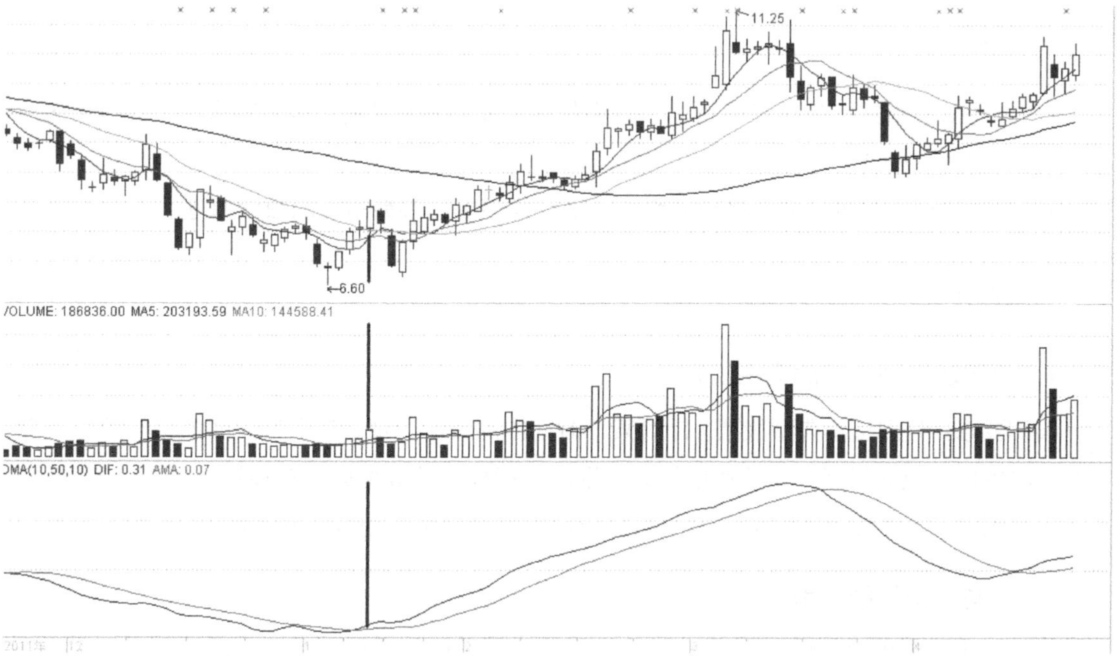

图 11-18　DMA 指标的买入信号

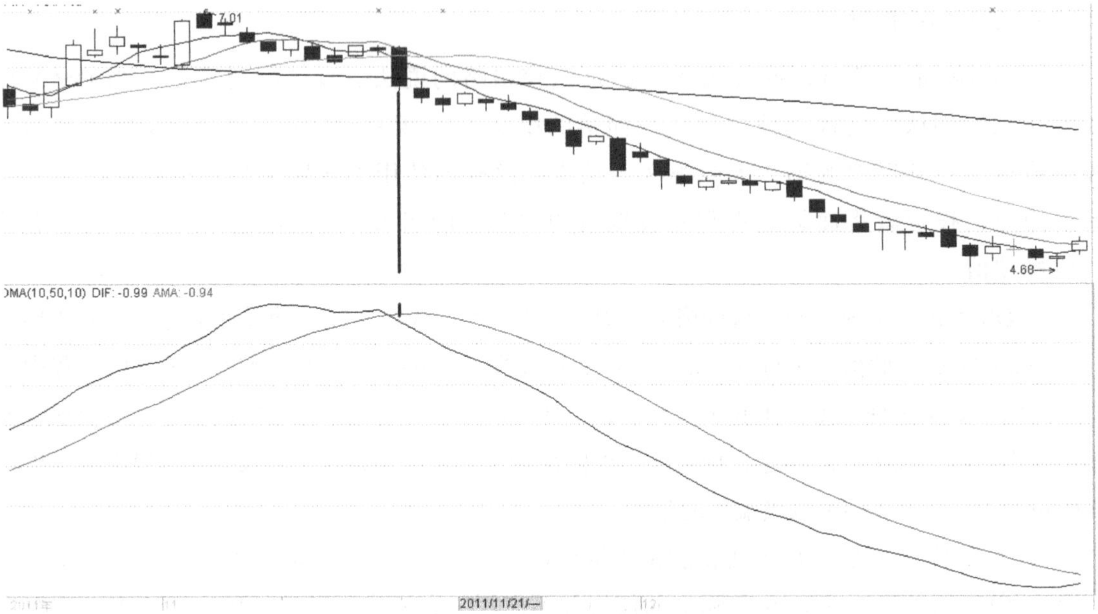

图 11-19　DMA 指标的卖出信号

复习与实训

一、简述题

1. 简述随机指标、相对强弱指标、威廉指标、变动速率指标、乖离率指标、顺势指标等超买超卖型指标的数学原理。

2. 简述移动平均线、平滑移动平均线、平行线差等趋势型指标的数学原理。

二、实训题

1. 超买超卖型指标的应用法则

实训要求：分别选择典型股票，针对某一时间内的历史行情，观察其股价走势与随机指标、相对强弱指标、威廉指标、变动速率指标、乖离率指标、顺势指标等超买超卖型指标值间的关系，运用画图工具予以标明，验证其与指标应用基本法则是否相符，并阐述原因。

2. 趋势型指标的应用法则

实训要求：分别选择典型股票，针对某一时间内的历史行情，观察其股价走势与移动平均线、平滑移动平均线、平行线差等趋势型指标值间的关系，运用画图工具予以标明，验证其与指标应用基本法则是否相符，并阐述原因。

三、分析题

1. 选择典型股票，尝试运用随机指标、相对强弱指标、威廉指标、变动速率指标、乖离率指标、顺势指标等超买超卖型指标对其未来股价走势进行分析判断，并说明理由。

2. 选择典型股票，尝试运用移动平均线、平滑移动平均线、平行线差等趋势型指标对其未来股价走势进行分析判断，并说明理由。

第 12 章　技术指标（二）

12.1　能量型指标

12.1.1　心理线指标——PSY 指标

心理线（Psychological Line，PSY）指标是研究投资者对股市涨跌产生心理波动的情绪指标，是一种能量类和涨跌类指标。它对股市短期走势的研判具有一定的参考意义。

PSY 指标是一种建立在研究投资者心理趋向基础上，分析某段期间内投资者趋向于买方和卖方的心理与事实，做出买卖股票的一项参考技术指标。

作为分析股市的涨跌指标，PSY 指标是在时间的角度上计算 N 日内的多空总力量，描述股市目前处于强势或弱势及是否处于超买或超卖状态。它主要是通过计算 N 日内股价或指数上涨天数的多少来衡量投资者的心理承受能力，反映股市未来发展趋势及股价是否存在过度的涨跌行为，为投资者买卖股票提供参考。

1. PSY 指标的计算方法

PSY 指标主要从股票投资者买卖趋向的心理方面对多空双方的力量对比进行探索。它是以一段时间收盘价涨跌天数的多少为依据进行计算。其计算方法很简单，计算公式如下：

$$\text{PSY}(n)=A\div n\times 100$$

式中，n 为周期，是 PSY 的参数；A 为在周期之中股价上涨的天数。

2. PSY 的应用法则

① PSY 的取值在 25 ~ 75 时，说明多空双方基本处于平衡状态。如果 PSY 的取值超出了这个平衡状态，则是超买或超卖。

② PSY 取值过高或过低都是行动的信号。一般来说，如果 PSY ＜ 10 或 PSY ＞ 90 两种极端情况出现，则是强烈的买入或卖出信号。

③ PSY 的取值第一次进入采取行动的区域时往往容易出错，一般都要求 PSY 进入高位或低位两次以上时才能采取行动。

④ PSY 的曲线如果在低位或高位出现大的 W 底或 M 头，这也是买入或卖出的行动信号。

⑤ PSY 曲线一般可同股价曲线配合使用，这时，背离原则在 PSY 中同样适用。

PSY 所显示的买卖信号一般为事后现象，事前并不能十分确切地预测。同时，投资者的心理偏好又受诸多随机因素影响，随时都在调整且不可捉摸。特别是在一个投机气氛浓厚、投资者心态不十分稳定的股市中，心理线的运用有其局限性。

3．图文实例

PSY 指标的买入、卖出信号分别如图 12-1、图 12-2 所示。

图 12-1　PSY 指标的买入信号

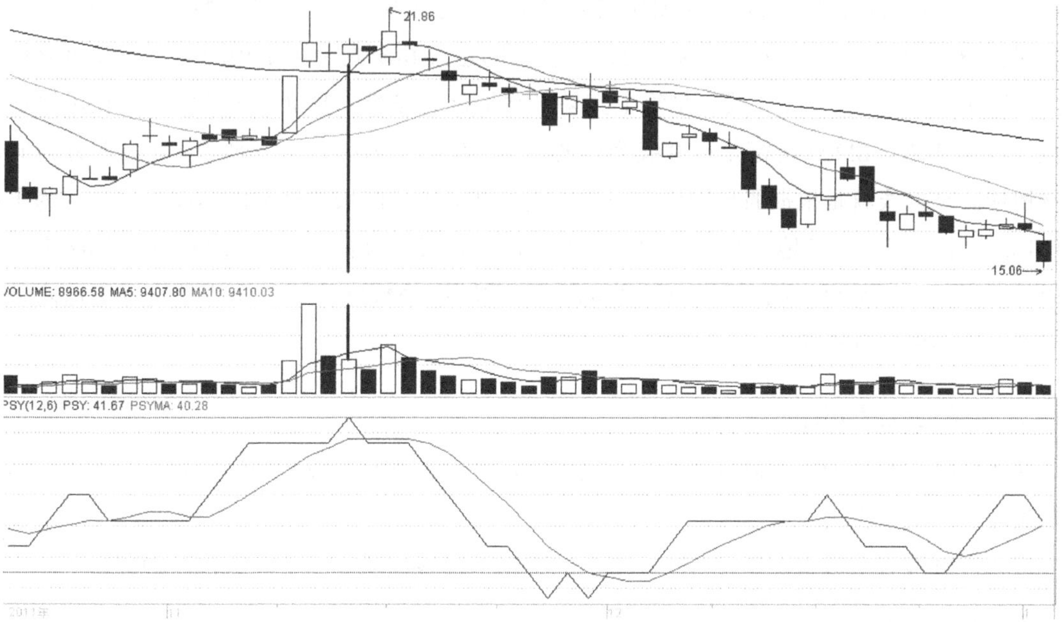

图 12-2　PSY 指标的卖出信号

12.1.2 动量指标——MTM

动量指标（Momentum Index，MTM）是一种专门研究股价波动的中短期技术分析工具。

MTM指标的理论基础是价格与供求量的关系。它认为股价的涨跌幅度随着时间的推移会逐渐变小，股价变化的速度和能量也会慢慢减缓，此时行情可能反转。因此，MTM指标就是通过观察股价波动的速度衡量股价波动的动能，从而揭示股价反转的规律，为投资者提供重要的参考。

1. MTM指标的计算方法

由于选用的计算周期不同，MTM指标也包括日MTM指标、周MTM指标、月MTM指标、年MTM指标及分钟MTM指标等各种类型。经常被用于股市研判的是日MTM指标和周MTM指标。虽然它们计算时的取值有所不同，但基本的计算方法一样。另外，由于各种软件版本的不同，MTM指标的计算有两种方法。

① 第一种计算方法。以日MTM指标为例，其计算过程如下：

$$\text{MTM}（n\text{日}）=C-\text{CN}$$

式中，C为当日的收盘价；CN为n日前的收盘价；n为计算参数，一般起始参数为6。

② 第二种计算方法。以日MTM指标为例，其计算过程如下：

$$\text{MTM}（n\text{日}）=（C\div \text{CN}\times 100）-100$$

式中，C为当日的收盘价；CN为n日前的收盘价；n为计算参数，一般起始参数为6。

虽然这两种计算方法有一定的不同，但它们的意义和研判手段是相同的。在股市分析软件上，股价的动量线（MTM线）是每个交易日动量点的连线，股价在波动中的变化可以通过动量线反映出来。MTM指标是以0线为中心线，0线上方为股价上升地带，0线下方为股价下跌地带。动量线就是根据股价围绕中心线周期性波动来反映股价波动的速度。另外，为了使MTM指标更直观、准确地反映股价的真实波动情况，股市分析软件上的MTM指标图上还辅助以另一条线——MTMMA，即MTM线的移动平均线。MTM指标的研判就是围绕这两条线之间的关系而展开分析的。

2. MTM的应用法则

① MTM线自上而下穿破0线或自下而上穿破0线，都是采取行动的信号。或者说，由正变负卖出，由负变正买入。

② MTM线在0以上，下穿MTM自己的移动平均线或从0以下上穿自己的移动平均线，这是采取行动的信号。

③ MTM线在高位或低位与价格形成背离，这是采取行动的信号。

3．图文实例

MTM 指标的买入、卖出信号分别如图 12-3、图 12-4 所示。

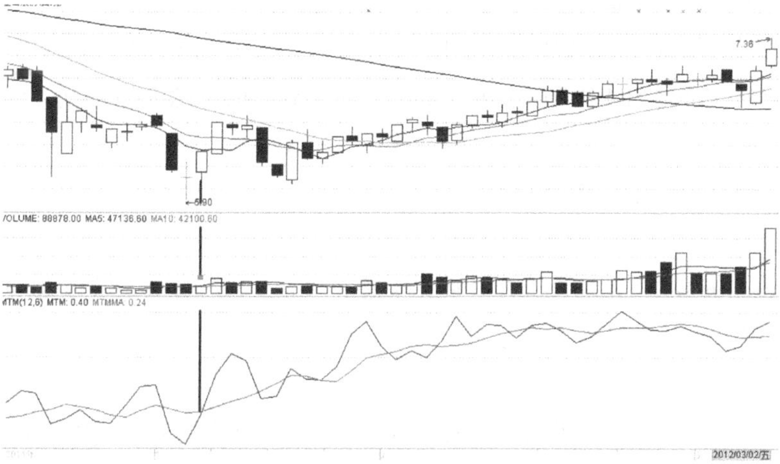

图 12-3　MTM 指标的买入信号

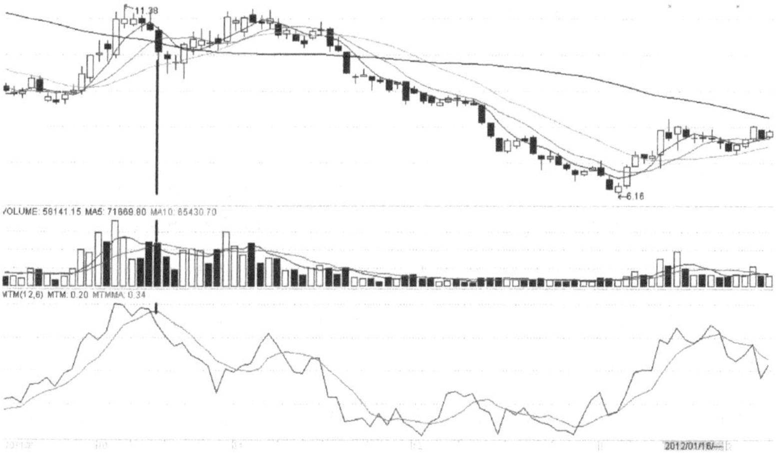

图 12-4　MTM 指标的卖出信号

12.1.3　成交量比率指标——VR 指标

成交量比率（Volume Ratio，VR）指标又叫数量指标或容量指标，是重点研究量与价格间关系的一种中短期技术分析工具。

VR 是以研究股票量与价格之间的关系为手段的技术指标，其理论基础是“量价理论”和“反市场操作理论”。VR 指标可以通过研判资金的供需及买卖气势的强弱，设定超买超卖的标准，为投资者确定合理、及时的买卖时机提供有效的参考。

1. VR 的计算方法

VR 是通过分析一定周期内的价格上升周期的成价量（或成交额）与价格下降周期的成交量的比值的一种中短期技术指标。

由于选用的计算周期不同，VR 也包括日 VR、周 VR、月 VR、年 VR 及分钟 VR 等多种类型。经常被用于股市研判的是日 VR 和周 VR。虽然它们计算时的取值有所不同，但基本的计算方法一样。

以日 VR 为例，其具体计算如下。

① 计算公式。

VR（n 日）$=n$ 日内上升日成交量总和 $\div n$ 日内下降日成交量总和

其中，n 为计算周期，一般起始周期为 12。

② 计算过程。

n 日以来股价上涨的那一日的成交量都称为 UV，将 n 日内的 UV 总和相加称为 UVS。

n 日以来股价下跌的那一日的成交量都称为 DV，将 n 日内的 DV 总和相加称为 DVS。

n 日以来股价平盘的那一日的成交量都称为 PV，将 n 日内的 PV 总和相加称为 PVS。

最后，n 日的 VR 就可以计算出来：

$$VR(n) = (UVS+1/2PVS) \div (DVS+1/2PVS)$$

2. VR 的应用法则

① 如果市场处在盘整局面，则 VR 的取值应该在 100 附近来回波动。这个区域一般认为是 70 ~ 150。VR 如果在这个区域波动，可以认为是正常的价格摆动；如果超出了这个区域，如 VR 小于 70，或 VR 大于 150，就可以认为是不正常的价格能量摆动，这可能预示一个大的行动的开始。VR 过分大和过分小的含义是相反的，但都是行动的信号，即 VR 过分大是抛出信号，VR 过分小是买入信号。

② VR 的取值如果到了极端，就可以不考虑其他因素而单独采取行动。极端值不是一成不变的，要根据具体情况进行修正。

③ 成交量和 VR 同步上升，如果此时价格也上升，这就是常说的价量配合，经 VR 验证，更能确信价格上升趋势的来临。

④ VR 在低位与价格曲线形成底背离，则是买入信号；VR 在高位与价格曲线形成顶背离，则是卖出的信号。

⑤ VR 与 PSY 的结合使用将获得好的效果。如果两个指标同时认定应该采取某种行动，则一般来说出错的概率将大大减小。实际应用时，一般以 PSY 为主，VR 为辅。

⑥ 一般情况下，VR 在低位时观察的结果比在高位观察的结果更具可信性。也就是说，股票市场处于空头市场时应用 VR 比股票市场处于多头市场时应用 VR 的效果好，准确性也高。

⑦ 形态学和切线理论的内容也可以用于 VR 曲线。

3．图文实例

VR 指标的买入、卖出信号分别如图 12-5、图 12-6 所示。

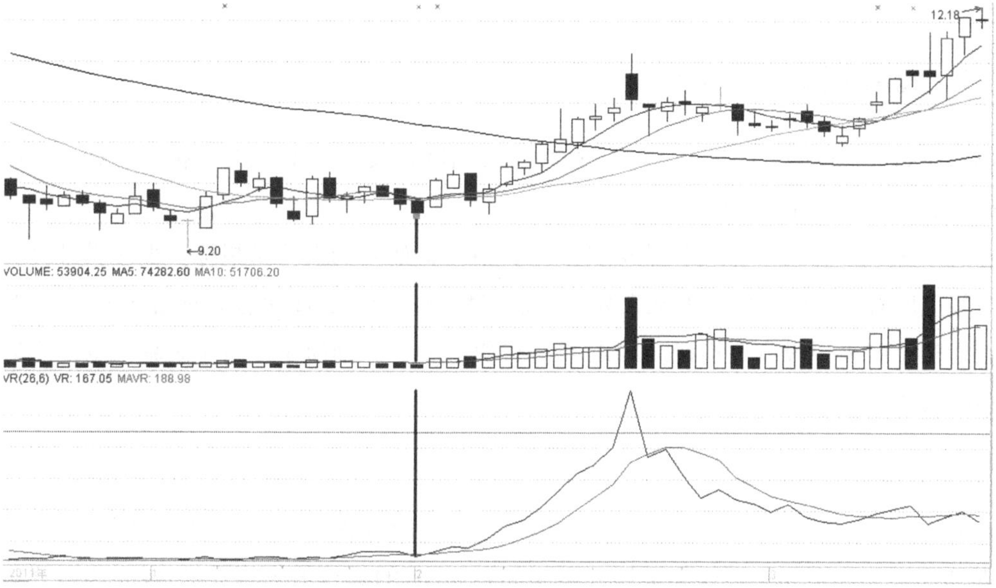

图 12-5　VR 指标的买入信号

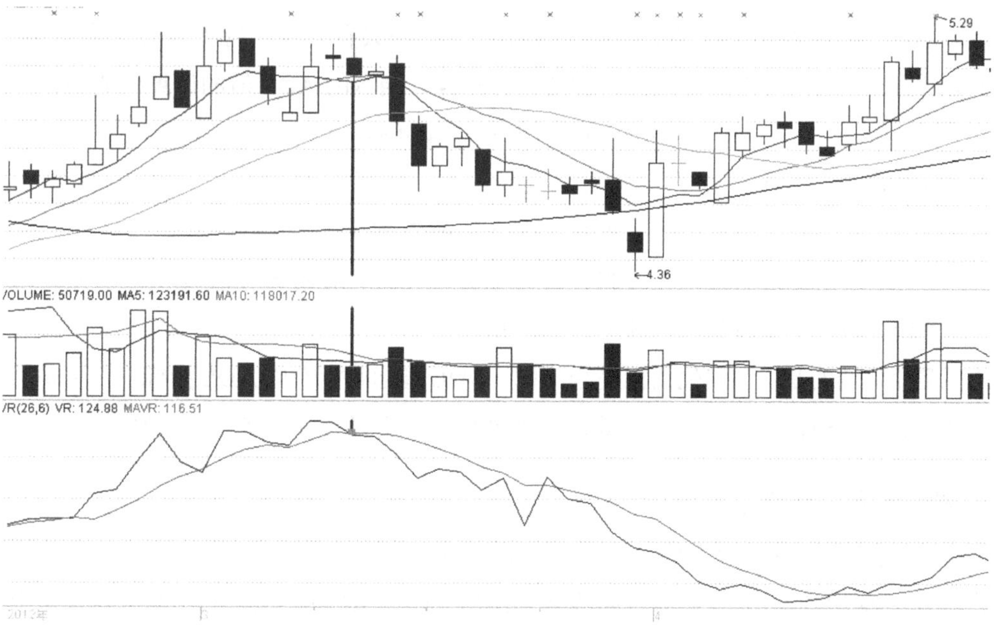

图 12-6　VR 指标的卖出信号

12.2 大势型指标

12.2.1 腾落指数——ADL

腾落指数（Advance Decline Line，ADL）又叫涨跌线指标（ADL 指标），它是专门研究股票指数走势的技术分析工具。

ADL 指标是一个以个股涨跌家数的多少进行大盘研判的大势型指标。由于其计算方式是累计市场上所有交易的个股中上涨家数和下跌家数的差额，因此只有大盘指数才有 ADL 指标值，而对于个股来说没有该指标。ADL 指标计算方便、原理简单，对于观察大盘的实际人气具有独特的功能。

1．ADL 指标的计算方法

ADL 指标的计算比较简单。日 ADL 是每日上涨股票总数与下跌股票总数的差值的累计。为了准确反映大势走向，一般都采用一段时间内 ADL 的累计值为当天的 ADL 值。具体过程如下。

先假设知道了上一交易日的 ADL 值，然后再计算当日的 ADL 值。

如果当日所有股票中上涨的股票共有 A 家，下降的共有 F 家，持平的为 B 家，这里的涨跌标准是以当日收盘价与上一日收盘价相比较。这样，当日的 ADL 值的计算公式为：

$$\text{当日 ADL}=\text{上一日 ADL}+A-F$$

由上式推出：

$$\text{当日 ADL}=\sum A-\sum F$$

式中，$\sum A$ 为从开始交易的第一天算起，每一个交易日的上涨家数的总和；$\sum F$ 为从开始交易的第一天算起，每一个交易日的下跌家数的总和。

这里需要强调的是，和其他指标完全不同，ADL 指标既没有周 ADL 指标、月 ADL 指标、年 ADL 指标，也没有分钟 ADL 指标等多种类型指标，它只有日 ADL 这一种指标。

2．ADL 的应用法则

① ADL 的应用重在相对走势，而不看重取值的大小。

② ADL 不能单独使用，要同股价曲线联合使用才能显示出其作用。ADL 与股价同步上升（下降），创新高（低），则可以验证大势的上升（下降）趋势，短期内反转的可能性不大，这是一致的现象；ADL 连续上涨（下跌）了很长时间（一般 3 天），而指数向相反方向下跌（上升）

了很长时间，这是买进（卖出）信号，至少有反弹存在，这是背离的一种现象；在指数进入高位(低位)时，ADL 并没有同步行动，而是开始走平或下降(上升)，这是趋势进入尾声的信号；ADL 保持上升(下降)趋势，指数却在中途发生转折，但很快又恢复原有的趋势，并创新高(低)，这是买进（卖出）信号，是后市多方（空方）力度强盛的标志。

③ 形态学和切线理论的内容也可以用于 ADL 曲线。

④ 一般情况下，ADL 对多头市场的应用比对空头市场的应用效果好。

3. 图文实例

ADL 指标的买入、卖出信号分别如图 12-7、图 12-8 所示。

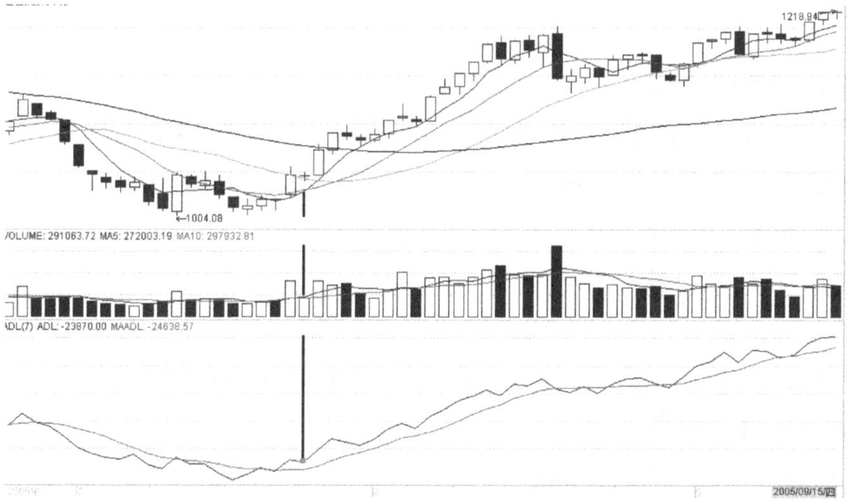

图 12-7　ADL 指标的买入信号

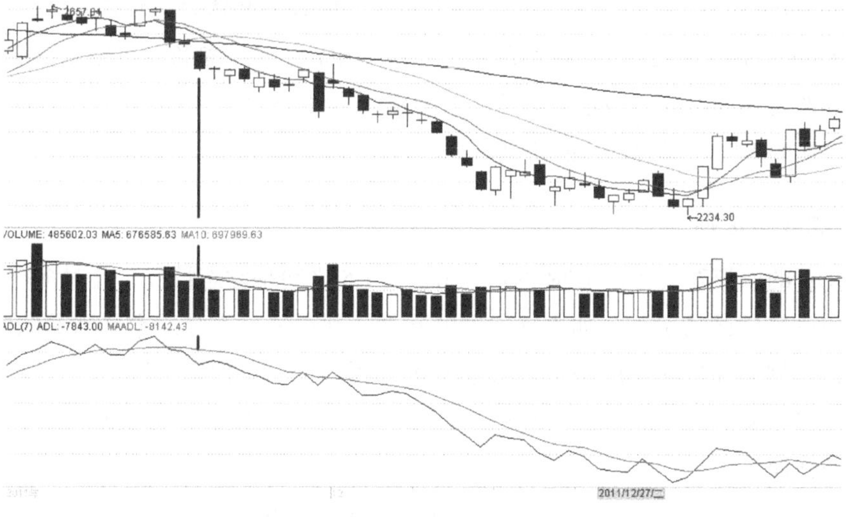

图 12-8　ADL 指标的卖出信号

12.2.2 涨跌比率指标——ADR 指标

涨跌比率（Advance Decline Ratio，ADR）指标又叫上升下降比指标，是专门研究股票指数走势的中长期技术分析工具。

ADR 的构成基础是“钟摆原理”，即当一方力量过大时，会产生物极必反的效果，向相反方向摆动的拉力增强，反之亦然。该原理表现在股市上，意味着当股市中人气过于高涨、股市屡创新高以后，接下来可能就会爆发一轮大跌的行情；而当股市中人气低迷、股价指数不断下挫而跌无可跌的时候，可能一轮新的上涨行情即将展开。ADR 指标就是通过一定时期内的整个股票市场上的上涨和下跌家数的比率，衡量多空双方的变化，判断未来股票市场整体的走势。

1. ADR 指标的计算方法

由于选用的计算周期不同，ADR 指标也包括 *n* 日 ADR、*n* 周 ADR、*n* 月 ADR、*n* 年 ADR 及 *n* 分钟 ADR 等多种类型。经常被用于股市研判的是日 ADR 和周 ADR。虽然它们计算时的取值有所不同，但基本的计算方法一样。

以日 ADR 为例，其计算公式为：

$$\text{ADR}（n\text{ 日}）=\text{P1}\div\text{P2}$$

式中，$\text{P1}=\sum \text{NA}$ 为 *n* 日内股票上涨家数之和；$\text{P2}=\sum \text{ND}$ 为 *n* 日内股票下跌家数之和；*n* 为选择的天数，是日 ADR 的参数。

选择一定参数周期内的股票上涨和下跌家数的总和，目的是避免由于某一特定的时期内股市的特殊表现而误导研判。ADR 图形在 1 附近来回波动，波动幅度的大小以 ADR 取值为准。影响 ADR 取值的因素很多，主要是公式中分子、分母之间的取值和参数选择的大小。一般而言，参数选择的小，ADR 值上下变动的空间就比较大，曲线的起伏就比较剧烈；参数选择的大，ADR 值上下变动的空间就比较小，曲线的上下起伏就比较平稳。参数的设定没有统一的标准，可根据市场的变化和投资者的偏好自由设定。ADR 参数的选择在 ADR 技术指标研判中占有重要的地位，参数的不同选择对行情的研判可能带来不同的结果。

2. ADR 的应用法则

① 从 ADR 的取值看大势。ADR 的值在 0.5 ~ 1.5 之间是常态情况，此时多空双方处于均衡状态；在极端特殊的情况下，如出现突发的利多、利空消息引起股市暴涨暴跌时，ADR 常态的上限可以根据实际情况加以修正。超过了 ADR 常态状况的上下限就是采取行动的信号，表示上涨或下跌的势头过于强烈，股价将有回头的可能。ADR 处于常态时，买进或卖出股票都没有太大的把握。

② ADR 可与综合指数配合使用，其应用法则与 ADL 相同，也有一致与背离两种情况。

③ 从 ADR 曲线的形态上看大势。ADR 从低向高超过 0.5，并在 0.5 上下来回移动几次，这是空头进入末期的信号。ADR 从高向低下降到 0.75 之下，这是短期反弹的信号；ADR 先下降到常态状况的下限，但不久又上升并接近常态状况的上限，这说明多头已具有足够的力量将综合指数拉上一个台阶。

④ 在大势短期回档或反弹方面，ADR 有先行示警作用。若股价指数与 ADR 成背离现象，则大势即将反转。

3．图文实例

ADR 指标的买入、卖出信号分别如图 12-9、图 12-10 所示。

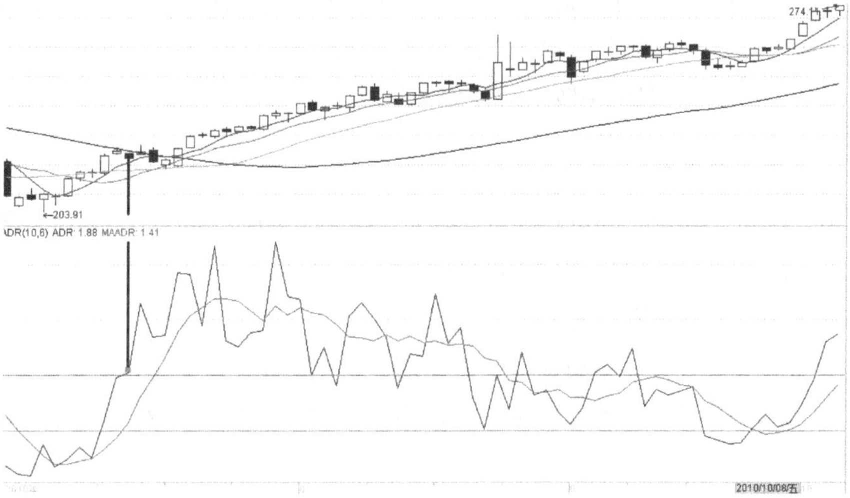

图 12-9　ADR 指标的买入信号

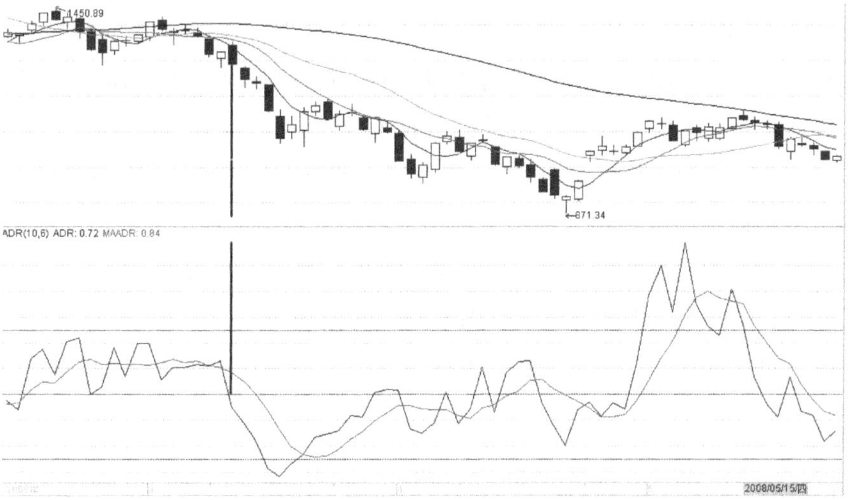

图 12-10　ADR 指标的卖出信号

12.2.3 超买超卖指标——OBOS 指标

超买超卖（Over Bought Over Sold，OBOS）指标是专门研究股票指数走势的中长期技术分析工具。

OBOS 的原理主要是以投资者的心理变化作为假定，认为当股市大势持续上涨时，必然会使部分敏感的主力机构获利了结，从而诱发大势反转向下，而当大势持续下跌时，又会吸引部分先知先觉的机构进场吸纳，触发向上反弹行情。因此，当 OBOS 走势逐渐向上并超越正常水平时，即代表市场的买气逐渐升温并最终导致大盘超买现象；同样，当 OBOS 持续下跌时，则导致超卖现象。对整个股票市场而言，OBOS 在某种程度上反映了部分市场主力的行为模式，因此在预测上，当大盘处于由牛市向熊市转变时，OBOS 理论上具有领先大盘指数的能力；而当大盘处于由熊市向牛市反转时，OBOS 理论上具有稍微落后于大盘指数的缺陷，但从另一种角度看，它可以真正确认大盘的牛转熊是否有效。

1. OBOS 指标的计算方法

由于选用的计算周期不同，OBOS 指标包括 n 日 OBOS、n 周 OBOS、n 月 OBOS 等多种类型。虽然它们计算时的取值有所不同，但基本计算方法一样。

以日 OBOS 为例，其计算公式为：

$$\text{OBOS}（n\text{ 日}）=\sum \text{NA}-\sum \text{NB}$$

式中，$\sum$NA 为 n 日内股票上涨家数之和；$\sum$NB 为 n 日内股票下跌家数之和；n 为选择的天数，是日 OBOS 指标的参数。

2. OBOS 的运用法则

① 根据 OBOS 的数值判断行情。当 OBOS 的取值在 0 附近变化时，市场处于盘整时期；当 OBOS 为正数时，市场处于上涨行情；当 OBOS 为负数时，市场处于下跌行情。

当 OBOS 达到一定正数值时，大势处于超买阶段，可择机卖出；当 OBOS 达到一定负数时，大势超卖，可伺机买进。至于 OBOS 超买超卖的区域划分，这受上市股票总的家数和参数选择的直接影响。其中，参数选择可以确定，参数选择的越大，OBOS 一般越平稳；但上市股票的总家数则是不能确定的因素。

② 当 OBOS 的走势与指数背离时，是采取行动的信号，大势可能反转。

③ 形态理论和切线理论中的结论也可用于 OBOS 曲线。

④ 当 OBOS 曲线第一次进入发出信号的区域时，应该特别注意是否会出现错误。

3. 图文实例

OBOS 的买入、卖出信号分别如图 12-11、图 12-12 所示。

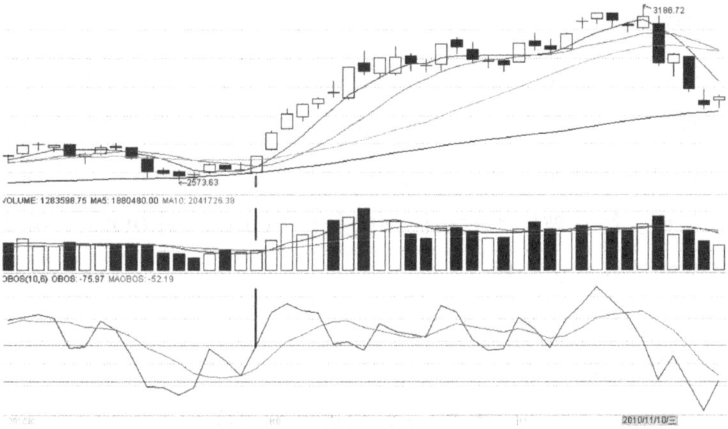

图 12-11　OBOS 的买入信号

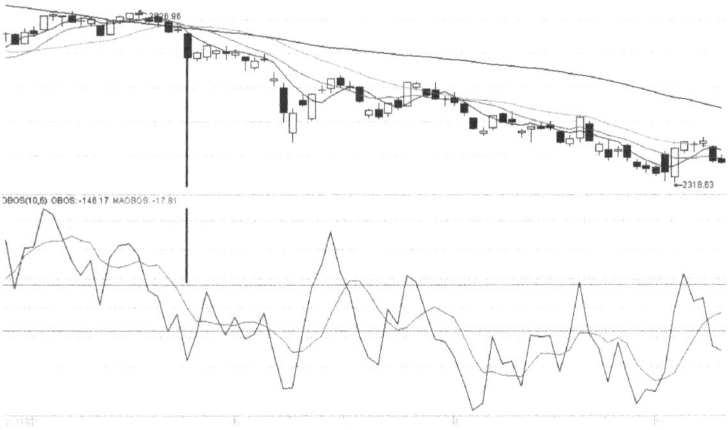

图 12-12　OBOS 的卖出信号

12.3　其他类型指标

12.3.1　布林线指标——BOLL 指标

布林线（Bolinger Bands，BOLL）指标是研判股价运动趋势的一种中长期技术分析工具。

BOLL 指标引进了“股价通道”的概念，认为股价通道的宽窄随着股价波动幅度的大小而变化，而且股价通道又具有变异性，它会随着股价的变化而自动调整。BOLL 中的股价通道对预测未来行情的走势起着重要的参考作用，它也是布林线指标所特有的分析手段。

1. BOLL 指标的计算方法

在所有的指标计算中，BOLL 的计算方法是最复杂的之一，它引进了统计学中的标准差概念，涉及中轨线（MB）、上轨线（UP）和下轨线（DN）的计算。另外，和其他指标的计算一样，由于选用的计算周期不同，BOLL 也包括日 BOLL、周 BOLL、月 BOLL、年 BOLL 及分钟 BOLL 等各种类型。经常被用于股市研判的是日 BOLL 和周 BOLL。虽然它们计算时的取值有所不同，但基本的计算方法一样。

以日 BOLL 为例，其计算方法如下。

① 日 BOLL 的计算公式。

中轨线 =n 日的移动平均线

上轨线 = 中轨线 + 两倍的标准差

下轨线 = 中轨线 − 两倍的标准差

② 日 BOLL 的计算过程。

首先计算 MA。

MA=n 日内的收盘价之和 ÷n

其次计算标准差 MD。

MD= 平方根 n 日的（C−MA）的两次方之和除以 n

最后计算 MB，UP，DN 线。

MB=（n−1）日的 MA

UP=MB+2×MD

DN=MB−2×MD

2. BOLL 的应用法则

① 价格向上越过上轨线并回落，此时是短线的卖出时机。这是因为价格只有很小的机会在上轨线之下，如果没有特别的原因，价格上升到上轨线就应该卖出。

② 价格向下越过下轨线并回升，此时是短线的买入时机。这是因为价格只有很小的机会在下轨线之上，如果没有特别的原因，价格下降达到下轨线就应该买入。

③ BOLL 的宽度由狭窄变为宽阔，这是大行情的先兆。BOLL 的宽度如果长时间狭窄，说明价格波动长时间在小的范围内进行；如果 BOLL 的宽度变大，说明价格的波动幅度正在加大。我们知道，价格不可能长时间维持小幅度的波动，这样不符合证券市场价格波动的特点。

在价格经过长时间的小波动后，如果 BOLL 的宽度变大，同时价格向上越过上轨线，而且上升的幅度还不算太大，此时是短线的买入时机。同样，如果价格向下越过下轨线，而且下降的幅度还不算大，此时是短线的卖出时机，因为我们可以认为外部环境发生了变化。

从 BOLL 的使用方式中我们可以看到，BOLL 所指出的内容中，主观判断的成分多，定性的内容也比较多。与其他的技术指标技术相比，BOLL 缺乏可操作性。在实际应用中，BOLL 似乎更适合作为参考因素。

3. 图文实例

BOLL 的买入、卖出信号分别如图 12-13、图 12-14 所示。

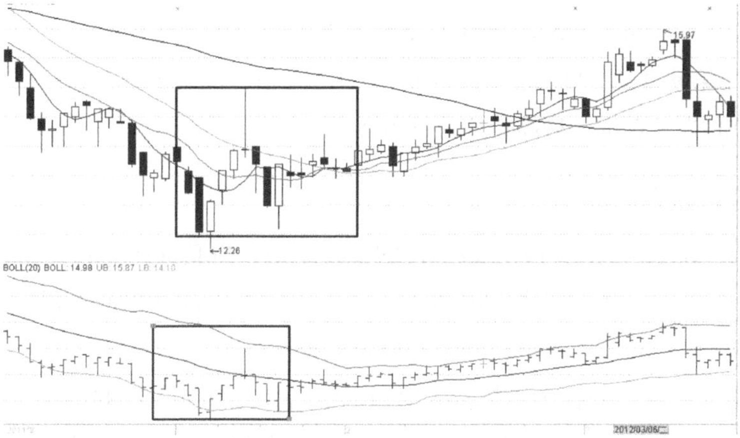

图 12-13 BOLL 的买入信号

图 12-14 BOLL 的卖出信号

12.3.2 停损指标——SAR 指标

停损（Stop and Reveres，SAR）指标又叫抛物线指标或停损转向操作点指标，是由美国技术分析大师威尔斯·威尔德（Wells Wilder）所创造的，是一种简单易学且较为可靠的中短期技术分析工具。

1．SAR 指标的计算方法

SAR 指标的计算工作主要是针对每个周期不断变化的 SAR 的计算，也就是停损价位的计算。在计算 SAR 之前，先要选定一段周期，如 n 日或 n 周等，n 天或 n 周的参数一般为 4 日或 4 周。接着判断这个周期的股价是上涨还是下跌，然后再按逐步推理方法计算 SAR 值。

以计算日 SAR 为例，每日 SAR 的计算公式如下：

$$SAR(n)=SAR(n-1)+AF[EP(n-1)-SAR(n-1)]$$

式中，SAR（n）为第 n 日的 SAR 值；SAR（$n-1$）为第（$n-1$）日的 SAR 值；AF 为加速因子（或叫加速系数）；EP 为极点价（最高价或最低价）。

2．SAR 的应用法则

① 停损点的操作采用与移动平均线一样的穿越原则。当股价从下向上穿过 SAR 线时，是买入时机；当股价线从上向下穿过 SAR 线时，是卖出时机，应卖出股票以停止损失。不一定非要等到价格突破了 SAR 才能采取行动，有时可以提前。

② SAR 的最大优越之处在于当投资者对目前涨势（或跌势）的幅度和时间把握不定时，它能给予较为明确的回答。它是一种适应于中长期行情操作的保守型技术工具，但在股市陷入盘局时，SAR 经常会交替出现买卖信号，导致投资者操作的失误率较高。

3．图文实例

SAR 的买入、卖出信号分别如图 12-15、图 12-16 所示。

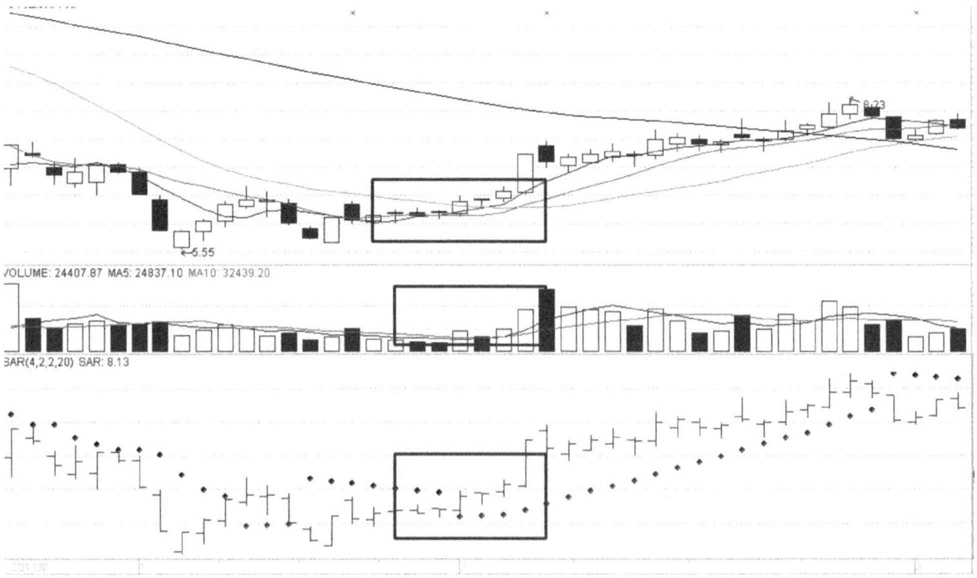

图 12-15 SAR 的买入信号

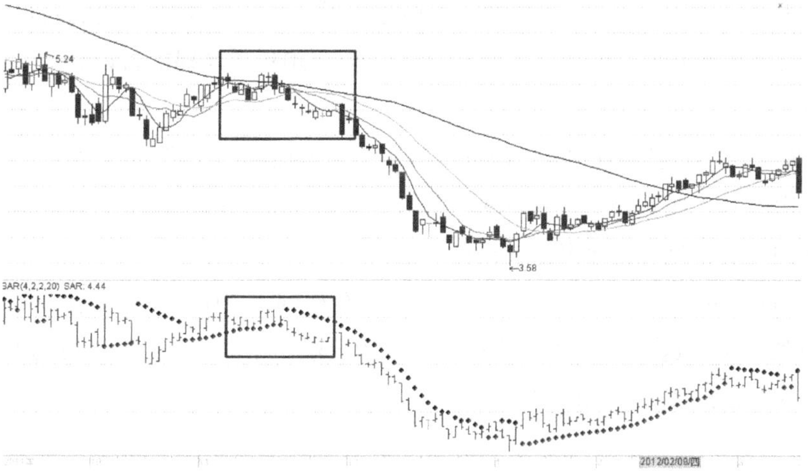

图 12-16　SAR 的卖出信号

12.3.3　能量潮指标——OBV

能量潮（On Balance Volume，OBV）指标是由美国股市分析家葛兰碧所创造的，是一种重点研判股市成交量的短期技术分析工具。

1．OBV 指标的计算方法

OBV 指标的计算主要是计算累积成交量。

以日为计算周期，其计算公式为：

当日 OBV= 本日值 + 前一日的 OBV 值

如果本日收盘价或指数高于前一日收盘价或指数，本日值则为正值；如果本日的收盘价或指数低于前一日的收盘价或指数，本日值则为负值；如果本日值与前一日的收盘价或指数持平，本日值则不予计算，然后计算累积成交量。这里的成交量是指成交股票的手数。

由于选用的计算周期不同，OBV 也包括日 OBV、周 OBV、月 OBV、年 OBV 及分钟 OBV 等各种类型。经常被用于股市研判的是日 OBV 和周 OBV。虽然它们计算时的取值有所不同，但基本的计算方法一样。

2．OBV 的应用法则

① OBV 不能单独使用，必须与价格曲线相结合才能发挥其作用。

② OBV 只注重曲线的相对走势。在股价分析过程中，它关注的只是在最近一段时间里 OBV 曲线的相对走势，而 OBV 取值的绝对数字对分析是没有用处的。

③ OBV 曲线的上升和下降对投资者进一步确认当前价格的趋势有着很重要的作用。价格上升（或下降），而 OBV 也相应上升（或下降），我们则可以更加相信当前的上升（或下降）

趋势；价格上升（或下降），但 OBV 并未相应地上升（或下降），则我们对目前上升（或下降）趋势的认可程度就要大打折扣，这就是背离现象，OBV 已经提前告诉我们趋势后劲不足，有反转的可能。

④ OBV 曲线的“N”字形。OBV 在波动过程中将形成连续的“N”字形。如果每出现一次“N”字形就当成一次上升（或下降）记录下来，那么，这样的记录次数不能太多，经验估计为 5 次以上；如果达到 9 次，就一定要考虑反向的可能。

在对 OBV 曲线的“N”字形进行记录的时候，会遇到大“N”字形和小“N”字形的问题，这将影响数目的记录。这一点类似于波浪理论中的数浪。小“N”字形的波动如果突破“N”字形的界限，这就是需要关注的时候。

3. 图文实例

OBV 的买入、卖出信号分别如图 12-17、图 12-18 所示。

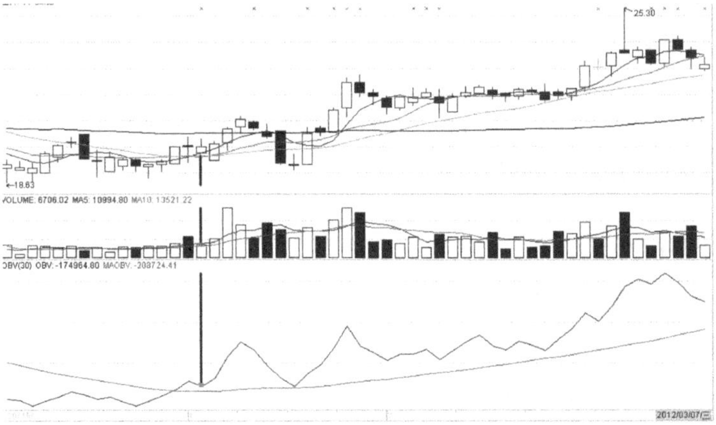

图 12-17　OBV 的买入信号

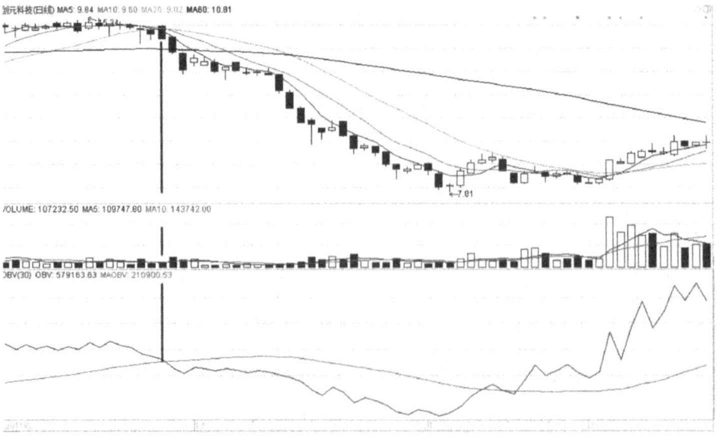

图 12-18　OBV 的卖出信号

复习与实训

一、简述题

1. 简述心理线、动量、成交量比率等能量型指标的数学原理。
2. 简述腾落指数、涨跌比率超买超卖等大势型指标的数学原理。
3. 简述布林线、停损、能量潮、等其他类型指标的数学原理。

二、实训题

1. 能量型指标的应用法则

实训要求：分别选择典型股票，针对某一时间内的历史行情，观察其股价走势与心理线、动量、成交量比率等能量型指标值间的关系，运用画图工具予以标明，验证其与指标应用基本法则是否相符，并阐述原因。

2. 大势型指标的应用法则

实训要求：分别选择典型股票，针对某一时间内的历史行情，观察其股价走势与腾落指数、涨跌比率超买超卖等大势型指标值间的关系，运用画图工具予以标明，验证其与指标应用基本法则是否相符，并阐述原因。

3. 其他类型指标的应用法则

实训要求：分别选择典型股票，针对某一时间内的历史行情，观察其股价走势与布林线、停损、能量潮、等其他类型指标值间的关系，运用画图工具予以标明，验证其与指标应用基本法则是否相符，并阐述原因。

三、分析题

1. 选择典型股票，尝试运用心理线、动量、成交量比率等能量型指标对其未来股价走势进行分析判断，并说明理由。

2. 选择典型股票，尝试运用腾落指数、涨跌比率超买超卖等大势型指标对其未来股价走势进行分析判断，并说明理由。

3. 选择典型股票，尝试运用布林线、停损、能量潮、等其他类型指标对其未来股价走势进行分析判断，并说明理由。

第 13 章　证券投资组合管理

13.1　证券投资组合管理概述

为了改善证券投资活动中的收益—风险关系，帮助投资者在风险水平一定的条件下尽可能增大收益，或者在收益水平一定的状态下最小化风险，证券投资家提出了一系列分散投资的思路，证券投资组合理论应运而生。1952 年，美国经济学家哈里·马科维茨在《投资组合选择》一文中第一次提出了证券组合理论。该理论描述了投资者怎样通过证券组合，在最小风险水平下获得既定的期望收益率，或者在风险水平既定的条件下获得最大期望收益率。马科维茨在创立组合理论的同时，也用数量化方法提出了确定最佳资产组合的基本模型。

其实分散投资的理念早已存在，我们平时所说的“不要把所有的鸡蛋放在同一个篮子里”就是这种理论的体现。尽管传统投资管理的内容也是多种证券构成的组合，但其关注的是证券个体，是个体管理的简单集合。投资组合管理将组合作为一个整体，关注的是组合整体的收益与风险的权衡。

13.1.1　证券投资组合

1．证券投资组合的含义

证券组合是指由一种以上的有价证券组成，如包含各种股票、债券、存款单等，是个人或机构投资者所持有的各种有价证券的总称。

2．证券投资组合的类型

以组合的投资目标为标准，证券组合可以分为以下几种类型。

① 收入型证券组合。收入型证券组合以追求基本收益（利息、股息收益）的最大化为目标。能够实现这一目标的证券有附息债券、优先股及一些避税债券。

② 增长型证券组合。增长型证券组合以资本升值为目标，它往往选择相对于市场而言属于低风险高收益或收益与风险成正比的证券。投资于此类证券组合的投资者愿意通过延迟获得基本收益以求未来收益的增长。这类组合通常投资于很少分红的普通股，投资风险较大。

③ 收入和增长混合型证券组合。收入和增长混合型证券组合试图在基本收入与资本增长之间达到某种均衡，因此也称为均衡组合。两者的均衡可以通过两种组合方式获得：一种是使组合中的收入型证券和增长型证券达到均衡；另一种是选择那些既能带来收益，又具有增长潜力的证券进行组合。

④ 货币市场型证券组合。货币市场型证券组合是由各种货币市场工具构成的组合，如国库券、高信用等级的商业票据等，其流动性较好、安全性很高。

⑤ 指数化型证券组合。指数化型证券组合是模拟某种市场指数的证券组合，其目标是求获得市场平均的收益水平。

13.1.2　证券投资组合管理

1．证券投资组合管理的含义

证券投资组合管理是指对投资进行计划、分析、调整和控制，从而将投资资金分配给若干不同的证券资产（如股票、债券及证券衍生产品），形成合理的资产组合，以期实现资产收益最大化和风险最小化的经济行为。

2．构建证券投资组合的原因

① 降低风险。构建证券组合可以降低证券投资风险的原因可以简单地用一句话来说明，那就是"不能把鸡蛋放在同一个篮子里"。如果投资者仅投资于单个资产，一旦出现错误，所有的资本将全部损失；当投资者将各种资产按不同比例进行组合时，即使其中一个出现错误，也只是损失这一个，不会影响其他资本。资产组合理论证明，证券组合的风险随着组合所包含的证券数量的增加而降低，资产间关联性极低的多元化证券组合可以有效地降低非系统风险，并使系统风险趋于正常水平。

② 实现收益的最大化。证券投资组合还可以进一步提高收益。当投资者将各种资产按不同比例进行组合时，其选择就会有多种。这为投资者在既定风险水平的条件下获取更高收益提供了机会。当投资者对证券组合的风险和收益做出权衡时，他就能够得到比投资单个资产更为满意的收益与风险的平衡。

13.1.3　构建证券投资组合的步骤

1．证券组合目标的确定

建立并管理一个"证券组合"，首先必须确定组合应达到的目标。证券组合的目标不仅是构建和调整证券资产组合的依据，也是考核组合管理业绩好坏的基准。总体而言，证券组合的目标包括两个方面：一是收益目标，包括保证本金的安全、获得一定比例的资本回报及实现一定速度的资本增长等；二是风险控制目标，包括对资产流动性的要求及最大损失范围的确定等。

确定证券资产组合目标必须因人因时因地制宜。因人制宜是指必须综合考虑投资者的各种制约条件和偏好；因时制宜主要应考虑两个方面：一是市场发展的阶段，二是各个时期的政治、经济和社会环境；因地制宜主要考虑所在地区的证券交易费用、政府对证券组合管理的政策规范及税收政策等。

2．证券组合的构建

证券组合的构建是实施证券组合管理的核心步骤，它直接决定组合效益和风险的高低。证券组合的构建过程一般包括以下环节。

① 界定证券组合的范围。大多数投资者的证券组合主要是债券和股票。但是，近年来，国际上投资组合已出现综合化和国际化的趋势。

② 分析判断各个证券和资产类型的预期回报率及风险。在分析比较各证券和资产投资收益与风险的基础上，选择何种证券进行组合则要与投资者的目标相适应。

③ 确定各种证券资产在证券资产组合中的权重。这是构建证券组合的关键性步骤。

3．证券组合调整

证券市场是复杂多变的，每种证券的预期收益和风险都要受到多种内外因素变动的影响。为了适合既定的投资组合目标的要求，必须选择恰当时机对证券组合中的具体证券品种做出必要的调整变换，包括增加有利于提高证券组合效益或降低证券组合风险的证券品种，剔除对提高证券组合效益或降低证券组合风险不利的证券品种。

4．证券组合资产业绩的评估

证券组合资产业绩的评估是证券组合管理的最后一环。证券组合资产业绩评价是对整个证券资产组合收益与风险的评价。评价的对象是证券组合整体，而不是组合中的某个或某几个证券资产；评价的内容不仅包括收益的高低，还包括风险的大小。

上述四个阶段相互联系、在时间上相互衔接，前一阶段为下一阶段的工作创造条件，后一阶段则是上一阶段的继续。从长期看，证券组合的四个阶段又是循环往复的，一个时期证券组合的绩效评估反过来又是确定新的时期证券组合目标的依据。

13.2 马科维茨资产组合模型

证券及其他风险资产的投资首先需要解决两个核心问题，即预期收益与风险。那么，如何测定组合投资的风险与收益，以及如何平衡这两项指标进行资产分配就成了市场投资者迫切需要解决的问题。正是在这样的背景下，马科维茨理论应运而生。1952年，马科维茨发表了《投资组合选择》一文，首次提出了投资组合理论，这是现代组合投资理论的开端。该理论包含两个重要内容：均值——方差分析方法和投资组合有效边界模型。

13.2.1　马科维茨模型的基本假设

假设证券市场是有效的，投资者能得知证券市场上多种证券收益与风险的变动及其原因。

假设投资者都是风险厌恶者，他们都希望得到较高的收益率；如果让他们承受较大的风险，则必须让他们得到较高的预期收益作为补偿。

风险以预期收益率的方差或标准差表示。

假定投资者根据证券的预期收益率和标准差选择证券组合，则在风险一定的情况下，他们希望预期收益率最高；或者在预期收益率一定的情况下，他们希望风险最小。

假定多种证券之间的收益是相关的，在得知某一证券与其他证券相关系数的前提下，可以选择最低风险的证券组合。

13.2.2　风险、收益及其度量

在处理收益率与风险的关系时，投资者总是希望在风险既定的情况下获得最大的收益率；或者在收益率既定的条件下使风险最小。计量风险和收益率的方法如下。

1．收益及其度量

任何一项投资的结果都可用收益率来衡量。收益率的计算公式通常为：

收益率（%）=（收入 − 支出）÷ 支出 ×100%

对于证券投资来说，投资收益等于收到的红利与投资期内证券的价格变化之和，因而收益率为：

r =（红利 + 期末市价总值 − 期初市价总值）÷ 期初市价总值 ×100%

通常情况下，收益率受许多不确定因素的影响，证券价格时刻处于波动之中，不可能准确知道未来价格，因而要想对未来一定期限内的收益率做出准确判断是绝对不可能的。但投资者可以根据自己的分析得出对每一个收益率范围的可能性的估计。这个估计结果用数字的形式表述出来，如可以用表 13-1 描述一项投资收益率的可能性。

表 13-1　投资收益率的可能性

收益率 r（%）	1	2	3	4	5	6
可能性 d	0.05	0.1	0.2	0.3	0.2	0.10

收益率 r 是一个随机变量。将有可能出现的收益率用 d（i=1, 2, …, n）来表示，获得收益率 d 的可能性用 pi 表示。风险处境的概率可用表 13-2 来表述。

表 13-2　投资收益率的概率

收益率	r_1	r_2	r_n
概率	p_1	p_2	p_n

数学中求期望收益率或收益率平均数的公式如下：

$$E(r)=\sum_{i=1}^{n}r_i p_i$$

2．风险及其度量

如果投资者以期望收益率为依据进行决策，那么，他必须意识到自己正冒着得不到期望收益率的风险。实际收益率与期望收益率会有偏差，期望收益率是使可能的实际值与预测值的平均偏差达到最小点的估计值。可能的收益率越分散，其与期望收益率的偏离程度就越大，投资者承担的风险也就越大，因而风险的大小由未来可能收益率与期望收益率的偏离程度来反映。在数学上，这种偏离程度由收益率的方差来度量。如果偏离程度用 $[r_i-E(r)]^2$ 来度量，则平均偏离程度被称为方差，记为 δ^2。

$$\delta^2(r)=\sum_{i=1}^{n}[r_i-E(r)]^2 p_i$$

其平方根称为标准差，记为 δ。

在进行实际投资决策时将使用期望收益率和方差的具体值。假设证券的月或年实际收益率为 r_t（$t=1,2,\cdots,n$），通常称为收益率时间序列的一段样本，则样本均值为：

$$\bar{r}=\frac{1}{n}\sum_{t=1}^{n}r_t$$

样本方差为：

$$S^2=\frac{1}{n-1}\sum_{t=1}^{n}(r_t-\bar{r})^2$$

3．风险的种类

不同的投资方式会带来不同的投资风险，风险产生的原因和程度也不尽相同。按风险的性质及应付的措施可以将总风险分为系统风险和非系统风险两个部分，风险在数量上等于两者之和。

系统风险与市场整体运动相关联，通常表现为某个领域、某个金融市场或某个行业部门的整体变化。它涉及面广，往往使整个一类或一组证券产生价格波动。这类风险因其来源于宏观因素变化对市场整体的影响，所以也称为“宏观风险”。市场风险、通货膨胀风险、利率风险和政治风险均属系统风险。

非系统风险只同某个具体的股票、债券相关联，与其他有价证券无关，因此也就同整个市场无关。这种风险来自企业内部的微观因素，所以也称为“微观风险”。偶然事件风险、破产风险、违约风险等均属此类。

应付这两类风险的措施是不同的。对于非系统风险，可采用分散投资将其弱化甚至消除，但分散投资丝毫不能改变系统风险。人们通常可以看到，当股市剧烈波动时，只有极少数股票可以幸免，即便是投资完全分散化的指数型证券投资基金也不例外。完全分散化可以消除非系统风险，同时系统风险趋于正常的平均水平，即市场整体水平。那么，如何才能有效地降低系统风险呢？降低系统风险有两种办法。一种办法是将风险证券与无风险证券进行投资组合，当增加无风险证券的投资比例时，系统风险将降低；极端的情况是将全部资金投资于无风险证券上，这时风险便全部消除，但是绝对的无风险证券实际上是不存在的。另一种办法是套期保值，即在现货和衍生工具市场进行数量相等、方向相反的操作，使它们互为消长。

13.2.3　证券组合的风险和收益

我们可以用期望收益率和方差描述单一证券的收益率和风险。一个证券组合由一定数量的单一证券构成，每一个证券占有一定的比例，我们可以将证券组合视为一只证券。证券组合的收益率和风险也可以用期望收益率和方差来计量。

设有两种证券 A 和 B，某投资者将一笔资金以 x_A 的比例投资于证券 A，以 x_B 的比例投资于证券 B，且 $x_A+x_B=1$，称该投资者拥有一个证券组合 P。如果到期时，证券 A 的收益率为 r_A，证券 B 的收益率为 r_B，则证券组合 P 的收益率为：

$$r_P = x_A r_A + x_B r_B$$

证券组合中的权数可以为负数，如 $x_A < 0$ 表示该组合卖空了证券 A，并将所得的资金连同自有资金买入证券 B，因为 $x_A + x_B=1$，故有 $x_B=1-x_A > 1$。

投资者在进行投资决策时并不知道 r_A 和 r_B 的确切值，因而 r_A 与 r_B 应为随机变量，对其分布的简化描述是它们的期望值和方差。为得到投资组合 P 的期望收益率和收益率的方差，我们除了要知道 A、B 两种证券各自的期望收益率和方差，还必须知道它们的收益率之间的关联性——相关系数或协方差。在此基础上，才可以计算出组合 P 的期望收益率和方差。具体的计算公式如下：

$$E(r_P) = x_A E(r_A) + x_B E(r_B)$$

$$\begin{aligned}\delta_P^2 &= \mathrm{cov}(r_P, r_P) = \mathrm{cov}(x_A r_A + x_B r_B, x_A r_A + x_B r_B) = x_A^2 \delta_A^2 + x_B^2 \delta_B^2 + 2x_A x_B \mathrm{cov}(r_A, r_B) \\ &= x_A^2 \delta_A^2 + x_B^2 \delta_B^2 + 2x_A x_B \delta_A \delta_B \rho_{AB}\end{aligned}$$

选择不同的组合权数可以得到包含证券 A 和证券 B 的不同的证券组合，从而得到不同的期望收益率和方差。投资者可以根据自己对收益率和方差（风险的）的偏好选择自己最满意的组合。

两个证券组合的讨论可拓展到任意多个证券的情形。设有 N 种证券，记作 $A_1, A_2, A_3, \cdots,$

A_N，证券组合 P=（$x_1,x_2,x_3,\cdots,x_N$）表示将资金分别以权数 $x_1,x_2,x_3,\cdots,x_N$ 投资到证券 $A_1,A_2,A_3,\cdots,A_N$。如果允许卖空，则权数可以为负值，负的权数表示卖空相应证券占总资金的比例。与两种证券的投资组合情形一样，证券组合的收益率等于各单个证券的收益率的加权平均，即设 A_i 的收益率为 r_i（i=1，2，…，N），则证券组合 P=（$x_1,x_2,x_3,\cdots,x_N$）的收益率为：

$$r_P = x_1r_1 + x_2r_2 + \cdots + x_Nr_N = \sum_{i=1}^{N} x_i r_i$$

证券组合 P 的期望收益率和方差为：

$$E(r_\mathrm{P}) = \sum_{i=1}^{N} x_i E(r_i) = \sum_{i=1}^{N} x_i^2 \delta_i^2 + 2 \sum_{1 \leqslant i \leqslant j \leqslant N} x_i x_j \delta_i \delta_j \rho_{ij}$$

式中，δ_i^2 为 A_i 的收益率 r_i 的方差；ρ_{ij} 为 r_i 与 r_j 的相关系数（$i,j = 1, 2, \cdots, N$）。

13.2.4 证券组合的可行域和有效边界

1．证券组合的可行域

如果用前述两个数字特征——期望收益率和标准差描述一种证券，那么，任意一种证券可用在以期望收益率为纵坐标和标准差为横坐标的坐标系中的一点来表示。相应地，任何一个证券组合也可以由组合的期望收益率和标准差确定出坐标系中的一点，这一点将随着组合的权数变化而变化。如果投资者选择了全部可以选择的投资比例，那么，每个证券组合在坐标中的点将组成一个区域，这个区域就是可行域。可行域中的点所对应的组合才是“有可能实现”的证券组合，可行域之外的点是不可能实现的证券组合。

这个区域的形状依赖于可供选择的单个证券的收益和风险特征，即 $E_{(ri)}$、δ_i^2 的数值，以及证券的收益之间的相互关联性（协方差），另外还依赖于投资组合中权数的约束（如不允许卖空时，权数则非负）。

图 13-1 中的几个图形归纳了可行域的几种典型示例。其中封闭区域的是不允许卖空情况下的可行域，有开口而不封闭的是允许卖空情况下的可行域。可行域满足一个共同的特点，即左边缘必然向外凸或呈线性，也就是说不会出现凹陷。

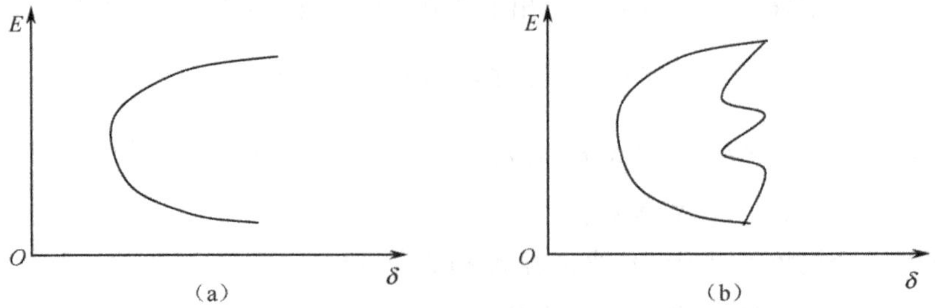

图 13-1 可行域的典型示例

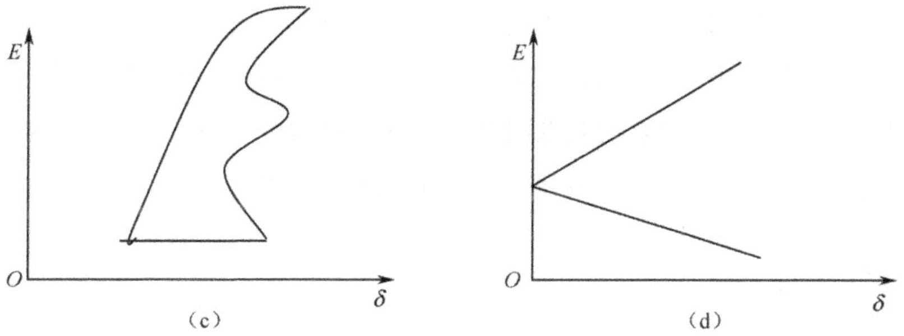

图 13-1　可行域的典型示例（续）

2．证券组合的有效边界

证券组合的可行域表示了所有可能的证券组合，它为投资者提供了一切可行的投资组合机会，投资者需要做的是在其中选择自己最满意的证券组合进行投资。大量事实表明，投资者普遍喜好期望收益率而厌恶风险，因而人们在投资决策时希望期望收益率越大越好，风险越小越好。这种态度反映在证券组合的选择上可由下述规则来描述：如果两种证券组合具有相同的收益率方差和不同的期望收益率，投资者选择期望收益率高的组合；如果两种证券组合具有相同的期望收益率和不同的收益率方差，投资者选择方差较小的组合，马科维茨把它称为“风险厌恶假设”；如果一种证券组合比另一种证券组合具有较小的标准差和较高的期望收益率，则投资者选择前一种组合。我们把这种选择原则称为投资者的共同偏好规则。

人们在所有可行的投资组合中进行选择，如果证券组合的特征由期望收益率和收益率标准差来表示，则投资者需要在 E-δ 坐标系中的可行域中寻找最好的点。但由于不同的投资者对期望收益率和风险的偏好有差别，因而他们所选择的最佳组合将不同，在可行域中找到一点不可能被所有投资者都认为是最好的。按照投资者的共同偏好规则，可以排除那些被所有投资者都认为差的组合，我们把排除后剩下的组合称为有效证券组合。

根据有效组合的定义，有效组合不止一个，描绘在可行域的图形中表现为粗实线部分，它是可行域的上边缘部分，我们称它为有效边缘，如图 13-2 所示。

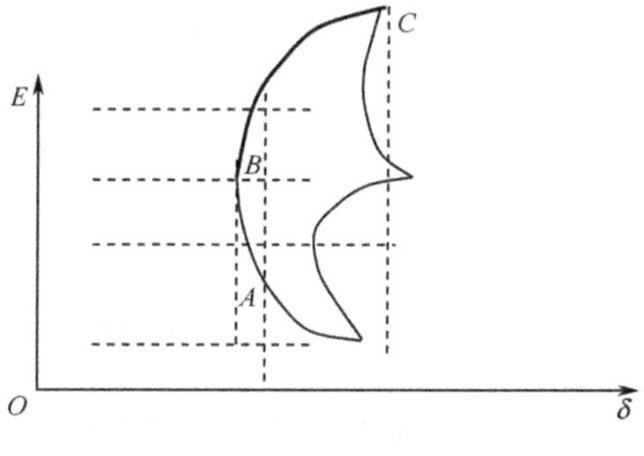

图 13-2　有效边界

对于可行域内部及下边缘上的任意可行组合，均可以在有效边缘上找到一个比它好的有效组合。但有效边缘上的不同组合（如B和C）按共同偏好规则不能区分好与差，因而有效组合有可能被某位投资者选为最佳组合的候选组合，不同投资者可以在有效边缘上获得任一位置。作为一个厌恶风险的理性投资者，他不会选择有效边缘以外的点。

13.2.5 最优证券组合

1. 投资者的个人偏好与无差异曲线

按照投资者的共同偏好规则，有些证券组合之间不能区分好与差。例如，两种证券组合A和B，$E(r_A) < E(r_B)$，并且$\delta_A < \delta_B$。

如图13-3所示，证券组合A虽然比B承担较大的风险，但它同时带来更高的期望收益率，这种期望收益率的增量可认为是对所增加的风险的补偿。投资者甲（中庸）认为，增加的期望收益率恰好能补偿增加的风险，所以A与B两种证券组合的满意程度相同，证券A与证券B无差异；投资者乙（保守）认为，增加的期望收益率不足以补偿增加的风险，所以A不如B更令他满意；投资者丙（进取）认为，增加的期望收益率超过对增加风险的补偿，所以A更令人满意，即A比B好。在相同风险状态下，要求得到期望收益率补偿越高，说明该投资者对风险越厌恶。上述三位投资者中，乙最厌恶风险，因而他最保守；甲次之；丙对风险厌恶程度最低。

对于一个特定的投资者而言，任意给定一个证券组合，根据他对风险的态度，按照期望收益率对风险补偿的要求，可以得到一系列满意程度相同（无差异）的证券组合。如图13-4所示，某投资者认为经过A点的那一条曲线上的证券组合与他的满意程度相同，我们称这条曲线为该投资者的一条无差异曲线。有了这条无差异曲线，任何证券组合均可与证券A进行比较。比如，按该投资者的偏好，组合B与A无差异；C比无差异曲线上的任何组合都好；D比A差，因为它落在无差异曲线的下方。

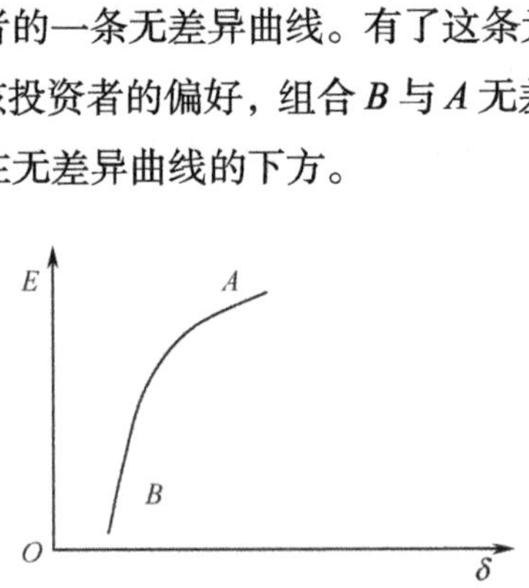

图13-3 共同偏好规则不能区分的组合

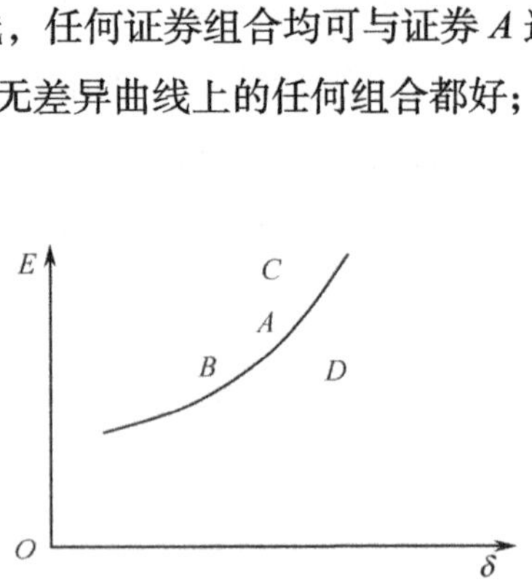

图13-4 投资者的无差异曲线

无差异曲线具有如下特点：落在同一条无差异曲线上的组合有相同的满意程度，落在不同的无差异曲线上的组合有不同的满意程度，因而一个组合不会同时落在两条不同的无差异曲线上，也就是说不同的无差异曲线不会相交（但也不必平行）；无差异曲线的位置越高，它带来的满意程度就越高。对于一个特定的投资者，他的所有无差异曲线形成一个曲线族；无差异曲线的条数是无限的，而且密布整个平面；无差异曲线是一组互不相交的向上倾斜的曲线。一般情况下，曲线越陡，表明风险越大，要求的边际收益率补偿越高。

2. 最优证券组合的确定

投资者共同偏好规则可以确定哪些组合是有效的，哪些是无效的。特定投资者可以在有效组合中选择自己最满意的组合，这种选择依赖于他的偏好。投资者的偏好通过他的无差异曲线反映出来。无差异曲线位置越靠上，其满意程度越高，因而投资者需要在有效边缘上找到一个投资组合，相对于其他有效组合而言，这个组合处于最高位置的无差异曲线上，该组合便是他最满意的有效组合。这个组合是无差异曲线族与有效边缘的切点所在的组合。

如图 13-5 所示，投资者按照自己的无差异曲线族将选择有效边缘上 B 点所在的证券组合作为最佳组合，因为 B 点在所有有效组合中获得最大的满意程度，其他有效边缘上的点都落在 B 下方的无差异曲线上。不同投资者可根据各自的已无差异曲线族获得自己的最佳证券组合。

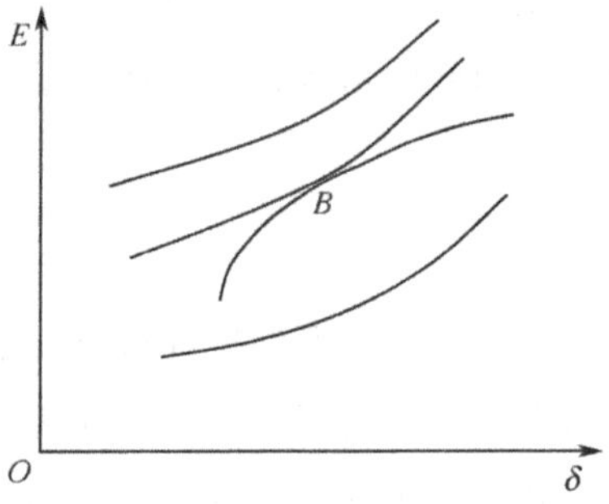

图 13-5　投资者的最优证券组合

13.3 资本资产定价模型

资本资产定价模型是在马克威茨提出资产组合理论的基础上，由经济学家威廉·夏普等人创建的。该理论的主要特点是将资产的预期收益率与被称为 β 系数的风险值相联系，从理论上探讨在多样化的资产搭配中如何有效地计算单项证券的风险，从而说明风险证券是如何在证券市场上确定价格的。由于该理论论证严谨，可操作性强，能较好地解释证券定价的一些基本问题，因而在西方现代证券投资理论中占有极其重要的地位。

13.3.1 资本资产定价模型的基本假设

资本资产定价模型以证券投资组合理论为基础发展而成，因此，关于证券投资组合理论的假设对资本资产定价模型同样适用。同时，资本资产定价模型的有关假设比证券投资组合理论更为严格。其基本假设如下。

① 投资者都是风险回避者，且都是为了使单一期间内财富预期效用最大化。

② 投资者都是价格接受者，所有投资者对证券收益率概率分布的看法一致，投资者具有相同预期，即他们对预期收益率、标准差和证券之间的协方差具有相同的预期值。

③ 现实经济中存在无风险资产，投资者可以按照无风险利率任意借入或贷出资本。

④ 所有投资者可以及时免费获得充分的市场信息。

⑤ 买卖证券时没有税负及交易成本。

⑥ 每一个资产都是无限可分的，这意味着如果投资者愿意，他可以购买一个股份的一部分。

⑦ 投资者可以以一个无风险利率贷出（投资）或借入资金。

⑧ 投资者都是采用资产期望收益及方差或标准差来衡量资产的收益和风险。

上述假设表明：第一，投资者是理性的，每一个投资者都有同样的信息，且对证券未来前景看法一致，而且严格按照马克威茨模型的规则进行多样化的投资，并将从有效边界的某处选择投资组合；第二，资本市场是完全有效的市场，没有任何阻力阻碍投资。

13.3.2 资本市场线

在马科维茨的证券投资组合理论中，投资者的投资对象仅是各种风险证券（主要是股票），然而现实经济生活中，投资者不仅购买风险证券，也经常对无风险资产进行投资。此外，投资者不仅可以用自有资金进行投资，也可以使用借入的资金进行投资。在资本资产定价模型中，投资者不仅投资于风险证券，还参与无风险资产的借贷活动，进一步将投资分散化，建立投资者对风险和收益不同偏好的组合。资本市场线就是投资者获取的一种无风险与有风险证券有效组合的途径。

无风险资产是指具有确定的收益率，并且不存在违约风险的资产。从数理统计的角度看，无风险资产是指投资收益的方差或标准差为零的资产。当然，无风险资产的收益率与风险资产的收益率之间的协方差及相关系数也为零。

如果证券组合由风险证券 A 和无风险证券 B 组成，则新投资组合的期望收益率为：

$$K_p=K_f \cdot P_f+(1-P_f)K_m$$

新投资组合的标准差为：

$$\sigma_p=[P_f^2 \cdot \delta_f^2+(1-P_f)^2\delta_m^2+2P_m(1-P_f) \cdot COV_{fm}]^{1/2}$$

因为 $\sigma_f=0$，$COV_{fm}=0$

所以　$\sigma_p=[(1-P_f)^2\cdot\sigma_m^2]^{1/2}=(1-P_f)\cdot\delta_m$

式中，K_f 为无风险资产收益率；K_m 为风险证券组合期望收益率；P_f 为投资于无风险资产的比例；δ_f 为无风险资产收益率的标准差；δ_m 为风险证券组合期望收益率的标准差；COV_{fm} 为无风险资产与风险证券组合收益率的协方差。

可见，新投资组合的收益取决于无风险资产与风险证券组合的收益及其各自的投资比例；而新投资组合的风险则取决于风险证券组合的标准差及其投资比例。

引入无风险资产后，投资者有了借入借出资金的可能，其投资的灵活机动性大大提高。无风险资产可以与任何一种风险证券或风险证券组合以任何投资比例构成一系列新的投资组合，但从纵轴上无风险资产收益率即点（0，K_f）引出一条直线 K_fM，它与证券投资组合理论的有效边界 AB 相切于 M，此时直线 K_fM 就是纳入无风险资产的最佳资产组合线，M 点是所有有效组合与无风险资产的最佳组合点，而且有效边界 AB 上除点 M 以外的任何点不再有效，如图 13-6 所示。

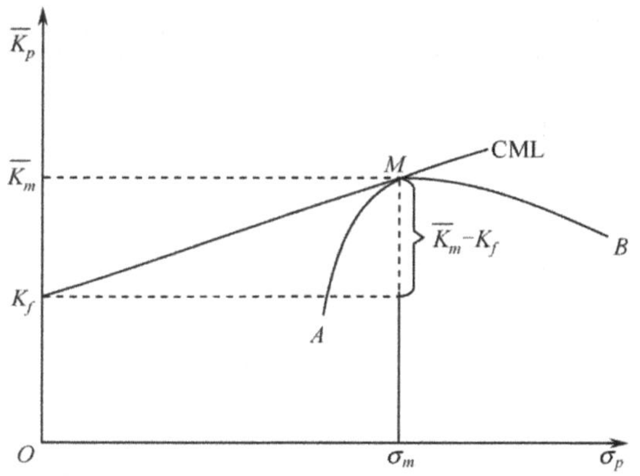

图 13-6　资本市场线

图 13-6 中的直线 K_fM 就是投资者选择自己的资产组合的最佳集合。这个直线型资产组合集合被称为资本市场线（CML）。由于 CML 是一直线，因而在这个有效边界上的任何证券组合的预期收益率与风险的关系都可以清楚地表示出来。CML 的表达式为：

$$\overline{K}_p=K_f+\frac{\overline{K}_m-K_f}{\sigma_m}\cdot\delta_p$$

13.3.3　证券市场线

1．证券市场线

资本市场线反映了有效资产组合的期望收益与风险之间的关系，但未展现出每一证券自身的风险与收益的关系；而证券市场线正是在均衡市场条件下反映每一证券的风险与收益的关系。

证券投资风险可分为系统风险与非系统风险两类。对市场证券组合而言，它的非系统风险可以通过证券组合来分散，因而市场证券组合只含有系统风险，该组合中每一单项资产对市场证券组合的风险影响也仅是它所具有的系统风险。证券组合中的 i 项资产系统风险可以用 β_i 来衡量。对无风险证券而言，β_i=0；对于市场组合 m 而言，β_m=1。

资产的期望收益为：

$$\overline{K}_i = K_f + (\overline{K}_m - K_f) \cdot \beta_i$$

$$\frac{COV_{im}}{\delta_m^2} = \beta_i$$

式中，K_i 为资产 i 的期望收益率；K_f 为无风险资产收益率；K_m 为市场证券组合期望收益率；β_i 为资产 i 的 β 系数。

该公式即资本资产定价模型，又称证券市场线（SML）。如图 13-7 所示，证券市场线反映了每一项资产风险与期望收益的关系，每项资产的收益包括两个方面：一是无风险收益 K_f；二是风险收益（K_m−K_f）β_i，即资本的风险报酬，是投资者因承担风险而获取的补偿。

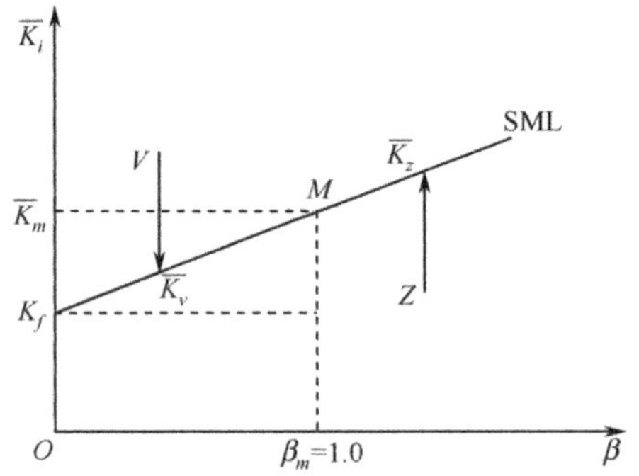

图 13-7　证券市场线

当证券组合中的证券种类趋于 20 种以上时，风险就得到了充分的分散，所有非系统风险几乎全部消除。因此，投资者在考虑这一组合中增加或减少某一种证券时，可以忽略该项资产自身的非系统风险的影响，主要考虑该项资产所含的系统风险的大小，只要求就所承担的系统风险取得风险补偿。（K_m−K_f）作为单位系统风险的风险报酬被称为风险溢价；β_i 则为资产 i 所含系统风险的量值，反映资产 i 对系统风险影响的大小。

资本资产定价模型是以市场证券组合的风险作为系统风险的标准，其他各单项资产或资产组合的系统风险均以这一标准的大小来衡量，进而反映资产收益与风险的依赖关系。B=1，表明该资产具有市场上的平均风险；$\beta > 1$，表明该资产的风险程度高于市场平均风险；$\beta < 1$，表明该资产的风险程度低于市场平均风险。也就是说，如果一个股票的价格和市场的价格波动性一致，这个股票的 β 值就是 1。如果一个股票的 β 是 1.5，意味着当市场上升 10% 时，该股

票价格则上升 15%；而市场下降 10% 时，该股票的价格亦会下降 15%。

β 系数刻画了证券或证券组合的实际收益的变化对市场收益（市场组合收益）的敏感程度。β >0 时，证券组合的收益率变化与市场收益率变化是同方向的，也就是说，证券组合的收益率与市场同涨同跌的可能性很大。β<0 时，证券组合的收益率变化与市场组合收益率变化是反方向的，即在市场指数上涨时，该证券或证券组合下跌的可能性很大；而在市场指数下跌时，该证券或证券组合上涨的可能性也很大。当 β 的绝对值 >1 时，我们称该证券或证券组合为进取型的，市场收益变化一个百分点，则该证券或证券组合收益将超过 1% 的变化。β 的绝对值越大，该证券或证券组合进取性越强。当 β 的绝对值 <1 时，我们称该证券或证券组合为保守型的，市场收益变化一个百分点，则该证券或证券组合收益将低于市场收益的变化。β 的绝对值越小，该证券或证券组合对市场变化越不敏感，因而越保守。越保守的证券越能抵御大波动的影响。

2. β 系数的应用

对于资金量比较大且对风险控制要求很严格的证券投资机构，β 系数被广泛地用于其证券分析与投资决策之中。

① 用 β 系数作为选择证券的依据。作为一种风险测定工具，β 系数测定的是能够带来收益上补偿的那部分风险。在进行具体投资行动的时候，如果为了获得较高的风险而不惧怕风险，就应该选择 β 系数高的证券进行投资。不同风险股票的风险报酬率如图 13-8 所示。

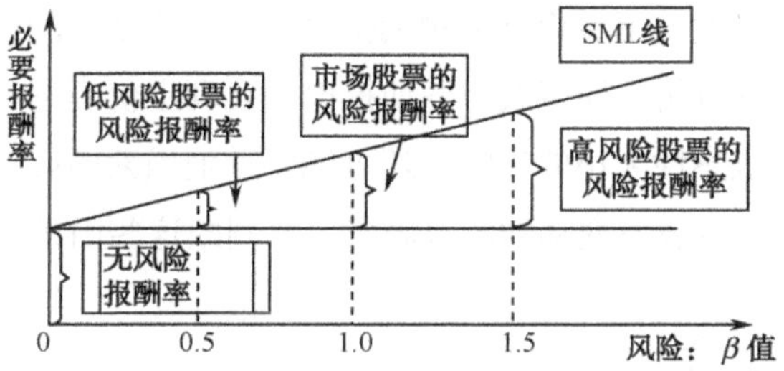

图 13-8　不同风险股票的风险报酬率

② 证券组合的 β 系数的大小反映证券组合对风险的态度。一个投资组合距离市场平均风险收益水平有多远，可以通过 β 系数来体现。

③ 确定了市场未来的走势后，明确不同 β 系数的证券组合可能获得额外收益。β 系数反映证券对市场变化的敏感性。当有很大把握预测一个大牛市到来时，应该选择那些高 β 系数的证券，它将成倍地放大市场收益率，为投资者带来高额的收益；相反，在一个熊市到来之际，投资者应该调整投资结构；以抵御市场风险，避免损失，办法就是选择那些低 β 系数的证券，此时还应该在投资组合中尽可能地加进一些负值系数的证券。

13.3.4 资本资产定价模型的应用

资本资产定价模型最核心的应用是搜寻市场中价格被误定的证券。根据资本资产定价模型，每一证券的期望收益率应等于无风险利率加上该证券由 β 系数所测定风险的风险溢价。当获得市场组合的期望收益率的估计和该证券的风险 β 系数的估计后，我们就能计算出在市场处于均衡状态下证券 i 的期望收益率。如图 13-8 所示，当 β 值处于较高位置时，投资者便会因为股份的风险高而相应地提升股票的预期回报率。例如，一个股票的 β 值是 2.0，无风险回报率是 3%，市场回报率是 7%，那么市场溢价就是 4%（7%−3%），股票风险溢价为 8%（2.0×4%，即用 β 值乘以市场溢价），那么股票的预期回报率则为 11%（8%+3%，即股票的风险溢价加上无风险回报率）。我们可以将实际的市场价格与预期收益率价格进行比较，当证券的实际价格低于预期收益率价格时，说明该证券的价值被低估，应该买进；相反则证券的价值被高估，应该卖出。对于市场估值过高的证券，需要减少持有比例；对于估值过低的证券，应该增加持有比例。如果认为今后大的形势将要上升，构建组合的时候则应该选择 β 系数大的证券；反之，应该买入 β 系数小的证券。

13.4 套利定价理论

资本资产定价模型研究的是证券市场的预期报酬率和风险之间的关系，但它没有对证券报酬率变动的原因进行深入的分析。斯蒂夫・罗斯提出的套利定价理论认为，证券的收益率变动不只是受市场组合变动的敏感性大小的影响，还可能受其他因素的影响。所以，投资者要正确识别这些因素，找到影响证券收益变动的所有因素，并判断这些因素影响的大小。

13.4.1 套利及套利组合

1. 套利

套利是指用同一实物资产或证券资产在同一时间的不同价格上来获取无风险的利润的行为。例如，同一货币在不同国家的货币市场上有不同的价格，若投资者能在较低价格的市场上买入该种货币，然后在价格较高的市场上卖出，就可以获得无风险的利润。这种行为就是套利，这种机会就是套利机会。这种套利行为直接改变两个市场上该种货币的供需，使价格较低市场上的该货币的需求增加，从而使价格上升；使价格较高市场上的该货币的供给增加，从而使价格下降。这种行为一直持续到两个市场上同一货币的价格相等为止。

2. 套利组合

套利机会大多存在于证券组合中，投资者不需要额外的资金，而只需通过买不同的证券就可获得无风险的利润。投资者会努力寻找这样一个证券组合，这种无风险的套利组合具备以下三个特征。

① 设组合中有 N 种证券，x_i 表示投资者对证券 i 持有的权数，则 $x_1+x_2+\cdots+x_n=0$

② 套利组合对任何因素都没有敏感性，因为套利组合没有风险，即 $x_1b_1+x_2b_2+\cdots+x_nb_n=0$

③ 套利组合的预期收益率为正值，即 $x_1E(r_1)+x_2E(r_2)+\cdots+x_nE(r_n)>0$

套利组合的特征表明，投资者如果能发现套利组合并持有它，那么他就可以实现不需要追加投资而又可获得收益的套利交易，即投资者通过持有套利组合的方式进行套利。所以套利定价理论认为，如果市场上不存在套利组合，那么市场就不存在套利机会。

13.4.2　套利定价模型

当市场上存在套利机会时，投资者就会不断地进行套利交易。投资者选择套利组合时，买入一部分证券同时卖出一部分证券，若买入的价格上升，则该证券的预期收益率下降；若卖出的证券价格下降，则该证券预期收益率上升，这一过程会一直持续到套利机会消失为止。此时，证券的价格即均衡价格，市场也就进入均衡状态，证券或组合的期望收益率有其下述构成形式：

$$E(r_i)=\lambda_0+\lambda_1b_{i1}+\cdots+\lambda_kb_{ik}$$

式中，$E(r_i)$ 为证券 i 的期望收益率；λ_0 为与证券和因素无关的常数；b_{ik} 为证券 F 对第 k 个影响因素的灵敏度系数；λ_k 为对因素 F_k 具有单位敏感性的因素风险溢价。

这一方程即套利定价方程。也就是说，对一个高度多元化的资产组合来说，只有几个共同因素需要补偿，λ_k 是投资者一个单位 k 因素的风险补偿额，风险的大小由 b 表示。

套利定价模型表明，市场均衡状态下，证券或组合的期望收益率完全由它所承担的因素风险所决定；承担相同因素风险的证券或证券组合都应该具有相同期望收益率；期望收益率与因素风险的关系可由期望收益率的因素敏感性的线性函数来反映。

13.4.3　套利定价模型的应用

套利定价模型的应用和资本资产定价模型的应用相似，目的都是寻找价格被低估的证券或证券组合，并通过买卖获得利润，但套利定价模型的应用更加灵活。

投资者可以在已确定因素的情况下建立一个最佳风险资产的资产组合，将某一种因素风险降为零。这种策略比较适合只包含几种不同资产类型的大资产，因为不同类型的资产对不同因素有不同的敏感性。例如，债券和股票对利率变化的反应是反向的，它们的组合可以将利率风险抵消；当资产组合很大时，各组合证券的特殊风险就被分散化了。

投资者还能利用套利定价模型找到套利机会，实现非正常的收益。实现这种收益的方法是先确定对所有证券都有影响的共同因素及各个证券对各个共同因素的敏感性，然后通过计算证实是否存在套利机会，若存在套利机会，则可以买卖证券组合中的资产获得无风险利润。

13.5 证券组合资产绩效评价

13.5.1 证券组合绩效评价及其评价原则

证券组合绩效评价是指对证券组合的收益和风险的综合测量。投资绩效的测量是投资管理过程的最后阶段，它贯穿在投资的经营管理过程之中。习惯上，评价组合管理业绩的标准很简单，只要比较不同组合之间收益水平的高低就可以了，收益水平越高的组合越是优秀的组合。但是，证券组合的绩效不能以简单的投资收益率为标准。首先，投资收益率不能提供未来潜在的绩效的评估。一般来说，评价投资绩效至少要观察一个市场周期，这样才能看出管理者掌握时机的能力。其次，风险的测量是最重要的。如果一个证券组合被限定只投资于股票，另一个证券组合被限定只投资于货币市场证券，只比较它们的平均收益而不测定风险是很难判断其投资绩效的。另外，收益水平较高不仅与管理者的技能有关，还可能与当时市场整体向上运行的环境有关，因而在后一种情况发生时，就不能排除组合管理者无视风险而盲目决策但偶然获得成功的可能性。另外，如果实现的组合收益水平达到或超过组合管理者在投资初期所设定的收益目标，即使实现的收益水平较低，那也无可厚非。正因为如此，评价组合业绩一定要遵循“既要考虑组合收益的高低，也要考虑组合所承担风险的大小”的基本原则，而资本资产定价模型为组合业绩评估者提供了实现这一基本原则的多种途径。譬如，可以考察组合已实现的收益水平是否高于与其所承担的风险水平相匹配的收益水平，也可以考察组合承受单位风险所获得的收益水平的高低。高者则优，低者则劣。

13.5.2 詹森指数

詹森指数是测定证券组合经营绩效的一种指标。詹森指数以证券市场线为基础，指数定义为证券组合的期望收益率与位于证券市场线上的证券组合的期望收益率之差，即：

$$J_p=E_p-[K_f+(K_m-K_f)\cdot\beta_p]$$

式中，E_p 为证券组合的期望收益率；K_f 为无风险资产收益率；K_m 为市场证券组合收益率；β_p 为证券组合的 β 系数。

可见，詹森指数就是证券组合所获得的高于市场的那部分风险溢价，风险由 β 系数测定。

如果詹森指数为正，该组合便位于证券市场线上方，此时认为其绩效最好；该指数越大，业绩越好。相反，詹森指数为负，该组合便位于证券市场线下方，表明其绩效不好。

13.5.3　特雷诺指数

特雷诺指数是对单位风险的超额收益的一种衡量方法。在该指数中，超额收益被定义为证券组合的投资收益率与同期的无风险收益率之差。该指数计算公式为：

$$T=（E_p-K_f）/\beta_p$$

式中，T 为特雷诺业绩指数；E_p 为证券组合的期望收益率；K_f 为无风险资产收益率；β_p 为证券组合的 β 系数。

特雷诺业绩指数的含义就是每单位系统风险资产获得的超额报酬（超过无风险利率 R_f）。特雷诺指数越大，单位风险溢价越高，绩效越好。特雷诺指数考虑的是系统风险而不是全部风险，因此它无法衡量证券组合的风险分散程度。系统风险不会因为投资组合的分散而降低，即便证券组合风险分散做得很好，特雷诺指数也可能并不会因此而变大。

13.5.4　夏普指数

夏普指数以资本市场线为基准，它是用证券组合的风险溢价除以标准差来计算，用公式表示为：

$$S_p=（E_p-K_f）/\delta_p$$

式中，S_p 为夏普指数；δ_p 为证券组合的标准差。

为评价绩效，可以将管理者组合的夏普指数与市场组合的夏普指数进行比较。一个高的夏普指数表明该管理者比市场经营得好，而一个低的夏普指数表明管理者经营得比市场差。

比较上述三种指数，我们可以发现，前两种指数将注意力集中在产生超额收益的能力（绩效的深度）上，而忽视了在多种证券上产生的综合超额收益能力（绩效的广度）。其中特雷诺指数注意到组合投资者获得超额收益的机会，它是对投资组合吸引力较好的评价；夏普指数则对绩效的广度和深度做出了综合评价。

复习与实训

一、名词解释

1．证券组合的有效边界　2．无差异曲线　3．资本市场线　4．证券市场线

5．詹森指数　6．特雷诺指数　7．夏普指数

二、简述题

1. 证券投资组合的几种类型。
2. 构建证券投资组合的基本步骤。
3. 资本资产定价模型的应用范围有哪些。
4. 套利定价模型要点及其应用条件。
5. 证券组合绩效评价指标及其原则。

三、分析题

1. 马科维茨资产组合理论的推导过程。
2. 资本资产定价模型的理论推导过程。